广西民族大学相思湖法学文库

本书为国家社科基金一般项目"广西少数民族特色文化知识产权保护研究"
（编号：12BFX100）的最终成果，感谢广西一流学科建设项目（法学）和广西
民族大学民法与区域治理研究协同创新中心对本书的资助

广西少数民族文化及其知识产权保护

蒋慧　著

WUHAN UNIVERSITY PRESS
武汉大学出版社

图书在版编目(CIP)数据

广西少数民族文化及其知识产权保护／蒋慧著． -- 武汉：
武汉大学出版社，2025. 1． -- 广西民族大学相思湖法学文库．
ISBN 978-7-307-24922-6

Ⅰ. D927.670.34
中国国家版本馆 CIP 数据核字第 202477J2H1 号

责任编辑:田红恩　　责任校对:汪欣怡　　版式设计:马　佳

───

出版发行：**武汉大学出版社**　（430072　武昌　珞珈山）
　　　　　（电子邮箱:cbs22@ whu.edu.cn　网址:www.wdp.com.cn）
印刷:武汉邮科印务有限公司
开本:720×1000　1/16　印张:15　字数:239 千字　插页:2
版次:2025 年 1 月第 1 版　　2025 年 1 月第 1 次印刷
ISBN 978-7-307-24922-6　　定价:78. 00 元

───

作者简介

　　蒋慧，法学博士，西南政法大学法学博士后，香港城市大学访问学者，二级教授，博士生导师，现任广西民族大学法学院党委书记、广西一流学科（法学）带头人。兼任中国法学会第八届理事、广西商法研究会会长，广西壮族自治区党委法律顾问、广西壮族自治区人民政府法律顾问。入选国家"百千万知识产权人才工程"百名高层次人才培养人选、广西第十七批"新世纪十百千人才工程"第二层次人选，获"广西优秀中青年法学家""广西高等学校卓越学者"等称号。

　　在《法商研究》《法律科学》等刊物发表论文40余篇，多篇被《人大复印报刊资料》《中国社会科学文摘》转载，出版专著、教材4部。主持国家社科基金、广西哲学社会科学规划及其他纵向横向课题50余项。获国家民委教学成果一等奖1项，广西社会科学优秀成果奖二等奖4项、三等奖3项，省部级教学成果二等奖2项。主要研究方向：民商法学、经济法学。

目　　录

下篇　广西少数民族文化产权保护

绪　论

少数民族的特色文化是不可再生的宝贵资源，是每个少数民族的智慧结晶，是我国各少数民族历史上遗留下来的物质财富与精神财富的总和。少数民族文化与汉民族文化共同缔造了绚丽独特的中华文明。"保护好少数民族非物质文化遗产，是守住中华民族文化多样性精神家园的历史使命"，① 也是为增强民族自信心和凝聚力提供强大的精神支柱。

广西地处中国南疆，山水秀丽、四季如春、物产富饶，是个多民族聚居的自治区，作为中国民族团结的典范，其传统文化源远流长，影响深远。质朴善良的各族人民在漫长的历史中逐渐形成了自己灿烂的文化艺术，并形成了自己独特的民族文化。由于广西所处的特殊地理环境，这里的文化生态系统相对而言还没有遭到大的破坏，许多原生态民族特色文化遗产还较为完整地保存着并得以世代相传。广西的少数民族依然还保持着他们在长期的生产生活实践中创造和提炼出的民族习俗，在饮食、服饰、居住、节日、礼俗方面都有鲜明的民族特色，有着浓郁的广西民族风情。这些种类繁多，特色鲜明的民族文化体现了各族人民对客观世界的理解，和对内心理性所要的追求，蕴含着特定的民族智慧、文化内涵与独有的创造力。

一、广西少数民族文化保护与传承的重要意义

随着时代的发展与社会现代化进程的进一步提高，广西少数民族特色文化的传承与发展同样也面临着挑战与危机。一方面，少数民族文化所赖以生存的生产

---

① 《保护和促进文化表现形式多样性公约》，载《联合国教科文组织保护世界文化公约选编》，法律出版社 2006 年版，第 5 页。

生活方式往往使得相应的传统文化具有及时性和短暂性，其要求生产生活用具的制作工艺简单实用，惯于使用相似的制作工艺，以简捷化为主，缺乏对制作工艺的深入研究。少数民族通常居住在深山中，交通不便利，没有机会进行更好的文化交流与融合。世代传承下来的都是单一的经验与技术，形成了地域特征对传统文化的反作用，在一定程度上体现了民族文化封闭性的文化内涵。另一方面，传统文化也面临后继乏人的问题。传承人是在长期历史社会形成中对工艺和文化创造的主体，是工艺与文化传承的核心，是传承少数民族特色文化的主要力量。现今，由于社会的发展，少数民族主要的生产生活方式发生巨大改变，多半与现代社会融合，使用现代化的工具用于生产生活。少数民族年轻人往往被时代感染开始关注现代化生产生活方式。在此情形下，传承人的数量逐年减少，多半为年长者。要使少数民族特色文化更好的传承，需要保留住老一辈传承人的经验，吸引年轻人学习和继承。除此之外，由于资金短缺，少数民族文化还存在开发利用不够的问题。由于少数民族很多传承人生活在偏远山村，那里的基础设施落后、交通不便，再加上相对贫困，因而对当地少数民族传统文化保护的资金投入较少，从很大程度上影响了少数民族传统文化的传承与保护工作的有效开展。近年来，当地政府为了宣传自身民族的文化也开始着力打造民族文化旅游精品等一系列抢救措施，但依然处于起步阶段，少数民族特色文化既没能得到全面的开发和利用，也没有全面挖掘出其具备的少数民族文化特色和内涵。

广西少数民族特色文化是广西特定民族、特定地域的人民在长期的历史发展过程中创造的智慧成果与重要生产生活财富，凝结了广西各民族的集体智慧，反映着广西各民族的精神内涵，承载着广西各民族的文明。因此，这种作为中华民族灿烂文化和多元文化中的重要组成部分，应该得到传承与保护，使其打破文化封闭性的桎梏。在保护和传承少数民族特色文化的同时，需要重视文化的发展方向，深入分析广西少数民族特色文化生存现状以及研究民族特色文化对少数民族生存与发展的启示。同时，研究少数民族特色文化应从整体上认识、关注和传承文化，要在发展中找寻文化的生存方式，确定文化的发展方向。随着时间与空间的不断变化，现今部分少数民族已把以前的生产生活方式转变为现代化的生产生活方式，人们的日常生活更加贴近现代化，民族文化受到现代化的冲击。为了让广西少数民族文化更好地走向世界，发挥自身价值，保持长久的生命力，我们应该注重广西少数民族文化的保护与传承。

传承的根本目的就是对文化的一种延续，传承少数民族传统文化的根基在于对非物质文化遗产的繁衍与保护。广西少数民族文化是地域的代表性产物，是整个民族精神文明中个性与共性的统一。因此，民族文化的传承有两方面的意义，一是对于本民族来说，让广西少数民族新一辈知道并了解本民族精神文明的存在，感恩老一辈留存下来的宝贵的民族精神，为广西少数民族有这样的民族精神而感到骄傲与自豪；二是对于其他民族而言，传承下来的民族精神为本民族的发展有学习借鉴的机会，为更好地促进各民族文化的交融具有积极作用。

二、广西少数民族特色文化保护与传承的现实路径

当前，广西正处于社会转型期，经济文化的变革对原有的社会环境产生了巨大的影响。相应地，广西少数民族特色文化的传承亦处于一种复杂而多元的境遇和景况。面对如此复杂而立体的传承背景，广西少数民族特色文化的保护与传承在实践中主要有四大基本路径。

第一，建立健全民族文化保护的法律法规。现今国际社会掀起了保护传统知识和文化产权的浪潮，各个国家都开始寻找独有的民族专利，凸显自己民族文化的独特性和时代感。广西少数民族文化中的诸多文化形式已被纳入我国的非物质文化遗产名录，受到有关于非物质遗产相关法律的保护，但是对于未进入非物质文化遗产名录的部分文化形式还应加大对其知识产权的保护。还有的就是，对非物质文化遗产保护中未能兼顾的广西少数民族特色文化中一些传统工艺的细小环节给予关注与重视，比如对民族建筑的工艺技巧、民族服饰的独特设计，如何通过法律手段来保护此类民族文化是当前的一个重要课题。同时，制定关于保护广西少数民族特色文化的法律法规，应与广西社会经济的发展相适应，并结合国家时事政策来规划保护措施。既可以在立法政策上制定加大对少数民族文化的扶持力度，鼓励当地人与传承人弘扬本民族文化，吸引人们主动保护民族文化，也可以在机构上设立专门的管理组织，在实践中不断积累总结，使得广西少数民族文化有序、长久的发展。

第二，创新民族文化保护的具体形式。现今的广西少数民族都已定居，实践中现代的生产生活环境与原生民族文化的时代环境大相径庭，通过在现代生活中

适用原始的传统生活方式是不现实的。但是，可以将传统文化作为历史遗产进行保护和开发。有了历史文化的积淀，可以利用文化寻找市场，开发地方性产业，增加经济收入，丰富日常生活，让广西少数民族文化与时代接轨。例如，开发文化产业与旅游项目，把广西少数民族文化制作成工艺品，并在工艺品上印有专属广西少数民族文化的标志，这样在宣传广西少数民族民族文化的同时也带动了经济的增长。在改革发展少数民族文化的同时要重视资源的可持续利用，要有长远目标，整合广西少数民族文化的资源，多角度、多层次的思考问题。当然，开发与利用的过程中要注重利益的分享与平衡，注重保护文化资源生态的完整性与原始性，要实现传统文化的开发利用与保护传承并重。

第三，重视民族文化保护的科技手段。民族文化的保护措施应该是多样化的，尤其是可以利用各种形式的科技手段进行保护，在科学技术领域找到与保护文化的结合点，利用先进的传媒技术，进行更加广泛的宣传文化，通过电视、网络、手机等新媒体的传播方式，让公众通过更方便的形式与更灵活的渠道接触与了解广西少数民族特色文化。例如，民族文化的数字化，利用各种数字技术对广西少数民族特色文化的核心与代表性内容进行文字、照片、录音、录像、数字化多媒体等各类载体的记录，并将数字资源进行标准化输入和转化，形成人们喜闻乐见的形式投放到各种公共平台与广告媒体，进行民族文化的传播与弘扬。同时，这样的形式还能够实现民族文化的数字化保存、管理、交换与利用，达到民族文化数字化保护的目的。

第四，树立民族文化保护的正确意识。民族意识是在文化传承个体产生一个能动的反映，有意识的传承文化，积极影响文化传承的机制。培养与增强对少数民族文化的传承意识。需要正确的引导和潜移默化的积淀。因为文化的传承需要作用在社会群体中，这就需要社会个体间的相互感染，每个个体间形成专属的民族意识。这种民族意识的影响包括两个方面，第一层影响是广西少数民族人民通过传承与保护自己的民族文化，了解自己民族的精神遗产与文化精髓，从而对自己本民族产生强烈的民族认同感与自豪感；第二层影响是对其他民族产生的文化吸引力，其他民族人民通过了解特定民族的文化，从而对特定的广西少数民族产生文化上的敬意与认同。因此，广西少数民族文化保护与传承，需要将特定的民族文化与特定地域的时代思想意识潮流结合，在整体上形成广西少数民族的文化保护与传承意识。

　　总而言之，广西少数民族文化的传承与保护是不断发展着的，结合现今的实际情况，广西少数民族文化的发展方向在不断的机遇与挑战中是乐观的。为弘扬中国少数民族文化，挖掘更多的民族文化瑰宝，我们需要传承与保护其特定地域资源所独有的文化，广西少数民族的祖先们以聪明才智创造了具有地域特征、独树一帜的民族文化，广西少数民族文化蕴涵着广西少数民族的精神和历史，具有独特的人文内涵，是对广西少数民族人文资源、文化精神的总结，记录广西少数民族文化发展的轨迹，纪念广西少数民族文化走过的历程。少数民族传统文化是联接民族情感的纽带和维系国家发展的基础，广西少数民族文化作为中华民族文化体系中一种独有文化的重要组成，具有广阔的发展空间和文化潜力，更好地传承与保护少数民族传统文化，为实现中华民族伟大复兴的中国梦努力奋斗。

上篇　广西少数民族文化知识概况

第一章　广西少数民族文化概述

广西作为百越之地，民族众多，民族文化绚丽多彩、独具特色。广西拥有着壮族、瑶族、苗族、侗族、毛南族、回族、京族、彝族、水族、仡佬族等少数民族，这些民族在长期的历史进程当中，通过实践积累，总结出了众多具有民族特色和智慧的民族文化，这些民族传统文化在他们的生活中起着重要的作用。少数民族地区一般处于相对较偏僻的地方，传统的民族文化得以在较封闭的环境下传承和发展。时至今日，在面对高速发展的经济社会和信息时代，传统民族文化在开发利用中面临着流失与被侵害的危机，影响了这些民族文化的传承与保护。

民族文化就是一个民族在社会发展过程中所创造和发展起来的具有民族特点的物质文化与精神文化的总和。① 因此，民族文化是国家的综合实力的表现形式之一。民族文化是彰显一个国家或一个民族的生命活力、竞争能力、凝聚能力、影响能力、创造能力的核心标识。生活中的经验、智慧的累积成为少数民族文化不可或缺的一部分，为广西少数民族社会的进步和现代化提供了强大的精神动力和智力支持。"文化本身是民族之间形成差异的重要原因，文化权利是少数民族群众的基本人权。少数民族文化权利应当受保护的逻辑起点，并不是基于某种外来的恩惠与赐予，而是源于其本身具有的正当性和合理性。"②而在全球经济一体化日益紧密，区域合作日益加深、文化交流日益增强的时代潮流中，广西少数民族文化的传承和发展面临消亡，所以"发展本民族文化，维护本民族文化的延续，

---

① 贺萍：《论制约新疆民族传统文化转型的因素》，载《实事求是》2003 年第 4 期。
② 司马俊莲：《中国少数民族文化权利的法理依据新论》，载《法学评论》2010 年第 11 期。

就是维护本民族的生存"。① 因此，必须采取相关的法律法规推动少数民族文化健康、持续的发展，做到对濒危的少数民族文化及时的抢救，对优秀民族文化进行科学、高效的保护，提升少数民族的文化归属感和认同感，对于广西的少数民族而言，要寻求发展，其文化建设和传承都应该被重视，一方面是对少数民族群众形成的文化知识产权应当采取有效的保护，另一方面则是鼓励少数民族勇于创新自己的民族文化。

第一节 广西少数民族文化的地域特征

广西位于我国西南部，是一个拥有多民族聚居的地区。在岁月的长河中，广西各少数民族开创出了种类丰富、特征明显的绚烂而又璀璨的传统文化，其表现涉及少数民族生活的方方面面。其反映了少数民族人民群众的传统智慧，体现了少数民族的生存状态与发展演变。

一、广西少数民族的地域分布状况

据广西壮族自治区人民政府网公布的广西少数民族的分布情况：广西壮族自治区行政区划有 14 个地级市，113 个县(市、区)，其中 12 个民族自治县，3 个享受自治县待遇县；1321 个乡镇，其中 59 个民族乡。经国务院批准 1958 年 3 月 5 日广西壮族自治区成立。广西境内有壮、汉、瑶、苗、侗、仫佬、毛南、回、京、彝、水、仡佬 12 个世居民族，同时还有满、蒙古、朝鲜、白、藏、黎、土家等 44 个其他民族，是多民族聚居的自治区。壮族是广西壮族自治区也是全国少数民族人口最多的民族，广西的壮族人口为 1500 多万人，占全自治区总人口的 31%，因而广西也是全国少数民族人口最多的自治区。壮族主要聚居在广西中西部地带，即广西西部的南宁、崇左、百色、河池四个市，其中百色市靖西市是壮族人口比例高达 99.7%，是壮族聚集最大的县级市。壮族还少数分布在柳州、来宾、桂林、钦州、贵港和贺州市。广西侗族主要聚居在桂北的三江侗族自治县、融水苗族自治县、龙胜各族自治县，侗族人口约 36 万人，约占广西总人口

① 潘弘祥：《少数民族权利的谱系》，载《中南民族大学学报(人文社会科学版)》2006 年第 2 期。

0.72%，其中三江侗族人口最多。广西瑶族人口 147 万左右，主要聚居在都安、巴马、金秀、富川、大化、恭城六个瑶族自治县，其余分散在八步区、凌云、田林、南丹、全州、龙胜、融水等县(自治县)。广西苗族人口 43 万人左右，主要居住在融水、隆林、三江、龙胜四个自治县，其中融水苗族约占全区苗族的40%，是广西苗族人口最多的县，其余则散居于资源、西林、融安、南丹、都安、环江、田林、来宾、那坡等县(自治县)境内。广西仫佬族人口约 17 万人，约占广西人口的 0.34%，占全国仫佬族人口 98%，主要分布于罗城仫佬族自治县及邻近的县。广西毛南族人口约 7 万人，约占广西人口的 0.15%。主要聚居于环江，少数分布在南丹、河池、宜州、都安一带。广西回族人口 3.1 万人，主要分布于桂林市及临桂、阳朔以及柳州市、南宁市，也有居住于灵川县、永福县、鹿寨县的。广西京族人口约 2 万人，现主要居住在东兴市江平镇。广西水族人口约 1.5 万人，主要分布在南丹、环江、河池、宜州、融水、都安等县(自治县)、市。广西彝族人口约 0.7 万人，仅占全国彝族人口 871 万人的 0.080%，主要分布在邻近贵州、云南的县份如百色的隆林、凌云等县。广西仡佬族人口 0.29 万人，约占广西人口的 0.006%，是广西少数民族中人口最少的民族，主要分布在隆林各族自治县及西林县。由以上广西少数民族分布的情况可以看出，广西自古以来就是中国少数民族的聚居地之一，在漫长的历史发展过程中，逐渐形成了以壮族为主体民族的大杂居、小聚居的基本格局。各民族拥有着独特的文化特点，各少数民族之间交流融合，在广西少数民族地区形成了鲜明的民族特色和浓郁的广西民族风情。

二、广西少数民族文化的地域特征

广西地处于我国的西南部，是我国自治区中唯一一个既沿海(南海)又沿江(西江)且延边(边境与越南相邻)的自治省份，此外，广西还是连接我国西部地区(西北是云南省，北挨贵州省)、中部地区(东北紧挨湖南省)和东部地区(东南紧邻广东省)，这一独特而开放性的地理位置，造就了广西丰富而独有的民族文化，地域特色尤为显著，也造就了广西民族往来密切，内外文化相互交融，形成海纳百川、友好和谐的景象。

从地理环境上看，广西以山地丘陵为主，平原地区较为狭小，广西地域最大的特色当属其喀斯特地貌，广西的喀斯特地貌，面积达 12 万平方千米，约占整个广西壮族自治区总面积的 60%。这一独特的地貌，使广西的风景别具特色，大部分地区绵延不绝，锥子状、宝剑状、塔状，形态各异的俊俏山峰风情各异，这样的地貌为广西各地带来了山水秀丽的特色旅游胜地。例如，以山水甲天下著称的桂林阳朔就是喀斯特地貌的典型代表，人称"桂林山水甲天下，阳朔山水甲桂林"。

从气候条件上看，广西位于我国南部，南靠北部湾，北回归线正好贯穿广西，地处中、南亚的热带季风气候区，在太阳辐射、大气流和地理位置共同作用下，广西常年气候温和、雨热同期，无霜期较长，降水丰沛且干湿分明，农作物在这样的气候条件下，全年可交替丰收。这样优越的气候条件让广西聚居的少数民族长期以来形成了自给自足、与大自然和谐共处，相互协调的生产和生活习惯。独特的亚热带气候，造就了广西少数民族先民独创的民族建筑，即干栏式建筑，这种建筑主要是为了避湿避潮，防止瘴气和毒蛇害兽的侵入。

从民族文化发展历史看，从远古时期伊始，广西境内就已发现人类活动的痕迹，这是广西少数民族的先人。广西平原少之又少，他们就在这样一片土地上在与大自然奋不顾身的对抗中产生了他们绝无仅有的物质文明和精神文明。这些文明组成了独一无二的中华民族文化遗产。从考古学家的考古发现、学者们田野调查和文献研究中可以看出，民族的语言很早就被广西少数民族使用，因特殊的生态环境而产生了与众不同的生产生活方式与生态文明。

与中原传统文化和大西北游牧民族文化不同，广西因其地理位置、气候条件，形成了自己独特的"那文化"，并处于"那文化圈"。"那"，实则壮语"na"，是田和峒之意，也即田地或者土地之意。那文化是以土地有关的文化。广西壮族先民为了适应广西的自然地理环境和气候条件，而将野生稻子加以人工栽培，创造我国最早的稻田文化之一，所以壮族是稻作民族，形成了"吃、穿、住、行都依那而作"的特有那文化，以"那"为乐，以"那"为本。广西隆安县更是那文化之圣地，具有极其丰富的文化遗址和文化村落，全县有 122 个乡镇村屯以"那"字命名，如那桐、那重、那元、那门、那朗、那湾、那降、那料、那营、那昆、那可、那娄、那瓜等。稻田文化之"那文化圈"从其辐射范围来看东达广东省边界，西至缅甸南部地区和印度的西部地区，南连接泰国南部、越南边界及海南省边界，北至云南省的中部地带和贵州的南部地区，"创造这种'那文化'的是最早居住在这一带的侗台语族群，这些族群具有语言同源、以那为本的传统生活模式、居住干栏、使用铜鼓等共同的文化特征"。①

那文化圈作为广西少数民族区域文化的一个分支，其在漫漫的历史长河中形成了各式各样的物质文化成果，例如将文化习俗和生态环境完美融为一体的干栏式建筑，中国新石器时代相近的稻作工具，双肩石斧，与稻作农业生产生活相关的古乐器铜鼓等。广西少数民族区域文化还包含广西少数民族先民在长期生产生活中所创造的物质文明成果。广西民族少数文化类型丰富多彩，地域特色明显，形成了集居住文化、壮族医药文化、与其他少数民族的不同的饮食习俗、以马骨胡为特色的乐器文化、以蓝靛为主的服装饰品文化、以三月三山歌节为代表的独特节日纪念活动、以染布为特色的少数民族艺术画、神话传说等为统一体的完整文化体系，各文化组成部分都特色鲜明，隶属"那文化"，也是东盟地区"那文化圈"的一个不可或缺的重要的部分。

在历史发展过程中，广西少数民族地域文化也不断地物化、沉淀和发展，慢慢形成并潜移默化地留存在广西人民的民族文化意识和民族文化精神中。广西少数民族文化因生产生活形成并伴随生长，其本身就在阐述着当地人民独特的生存哲学，表现出了人与自然的和谐共生，人与人和谐相处的简单、真挚的善良生命哲学。在不断地进化演进中，广西民族地域分化从简单到复杂，从一元文化转变为多元文化，从自由自在到自为，在转变过程中既有奋力抵抗的屈辱征程，也有不断开拓创新篇章，既有诗情画意田园生活，也有刀光剑影的时势英雄抗争史诗。在这文化的沉淀积累过程中，广西少数民族地区地域文化占线了自己独特鲜明的个性。

(一)农业社会的文化

广西少数民族先民因地制宜，以水稻生产为主要农业生产活动，随着水稻种植的不断推广、时间的不断推移，逐渐形成了广西少数民族独一无二的"那文化"。"那文化"本质特点就是为了农业所形成发展的文化，以水稻生产、米饭为

---

① 《广西民族历史文化状况》，广西壮族自治区政府网，www.gxzf.gov.cn.

主食的农业生产生活文化。广西的农业社会文化是以大自然密切相关的，因此所形成的广西少数民族文化也体现了敬畏自然、尊重自然，以自然为本的生态文化精神。广西少数民族与自然和谐共处的生活文化习俗在考古发现的物质实体和非物质文化遗产中均有多印证：由于广西山地多，平原少，为了方便耕作，农民皆接近稻田而居。为了防止水田湿气影响和毒蛇虫兽的攻击和侵害，广西少数民族先民建起了干栏式建筑；为了耕作方便，则形成了以深色系宽松衣着为主；广西少数民族长期以来形成了节日也是根据水稻生长的时令季节安排，以避开农忙时节；水稻的种植需要丰沛的雨水，在传统的农业活动中，广西少数民族从世世代代的生活学会了把握自然的规律，在这个过程中逐步形成了尊重自然的理念，敬畏自然的生态精神。基于传统对神的信奉，因此形成了多神崇拜的宗教文化。在传统的村落里，村边一般会种植大树，被村民尊为树神，人们在村头建造神台，以香火供奉，祈求神灵保佑一村风调雨顺，村民安康祥和。甚至稻田里的青蛙也被视为神明，村民会同样祭祀青蛙，祈求一年的风调雨顺，因此渐渐形成了富有特色而又神秘的祭祀青蛙的节日。

广西少数民族地区也有其独特的地方。全区一共 11 个世居少数民族，这些少数民族又均形成了自己的语言和文化。虽然现在各民族融合趋势越来越明显，但其悠久的历史文化传统和已形成的民间文学艺术基本架构都已趋于稳定，具有明显的区别性。例如，毛南族的主要聚居地，环江毛南族自治县，其上南、中南、下南一带山区被称为"三南"，毛南族人民有自己的毛南族语，传唱自己的本族语言的山歌，在不同的时令祭祀本族所信奉的神灵，形成本族的传统节日。在其他少数民族聚居的地方虽然也有毛南族居民，除了入乡随俗外，他们也保留了自己本族的语言和一些生活习性。

广西少数民族的社会生活文化同样遵循契约性的特性。小聚居的少数民族分布较为分散，有些村落人烟稀少，但麻雀虽小，也有其独特的村规民约，尤以家族式宗族式社会为主要特点，在家族中，德高望重的长辈通常对村规民约其很大的作用，在有人违反大家约定的事项时，最终的处罚决定也需要族长或者家族长辈提出意见后方可实施。不同家族时间的矛盾或者同一家族的不同村民之间发生冲突和纠纷，也通常通过族间意见解决。族长或家族长辈的意见有助于推动法律普及工作的进一步深化落实，从而提升村民的法治意识与法律素养。

广西少数民族的农业社会文化还体现了自主自足型的特点。广西山地多，平原少，少数民族多生活在山区，山区内部交通多不便，商品经济并不发达，自然条件的限制，使得广西少数民族的日常生活通常是自给自足，食物通常自产自销，甚至生产工具也是自己制作，只有少数会翻山越岭到市集上购买。少数民族居民世代以农业为生，虽然生活水平不高，但是精神生活却也不匮乏，他们的日常生活非常规律，日出而作，日落而息，还在闲暇时唱歌对唱，谈笑风生。自给自足的生活让他们感到满足，并没有太高的物质追求，在生产生活中形成了和谐友爱的邻里关系，在农忙时节通常是一起劳作，帮完这一家，又帮另一家。由于内心的富足感，与城市的喧嚣和快节奏不同的是，广西少数民族居民的生产生活劳动，包括劳动时间、劳动强度等全凭劳动者自主决定，因此大多数的少数民族居民都是精神上相对悠闲，自由自在的生活态度。

(二) 自主创造的文化

广西少数民族文化作为那文化的一个分支，创造了稻文化，并且在长期的生产和生活实践中，形成了运用本民族智慧解决实际问题的独富创造性的经验和方法。

1. 原创性

广西少数民族的祖先在很久之前就选择定居在广西这片沃土，是广西世居民族之一，经过长时间祖祖辈辈不断传承所形成的"那文化"是其原创性文化，根植于广西少数民族世代生产生活的环境、气候条件和人文风情，在与大自然做斗争到与大自然和谐共处的相互作用下形成并发展，具有显著的环境烙印、时代特征和少数民族心理特征。广西少数民族的原创文化具有强烈的文化辨识度和文化感召力、冲击力和凝聚力，长久以来对广西少数民族政治经济文化都起着重要而持久的推动作用。例如，鉴于广西地形和气候的影响，广西少数民族先民创造性地建造有别于汉族的干栏式建筑，既能防潮防湿，又能躲避毒蛇猛兽的侵害，这是少数民族先民生存智慧的体现。此外，广西少数民族先民利用广西亚热带季风性季候带来的雨水丰沛阳光充足的特点驯化水稻，以稻米作为主食，解决了基本的生计问题；围绕稻米生产，还形成了一系列与水稻农业生产有关的农业生产技术、习俗和节日文化，在农闲和节日时创造自己的山歌、俗语、谚语，畅谈自己的心理感受和生活经验，音乐旋律生动贴切，充满了浓郁的山区气味，荡气回肠，世代相传，影响深远。

2. 情境性

文化的产生和发展并非源于单一条件，它往往是受多种因素共同影响和塑造的。文化本身就是一个具有极强生命力的生态循环系统，本身带着明显的情境性。而情境本身则不仅包含了文化起源的外在环境即地理位置、地形气候条件等，还包含了深层的社会因素，如少数民族的人文情感、宗教信仰、道德观念、生存生活意识、态度等。在谈文化时，不能离开具体的生产生活情境谈，不能离开群体性单谈个体的自由和个性，人是一种群居性动物，其所形成的精神和文化都是在具体的环境和社会中产生和发展的。广西少数民族地域文化建立在淳朴的民风基础上，由于地理位置特殊，多处山区，交通的限制造成人民的经商意识并不强，他们以农为本，以农为乐，不齿于利，不争不抢，不攀比，以和为贵，以安稳为乐。即便是在农忙时节，也是采用相互帮助的方式而非雇佣方式，在日常生活所需物品上，还有不少采用以物易物的方式。直到市场经济后，因为不少广西少数民族的青壮年选择外出打工，市场经济与一些新的生产生活方式才开始侵入广西少数民族的各村落领域，而这些新兴的生活方式和商品经济的意识也给广西少数是民族的世代传统的文化观念带来了很大的冲击。

3. 创生性

广西少数民族的地域文化从产生开始就自带自己的特点，并且在不断地与本身所处地环境不断变化中发觉自身的潜力，通过获取与拓展已有的物质与精神资源，不管自我变革，以满足自己发展的需求。在与外族的源源不断的交流、合作与相互融通变革中，广西少数民族吸取外族先进的文化理念和生活方式，并在此基础上自我改良和创造，形成了自己独一无二的习俗特点。比如，青铜铸造原来来自传统汉族文化，其产生与汉文化的内涵紧密相关，但广西少数民族在此基础上，加上自己代表本民族宗教信仰、风俗和人文风情的花纹、图腾等，形成了自己特有的器具。

4. 反思性

文化的反思性是文化自觉的一种表现，即在文化调整自身与环境的环境中，在与其他文化的不断交融过程，意识到自身的优势或者劣势，从而进行适当调整。通常表现为，尽力地发挥自身优势，使环境和发展能协调，体现出文化内生性自我认同和对自我文化扩张的期待，这种对文化优势的认同带着强势文化的特征。与此相反，另外一种则是意识到文化本身的劣势或者缺陷，为了顺应世代和周边环境而表现为趋同其他文化，是一种弱势文化的表现。在广西少数民族发展历史时期，弱势文化表现较为明显，为了顺应社会的变化与生态环境的改变，也为了更好地生活下去。广西少数民族为了应对中华人民共和国成立以前统治者的暴政，只能前往人迹罕见之处，趋同汉族文化，甚至产生对汉族文化的崇拜、顺从心理，这却令少数民族丧失了本民族的自豪感与自尊心，不利于多民族文化相互共存，求同存异。因此，为了真正的民族大团结，少数民族应在保有民族自信的基础上，开展多民族间的交流融合。

（三）开放兼容的文化

广西少数民族文化虽然在产生发展过程中形成自己的一套文化内涵、文化精神，但在历史长河中，受到汉族文化的影响却是极其深远的。从秦朝开始，汉文化就成为少数民族文化中的一部分，体现在日常生产生活中的物质和精神的方方面面。汉族语言有语言词汇，因此在使用和普及上更为广泛。而大部分的少数民族虽有自己的语言，但多数未形成广泛使用的文字，在使用范围上较为狭窄。因此，在语言上，少数民族的一些语言连同汉族人民的较为先进的生产技术和生活经验一起融进了少数民族的生活中，少数民族的语言也有部分融入了汉族的语言和词汇中。由于汉人使用的技术，大部分农耕技术相比少数民族的更先进，因此少数民族也乐于接受先进技术，并使本土的一些生活方式和习俗趋同汉族的方式。例如，广西人口最多的少数民族，壮族有自己的壮语言，"利用古汉字的字形、字音、字义以及六书构字法创造出一种壮族特有的方块壮字"，壮族人用于"记录日常生活的方方面面，比如，山歌、传说、故事，经文、契约以及记账等"。在民族交融过程中，由于文化的日益趋同，在相互交流中，若不是同一少数民族人，他们通常会使用汉语进行交流，而在教育下一代时，他们也通常从小以汉语教育孩子，有时甚至不教孩子本民族的语言，这一现象在少数民族杂居在汉族地域中尤为明显，由此可见，汉文化对少数民族的影响尤其显著。

不仅在语言上体现了汉文化的融合，在多神信仰上也有汉文化的影响。汉文化中主要有道教和佛教两种宗教，在少数民族的一些风俗和祭祀仪式中也体现了汉文化的成分。例如，在少数民族的葬礼布置和做法中，整个过程内容丰富，既有汉文化的影子，也有壮族文化的成分。此外，还有一些民族神话传说中，也受到汉文化的著名传说故事影响，例如，壮族的《侯野射太阳》和《布洛陀》与我们熟知的汉族的后羿射日的传说及创世神话类似。

广西少数民族日常生活也受到了汉文化影响。居住环境的变化。干栏式建筑是广西传统的少数民族的主要特点，目的为了与少数民族身处的生态环境适应，防潮防湿防蛇兽。但是，随着少数民族生存的环境产生了改变，以前以森林覆盖为主，而后来的森林面积逐渐减少，人们开发了更多原始环境，毒蛇猛兽也逐渐减少，用于建筑的木材量也减少了，再利用木材建造成本提高了。此外，干栏式建筑以木式结构为主，本身较为易燃且结构本身不够坚固，因此越来越多的少数民族居民开始使用硬山搁檩式建筑。此外，还有节日的改变。汉族的主要节日与少数民族有较大的区别，其中有正月的春节、农历四月的清明节及五月的端午节以及八月的中秋节等。随着少数民族与汉族的融合，这些节日在少数民族中也越来越重要并且在节日的庆祝活动中也表现出很大的趋同性。例如，贴春联、贴门神、年三十守岁活动、压岁钱、放鞭炮、祭祖、舞狮舞龙等，这些也成为广西少数民族喜爱的节日庆典活动。广西少数民族在自身文化的发展过程中保持的兼容心态有利于不断提升本少数民族的文化底蕴和发展空间，为本民族的发展获得更大的发展空间。

三、广西少数民族文化的表现形式

广西少数民族文化在内容上包括山歌、民间传说、民族语言、民族服装、民族医药知识、民俗民风、民族手工艺品、民族建筑工艺、宗教信仰、民族饮食文化等方面。广西各少数民族文化源自其民族相应的生产生活经验，其种类繁多，内容丰富，并且逐渐形成了完整的文化体系。以壮族为例，其民族文化包括以刘三姐山歌为代表的壮族民族民歌艺术；以"干栏"为代表的壮族建筑工艺；以"铜鼓""壮锦"为代表的手工艺技术；以"黑衣壮"为代表的特有服饰文化；以"三月三"歌圩节为代表的民族节日文化；以鱼生、五色糯米饭为代表的饮食文化；以壮医、壮药为代表的传统的中医药治疗方法。

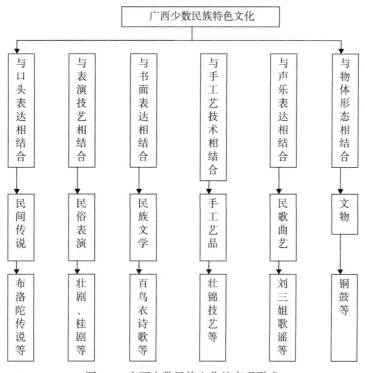

图 2-1 广西少数民族文化的表现形式

第二节 广西少数民族文化的保护现状

广西作为少数民族聚居省份，其中壮族是最大的少数民族群体。壮族大部分集中在南宁、柳州、百色、河池四个地区，即右江河谷沿岸地带，还有少部分则散居在贺州、桂林、钦州与贵港等地。侗族主要聚居在柳州市三江侗族自治县、融水苗族自治县和桂林龙胜各族自治县。瑶族则主要分布在都安、金秀、巴马、大化、富川和恭城六个瑶族自治县。苗族主要生活在龙胜、融水、三江和隆林四个自治县。仫佬族主要分布在罗城仫佬族自治县及其周边县市区，毛南族主要生活在环江毛南族自治县。回族主要分布在桂林、柳州一带，京族则散居在北部湾沿海地区。① 广西少数民族分布从整体上呈现出大杂居、小聚居的特点，各少数

① 韦美日、张景霓：《广西少数民族地区地域文化的特点》，载《百色学院学报》2007 年第 4 期。

民族之间相互影响，相互融合，在漫长的历史长河中逐渐形成了各自独特的少数民族文化的形式与内容。

广西壮族自治区党委政府高度重视少数民族特色文化的传承与保护，积极搭建平台，扩大资金投入，努力开发少数民族文化产业。与此同时，广西先后出台了一系列法规与政策，通过立法来规范少数民族特色文化的建设。例如：《2001—2005 年广西文化发展总体规划》《广西壮族自治区民族民间保护条例》《广西"十一五"时期文化发展规划纲要》《中共广西壮族自治区委员会、广西壮族自治区人民政府关于加快广西文化发展的决定》《广西壮族自治区人民政府关于文化广西建设若干政策的规定》《自治区党委、自治区人民政府关于建设文化广西的决定》等。广西少数民族特色文化的保护工作，在文化和旅游部和国家非物质文化遗产保护中心的具体指导下，经过各级党委、政府和文化部门的积极努力，民族文化保护取得了一定的成效。①

首先，在立法制度方面，广西尤其注重少数民族优秀传统文化的传承和开发，出台了一系列相关的政策法规。2005 年 4 月 1 日，广西出台《广西壮族自治区民族民间传统文化保护条例》，是我国第 4 个通过地方立法保护少数民族文化的省份。条例在形式上"突出地方特点和民族特色，注重衔接性和可操作性"，体现了广西少数民族文化的保护和开发由以前的政府行为逐步向法治行为进行转变。2014 年，广西出台《广西壮族自治区文物保护管理条例》，进一步将少数民族特色文化中的文物进行立法保护，通过对文物保护的规范立法来实现少数民族特色文化的传承与保护。2011 年《非物质文化遗产法》的颁布实施。在全国对非物质文化遗产保护的大背景下，广西开始着手制定《广西壮族自治区非物质文化遗产保护条例》，通过广泛深入的调研与考察，在吸收其他地区先进立法经验的基础上，自治区人大广泛征求群众意见、多次召集相关部门进行立法论证，形成最终草案。2017 年 1 月 1 日，《广西壮族自治区非物质文化遗产保护条例》开始实施。《广西壮族自治区非物质文化遗产保护条例》的出台意义重大，其在有效保护广西少数民族特色文化方面发挥了积极重要的作用，使得广西少数民族特色文化的保护工作更加规范与科学，进一步推动了广西少数民族特色文化的弘扬与

---

① 广西文化厅：《广西非物质文化遗产保护与传承情况》，http：//www.gxi.gov.cn/zlgx/gxgk_whsy/whsy_kghwhbh/201008/t20100827_240685.htm。

传承。

其次，在保护工作方面，广西积极申请非物质文化遗产名录，取得了较大成效。截至目前，广西以及完成第一次全区非物质文化遗产资源普查工作，通过各种渠道采集非物质文化遗产线索 13 万多条，区内收集各种非物质文化遗产普查汇编 450 册，从而初步建立了广西的非物质文化遗产名录的数据库。另外，中国-东盟自由贸易区的建成，在很大程度上促使广西少数民族传统文化知识产权保护意识开始增强。2014 年 3 月 28 日，广西首家非物质文化遗产江南水街传承展示中心在南宁挂牌成立。同年 4 月，广西首个非物质文化遗产馆——东兴京族非物质文化遗产馆正式对外开馆。广西创建国家民族传统体育保护传承示范区实施项目评选工作逐步开展。同时，2016 年，《广西中医药民族医药发展十大重点工程实施办法》颁布，广西不断加大对少数民族中医药产业的发展。

再次，在机构设置上，广西成立了相关的少数民族文化保护机构并确立了保护制度。2006 年 12 月，广西成立了广西非物质文化遗产保护中心。落实机构与相应人员，协调社会有关骨干部门与相关单位，全面统筹组织广西少数民族文化的保护工作。2009 年 1 月，广西文化厅和广西民族大学联合成立了广西非物质文化遗产研究中心，其设有"非物质文化遗产考察研究与保护对策""民族艺术与非物质文化遗产研究""非物质文化遗产与文化产业发展研究"和"中国-东盟非物质文化遗产比较研究"4 个研究方向。同时，广西积极打造少数民族生态博物馆建设"1+10 工程"，2017 年，广西民族博物馆入选第三批国家一级博物馆，各地的少数民族也陆续建立本民族的博物馆，这些设施的建设为广西少数民族特色文化的合理开发与利用提供了有效的物质载体。据广西壮族自治区政府网公布的材料，至今全区有各级文物保护单位 1937 处，其中全国重点文物保护单位 14 处 17 点，自治区级文物保护单位 221 处，县（市）级文物保护单位 1702 处，在全国重点文物保护单位中民族文物有三江程阳风雨桥、花山岩画、忻城莫土司衙署等 7 处，在自治区级文物保护单位中有崇左斜塔、三江马胖鼓楼、富川迥澜风雨桥等 71 处。目前广西馆藏文物中少数民族文物一万余件，其中一级品 23 件、二级品 205 件、三级品 4000 余件（套）。此外，有关部门还调查整理了壮族、瑶族使用铜鼓的习俗，壮族地区的原始制陶术，瑶族盘王节等民族节日，组织开展岩洞葬、岩画、大石铲、铜鼓（包括铜鼓铸造术的铸造试验）等民族文物课题研究。

除此之外，2006 年 10 月，广西成立了广西非物质文化遗产保护志愿者协会，组织社会各界力量参与到广西少数民族文化的保护工作中来。

综上所述，在党的领导下，广西少数民族特色文化的保护与开发利用取得了长足的进步。在新的历史时期，广西少数民族特色文化得到了较好的传承与开发，与之相关的少数民族特色文化产业与基础设施建设进入了新的发展阶段，少数民族特色文化的传承人逐渐壮大，文化建设队伍与从业人员也在不断扩大，少数民族文化逐渐呈现出蓬勃发展的大好势头。

第三节　广西少数民族文化的保护困境

少数民族特色文化，既包括物质文化，也包括非物质文化，通常是由少数民族群体在长期的生产生活中创造与发展形成的。少数民族特色文化由相应的民族群体世代相传，具有鲜明的民族性与地域性。但是，随着我国城镇化进程的加快，传统的民族地域性逐渐被打破，传统文化赖以生存的文化生态环境受到破坏，在此情形下，少数民族特色文化也不可避免地面临消亡。尤其是在大量外来文化的冲击下，少数民族原有的风俗习惯、生产生活方式正逐渐消融与变异，民族特色文化的保护和传承面临严峻形势。城镇化是一把双刃剑，一方面能够推动少数民族地区经济发展，为少数民族群体的传承与发展提供物质保障，但另一方面城镇化在很大程度上破坏了少数民族的文化生活方式与传统价值观念。经济一体化打破了原来的地域隔离与民族差异，科技手段的推广与信息交通的普及使得民族传统文化面临巨大冲击。因此，在城镇化进程中，少数民族传统文化资源与文化生态的保护问题已成为民族族群发展的核心问题。

一、广西少数民族文化的保护边界

民族文化的保护边界具体是指对其进行保护的对象范围。"少数民族文化是一个民族的载体和生活方式的体现，它不仅在现实功利上具有维护民族团结、社会稳定方面的作用，而且本身就是一种人权。"[①]"人权"必须得到相应的保护，但

[①]　司马俊莲：《现代化背景下少数民族文化权利保护对策探讨——以恩施州少数民族文化权利保护状况为例》，载《湖北民族学院学报（哲学社会科学版）》2008 年第 6 期。

作为"人权"的少数民族文化的保护应当是有边界的，其边界体现在价值性，"由于对精神世界的追求以及少数民族文化所独有的神秘色彩，就使得大众对少数民族文化有了一种强烈的追求，少数民族文化既蕴含了文化价值，也蕴含着经济价值"①。基于此，我们主张少数民族文化的保护对象既包括少数民族文化的权利主体，即"拥有、认同该文化的少数民族全体"②，也包括权利的客体。也就是说，对于少数民族特色文化的保护，不仅仅是针对每一种民族文化特定的表现形式，也需要关注创造、享有、传承与发展民族文化的主体。

二、广西少数民族文化的保护困境

近年来，在自治区党委和政府的关怀下，广西少数民族文化知识产权保护取得了显著的成绩，在立法建设上走在全国的前列，在保护经费上也加大了投入，但是也面临着一些不可避免的问题。

一方面，随着社会经济的发展，城市化的进程不断加快，民族文化赖以生存的生活环境遭到破坏，民族文化的传承面临问题，这就导致部分民族文化流失与消亡。少数民族特色文化往往通过世世代代口传心授，然而社会的发展引起信息传播方式的变革从根本上改变了传统文化的延续方式。少数民族特色文化是人类社会文化的重要来源，但是在社会发展的过程中，其在经济发展与文化冲击的影响下面临变异与消亡的严峻后果。少数民族文化在传承与开发的过程中缺乏合理的传承机制与相关的利益分配机制，就在很大程度上阻碍了其文化的进一步传承和发展。尤其是部分人数较少的少数民族文化，有可能在保护中被忽视。例如，广西 10 余个少数民族，壮族、瑶族、侗族作为人数较多的少数民族，其民族文化特点鲜明，相关的开发利用较为成熟，相关的知识产权保护也相对完善。但是，作为人口较少的仡佬族、水族与彝族，由于其民族人口相对较少，民族特色相对而言不那么明显，因而其相关民族文化传承与保护则存在一些问题。

另一方面，随着广西文化产业与旅游产业的迅猛发展，民族文化成为产业发展的重要资源，由于当前民族文化的权属没有明确，民族文化开发与利用的利益

---

① 徐漪：《中国少数民族文化在现代产品中的价值》，载《才智》2011 年第 17 期。

② 张钧：《文化权法律保护研究——少数民族地区旅游开发中的文化保护权》，载《思想战线》2005 年第 4 期。

分享机制没有完全建立，这就导致部分民族文化资源在现实生活中被侵蚀与滥用，民族传统文化在产业化过程中的衍生产品被少数不法商家占为己有，少数民族文化品牌被抢注，民族文化滥用现象在一些地方较为严重。首先，民族文化的经济价值不尽相同。经济利益的好坏往往产生民族文化保护上的歧视。商家通常主动开发与利用少数民族特色文化中的商业价值，但对商业价值不大的少数民族文化，其开发与保护的积极性不高。这种开发模式会在一定程度上破坏少数民族文化传承的完整性。其次，民族文化既是世代相传的文化财产，也需要在传承中不断地再创造，部分商家只考虑民族文化的经济利益，在开发与利用的过程中容易忽视民族文化传承中的严肃性，现实生活中存在部分商家肆意歪曲和篡改民族文化的行为，甚至通过庸俗手段来炒作少数民族文化而实现利益，这也同样导致民族文化在商业化的使用过程中面临传承困境。

除此之外，民族文化的生存和发展由于城镇化进程导致民族文化的自然生态环境的变化而受到影响，面临一系列的问题。广西少数民族文化的保护困境可以体现在经济、文化、制度与法律四个方面：

首先，文化保护工作离不开经费的支持。广西少数民族地区的经济发展相对滞后，少数民族地区往往缺乏文化保护所需要的物质和经费支持，政府财政对文化保护工作的投入不能够完全满足文化保护与传承的需求，从而在一定程度上制约了广西少数民族文化事业的发展，少数民族文化面对较为严峻的生存环境。另外，文化保护与文化产业的发展密切相关，在国外很多文化的保护往往通过相应文化产业的发展来进行。文化的传承给文化产业提供了源源不断的产品，而文化产业的发展反过来进一步促进了文化的保护与开发。而广西作为欠发达地区，其文化产业的发展相对滞后，在整体上仍然不足以为整个少数民族文化的保护与传承提供相应的资金保障。

其次，广西作为欠发达的少数民族地区，尤其是少数民族聚居地区的文化服务体制建设通常较为落后，不能很好地满足少数民族文化保护和发展的需求。具体而言，广西相应的公共文化服务机构数量短缺，公共文化服务机构人才缺乏，少数民族文化产品供给不足，少数民族文化对外交流机制薄弱，外来文化冲击，等等。这些现状使得广西少数民族文化事业发展受到极大的制约，不利于其发展和传承。

最后，少数民族文化与现代知识产权法所直接保护的客体并不完全一致，众所周知，少数民族知识产权的保护具有非常强的地域性，同时也有很强的集体性。少数民族知识产权保护的客体往往是某个民族群体整体创作，因而其知识产权法的权利主体很难明确具体。少数民族文化在创造过程中的集体性与现有知识产权法的保护目的有着明显的不同，这种不同会导致少数民族文化通过现代知识产权法保护存在障碍，因为知识产权法是"建立在单个个体的、独立的和具有创造性的作者或发明者"的保护基础，所以少数民族文化的主体容易被忽略，甚至是被否定。的确，少数民族文化的创造者或者传承者很难作为其民族文化的独立的权利主体，我们无法将某一项少数民族文化独立赋予某一创造者或者传承者。因此，少数民族文化难以确定适格的权利主体。另外，少数民族文化本身具有的存在形式较为特殊，即除了少数文学作品存在书面记载与表达外，一般的少数民族特色文化很难通过固定的表达形式呈现保存，往往都是世世代代口头相传，并且属于经验文化的传承。这与现代知识产权要求专业创新的科学研究分析是不一样的。这就使得传统少数民族特色文化与现代知识产权保护客体之间有着明显差异，是否具有有效载体与是否具有科学创新性是两者最大的区别。综上所述，少数民族文化成果在以知识产权保护的过程中往往面临诸多问题，甚至在实践中，机械教条地运用知识产权法往往还对少数民族文化的保护带来不利影响。

近年来，由于广西文化产业与旅游产业迅猛发展，广西少数民族文化被不正当商业化利用，民族文化的不当开发一方面破坏了民族文化的完整性，也会对各民族群体的根本利益造成损害。因此，在立法上明确民族文化的权属，建立适合民族文化开发利用的利益共享机制就显得尤为重要。这是因为：第一，只有在立法制度上明确民族文化的权属，才能使得民族地区的人民对当地民族文化产生维权意识，才能促使他们充分利用好现有知识产权制度去保护自己的合法权益；第二，只有在保护实践中建立民族文化开发与利用的利益共享机制，才能使得民族地区的人民了解民族文化的价值，提升他们主动保护与传承的积极性，在民族文化遭遇破坏和被侵权的情形下，促使当地人民主动维权。同时，只有建立民族文化利益共享机制，才能使得当地人民在民族文化开发与利用的过程中获得利益，才能平衡民族文化在开发利用过程中的各方利益，才能最终实现民族文化的可持续发展。

　　总而言之，少数民族特色文化既具有特定的精神文化价值，还具有现实的社会经济价值，在社会发展日新月异的今天，广西作为少数民族文化的资源大省，其对于少数民族特色文化的保护与传承问题已经迫在眉睫。在现有的立法保护框架下，如何通过知识产权相关制度来构建广西少数民族特色文化的保护机制？如何在开发利用过程中通过建立利益分配机制来保障民族特色文化的可持续发展？这是现阶段民族文化保护工作中面临的关键问题。

第二章　广西壮族文化生存状况

壮族是一个历史悠久的民族，也是中国人口最多的一个少数民族。先秦秦汉时期汉族史籍所记载的居住在岭南地区的"西瓯""骆越"等，是壮族最直接的先民。壮族先民筚路蓝缕，用血汗堆砌出了壮族人民的家园，也奠定了壮族独特的文化风貌。广西壮族文化来源于壮乡生活环境，是地域特色与本土环境的综合体现。

第一节　广西壮族概况

壮族是我国少数民族中人口最多的一个民族，2000 年人口普查资料显示，壮族人口共有 1617.88 万。截至 2021 年，广西约有壮族 1572 万人，约占全区总人口的 31%，占全国壮族人口的 90% 以上。广西壮族人口主要分布在南宁、柳州、百色、河池、来宾、崇左、防城港、贵港、钦州等市。

一、历史沿革

先秦时期，一个被称为"百越"的族群广泛分布在我国长江中下游以南至东南沿海地区，他们当时还处于氏族部落社会的发展阶段。公元前 214 年，秦始皇统一了岭南地区，并在岭南设立桂林、南海、象三郡，将该地区正式纳入中央王朝的统治之下。秦朝统一岭南后，还将大量汉族人口迁居岭南，与越人杂居在一起。统一之后，西瓯、骆越人同内地各族人民的政治、经济、文化联系更加密切，从而促进了岭南西部越人社会的进一步发展。

从东汉到魏晋南北朝，"乌浒""俚""僚"或"俚僚"是大家对岭南地区的土著民族的称谓。东汉末年，中原战乱，社会动荡不安，不少大姓豪族为避乱而迁居岭南，从而促进了岭南地区封建化的发展。

唐五代时期，出现了很多如"西原蛮""黄洞蛮""侬洞蛮"或泛称"洞蛮""洞氓"等以地域或以大族姓氏命名的族称，而壮族先民仍被称为俚、僚、乌浒（乌武）等。

宋代以后，壮族族称又有了新的变化，出现了"撞""布土""土人"等称谓。明、清时期，"壮"的称呼已广泛见于整个广西和广东西部，成为壮族最普遍的一种族称。

在历史的不同时期以及不同的地域范围，壮族又被称为"布壮""布农""布土""布泰"等，1949 年以后，国家将上述不同称谓的族群统一称为僮族。1965年，由于因"僮"字容易读错音，在实践中容易带来交流上的障碍，还为了消除历史遗留的民族歧视，寄予对壮族和自治区壮大发展的希望，周恩来总理专门提议将"僮"改为"壮"，把"僮族"改为"壮族"。

二、支系分布

现代壮族支系众多，分布广泛，见表 2-1。

表 2-1　　　　　　　　　　现代壮族支系及其分布地区

支系名称	分 布 地 区
壮支系	1. 布壮：广西·柳江、柳城、来宾、象州、宾阳、横县、贵港、都安、罗城、宜州、平乐、恭城、荔浦、阳朔、龙胜、三江、融水、那坡，广东·连山、怀集
	2. 布爽(壮)：广西·武鸣、河池、靖西、那坡、南丹、鹿寨、武宣、马山、龙胜、三江，云南·富宁、马关、广南
	3. 浑壮：广西·上林
	4. 文壮：广西·武鸣
	5. 文松(壮)：广西·上思
	6. 埃松(壮)：广西·上林

续表

支系名称	分布地区
侬支系	1. 广西·武鸣、马山、靖西、德保、那坡、上林、田林、天等、都安、凤山，云南·文山、广南、富宁、邱北、砚山、麻栗坡、马关、西畴、师宗 2. 贵州南部的部分"布依族"
央支系	1. 根央：广西·德保、靖西、那坡、天等 2. 布央：广西·上林、凌云、乐业
侬支系	1. 广西·都安、上林、柳江、柳城、来宾、宜州、凌云、田阳、田林、西林、那坡、德保、隆林、乐业、河池、南丹、龙胜、三江，云南·广南、文山、富宁、邱北、蒙自、泸西、罗平、师宗、禄劝、勐腊，贵州·从江 2. 贵州南部、云南东部的大部分"布依族"
岱支系	广西·龙州、凭祥、大新，云南·文山、马关、广南、麻栗坡、砚山、西畴
偏支系	广西·防城港、东兴
侬安支系	广西·靖西、那坡，云南·富宁
吕支系	会泽、宣威
欧支系	广西·那坡
杜叔支系	广西·那坡
艾混支系	广西·融水
埃门支系	广西·上林
生支系	广西·那坡
思支系	广西·马山
锐支系	广西·那坡、田林、天峨、南丹云南·富宁
敏支系	广西·那坡
江支系	广西·横县
傣德支系	云南·元阳、金平

续表

支系名称	分 布 地 区
傣门支系	云南·蒙自、开远、个旧
岸支系	广西·那坡
光支系	云南·师宗

第二节　广西壮族民族文化种类及其分布状况

一、壮族文学

壮族文学是壮族人民所创造出来的，是灿烂历史文化的重要组成部分，它不仅是壮族人民勤劳与智慧的结晶，更体现了这个民族蕴含的精神。

(一)壮族的古代文学概述

壮族的古代文学具有极高的艺术价值。壮族人民想象奇特、热情奔放，其通过各种形式的民间故事、神话传说等文学作品营造出各种各样丰富多彩、境界虚幻、形象瑰丽的精神世界。但是，令人遗憾的是，由于当时的壮族缺乏文字记载和保存，所以各种各样的文学作品都是由壮族人民世世代代通过口头流传下来。因此，很多精彩异常的文学作品无法流传于世。

壮族古代文学形式多样，包含各种神话、歌谣等，但在这漫长历史长河中，神话传说始终占据着最重要的位置。这些神话传说中极富代表意义的有创世史诗《布洛陀》、长篇神话故事《布伯的故事》、长篇叙事歌《嘹歌》以及开天辟地神话《盘古》等。可以说，这些充满神奇色彩、富有永久魅力的神话传说对后世壮族文学的发展有着深远的影响。

(二)创世史诗《布洛陀》

1.《布洛陀》经诗概说

(1)布洛陀的由来。布洛陀原先是民众口头散体叙事中的神话人物。布洛陀是壮语的音译，因其在壮语中的读音不同，布洛陀有三种意思，一是指河谷或山谷中法术高强的祖公，二是指无所不知的智慧老人，三是指鸟部落的首领。目前，获得公认的解释认为，布洛陀指的是无所不知、无所不能的智慧始祖神。一般的口头流传是一种途径，除此之外，"古壮字""土方块字"手抄本也是重要的流传途径。为祈福禳灾、请愿祈祷在壮族民间的传统宗教活动中，由道公、巫公把布洛陀史诗当作经书、教义进行念诵或吟唱。1949 年后，广西政府专门组织人员对布洛陀神话及其史诗开始进行搜集整理。1991 年《布洛陀经诗译注》出版，2004 年《壮族麽经布洛陀影印译注》出版，这两本书对壮族布洛陀神话进行了全面与系统的整理，从而使得布洛陀文化能够持续传承。

(2)《布洛陀》的特点。从内涵上看，《布洛陀》是一部雄壮浩瀚的史诗，体现了壮族人民精巧奇特的想象力。其在内容上将壮族的宗教神话与民风民俗融合为一体，内涵丰富，意义深远。形式上看，《布洛陀》作为诗歌，其语言简练，全文以五言为主，兼有七言和排歌等壮族独有的诗歌体式。《布洛陀》经过壮族人民世世代代的艺术加工，不仅故事完整，自成体系、层次丰富，而且表达工整、朗朗上口，原汁原味地保留了壮族文化的民族特色，反映了壮族社会在漫长发展历程中逐渐形成的境界开阔的神异图景。

(3)《布洛陀》的意义。《布洛陀》被誉为研究壮族历史文化与社会生活的百科全书。布洛陀口头文学在 2006 年经国务院批准列入第一批国家级非物质文化遗产名录。《布洛陀》是壮族传统精神文化的典型代表，以创世史诗的形式为我们解读了远古时代壮族社会的发展历程与传统文化，同时也体现了壮族人民独特的宗教思想观念及其图腾崇拜等重要信息。《布洛陀》为研究壮族古代社会历史文化提供了重要依据，也对壮族社会的文化发展奠定了基础。

2. 布洛陀文化的分布

《布洛陀》主要流传于广西红水流域的巴马、凤山、天峨、河池、都安、马山以及右江流域的右江、田东、平果等县区。在这些地区，布洛陀的神话传说家喻户晓。布洛陀作为当地人心中的创世神、始祖神与宗教神而深受崇拜。尤其位于广西右江河谷的百色市田阳县境内的敢壮山，《布洛陀》更是广为流传。2002 年 6 月，国内外有关专家学者在敢壮山发现了布洛陀文化遗址，至今已经形成了每年规模宏大的田阳敢壮山布洛陀祭拜活动。

二、壮族民间文艺

(一)壮族山歌与歌圩

自古以来,壮族就是一个酷爱歌唱并且擅长唱歌的民族。广西壮族人民天性浪漫,感情丰富,无论是问路访寨还是迎宾接客或是寻偶择配,他们都喜欢用山歌来表达自己的情感。在长期的生活酝酿下,壮族山歌的触角已经深入社会生活的各个领域,与壮族人民的生产生活密不可分,它在广西壮族人民的心中也占据着重要的地位,这种深厚的文化底蕴使壮族山歌成为壮族独特的民间传统文化。

1. 壮族山歌文化的概说

(1)起源。早在氏族部落时代,壮族人民喜歌善歌的民族特征就已经随着各种祭祀性的歌舞活动显现出来。由此,壮族山歌从起源至今已然跨过了千百年历史,不论历史的脚步如何匆忙,壮族的山歌文化从一代又一代壮族子孙的口中传唱下来,可以说是浩如烟海,吟唱千古而不衰。

(2)特点。壮族山歌之所以经久不衰,在壮族人民心中始终占据着重要地位是有原因的:

第一,壮族山歌有着丰富的表现手法和多样的情感表达。壮族山歌给人展现的是一种宁静而明秀,热烈却委婉的意境。壮族儿女的情感依旧丰富炽热,但不同于其他民族节奏强烈且鲜明的情感宣泄,壮族山歌追求的是委婉含蓄地抒发自身的情感,因此往往借助比兴、比喻、叠音、谐音等多种不同的表现手法是山歌更加富有感染力,从而达到了情感上的升华。

第二,壮族山歌的内容丰富广泛,传唱方式轻松随意。壮族山歌不同于一些经典歌曲需要经过词曲上的不断修改而获得的,它出口即成章,讲究脱口而出的随意创作。另外,壮族山歌的传唱内容更是广泛,无论是自然景观、婚丧嫁娶或是农工技艺,只要是生活中接触到的,都能够被纳入山歌之中。可谓时而抒情,时而叙述。情由事发,歌由情生。

第三,广西壮族山歌具有与众不同的韵律美感。据史书记载,壮族山歌"字皆土音,韵则天籁,译而通其意,殆亦工于词者",由此可见,壮族山歌具有韵律美感。

（3）壮族山歌名曲

山歌好比春江水

唱山歌来/

这边唱来那边合/那边合/

山歌好比春江水也/

不怕滩险弯又多喽/弯又多/

唱山歌来/

这边唱来那边合/那边合/

山歌好比春江水也/

不怕滩险弯又多喽/弯又多/

唱山歌来/

这边唱来那边合/那边合/

山歌好比春江水也/

不怕滩险弯又多喽/弯又多/

不怕滩险弯又多喽/弯又多/

2. 壮族歌圩

"歌圩"也叫"歌墟"，是壮族群众在特定时间、地点举行的节日性聚会歌唱活动形式。圩在壮语中是聚会赶集的意思，因而歌圩指的是壮族人民在坡地上歌会。

壮族歌圩起源于远古壮族人民的祭祀性歌舞活动，然后再逐渐演变成民间的歌唱聚会。壮族人民能歌善舞，因而歌圩成为壮族人民群体性的交流情感的娱乐活动。壮族歌圩在长期发展的过程中，成为每年固定的活动，但是各地的歌圩日期并不完全一致，一般都会在农闲时举办，每年农历"三月三"歌圩是最具有典型意义的。另外，在每年的传统节日里，壮族人民也会举办歌圩。在歌圩上，壮族人民最喜欢的就是传统对歌。其中，刘三姐的故事家喻户晓，其中体现的就是壮族人民独特的对歌。对歌也是壮族年轻男女表达爱情的主要方式。通过对歌的形式，青年男女相互认识，相互交流与了解，从而增进双方情感。

壮族歌圩文化就好比春江水世世代代源远流长。经过千百年的发展与传承，歌圩也成为壮族人民的一张名片。壮族人民对歌圩文化形成了强烈的认同感，并在长期的历史活动中创造了丰富多彩独具特色的歌圩文化。在现代，歌圩文化仍然深受壮族人民的热爱，并被赋予了更加顽强的艺术生命力。歌圩文化记载了壮族人民世世代代的情感历程与喜怒哀乐，具有浓烈的民族烙印，积淀着壮族人民的民族集体意识，展现了壮族文化的博大精深与厚重。

3. 壮族歌圩的分布

歌圩是壮族人民喜闻乐见的艺术文化形式。只要有壮人生活的区域，就离不开歌圩。据统计，广西壮族自治区共有 640 多个歌圩点。国务院在 2006 年正式批准歌圩列入第一批国家级非物质文化遗产名录。

(二) 壮剧

壮剧又被称作"壮戏"，是壮族的主要戏剧剧种，是壮族人民在长期历史进程中形成的独特的戏曲文化形式。壮剧是在壮族民间文学、歌舞和说唱技艺的基础上发展而成的。壮剧历史悠久，清代文献就有关于壮剧的相关记载，不过旧时壮族自称"布托"，意即"本地人"，因而把壮戏称为"昌托"即"土戏"，以别于汉族剧种。2006 年，国家将壮剧定为非物质文化遗产予以保护。

(三) 壮族传统舞蹈

壮族民间的传统舞蹈数量众多，形式丰富。现有记录的舞蹈就有 300 多个。壮族传统舞蹈起源于远古壮族人民在宗教祭典、祈神求福、驱鬼攘灾与劳动生产中各种活动。因此，其也在一定程度上表现了壮族人民的社会生活。壮族传统中典型的扁担舞、铜鼓舞、蚂蜗舞，其舞姿潇洒，动作豪放，神采张扬，反映了壮族人民的热情活泼的精神与热烈激昂的风格。壮族传统舞蹈是根植于壮乡土壤中的艺术形式，具有浓厚的文化蕴涵。是壮族的民族性格、民族心态与精神的真实写照。

三、壮族民间乐器

(一) 铜鼓

铜鼓是广西壮族独特的民间乐器，其是用铜和锡、铜、锌等金属熔合铸造成的"金属鼓"。铜鼓是"平面曲腰、中空无底"的击打鸣鼓乐，因由青铜锻造而得名。铜鼓的外形独特，响声厚重，成为壮族人民独特而灿烂的民族文化的体现，也是壮族人民集体智慧的结晶。

广西壮族的铜鼓，历史久远。《后汉书·马援列传》中说道：东汉初伏波将军马援南征交趾"得骆越铜鼓"。自汉代以后，广西铜鼓鉴于文献记载者，可谓史不绝书。在远古社会，铜鼓是壮族部落用于祭祀、典礼、召集与作战的工具，同时也是部落首领权力的象征，更是壮族族群地位与实力的标志。铜鼓在壮族部落中具有重要意义，在战争中能缴获敌军的铜鼓则代表胜利。随着时代的发展，铜鼓逐渐转变为传统乐器而成为财富的象征。富裕的壮族家庭也可以拥有铜鼓。在节日期间，壮人通常在自家房梁上吊起铜鼓，或在平坝上支起铜鼓进行演奏。另外，在壮族人民特有的对歌等歌圩活动中，大家也会使用铜鼓来演奏。

广西的铜鼓分为三大类型，分别是北流型、冷水冲型、灵山型。不同的铜鼓形态各异、大小不同、音色也不一样。铜鼓虽然是一种乐器，但是在很长一段时间中都是壮族族群中权利与财富的象征。在现阶段，壮族铜鼓这种传统的民族乐器弥久愈坚，在新时期再次展现出时代的生命活力。在广大村寨中，凡传统节日、庆祝集会及婚嫁喜庆都有演奏铜鼓乐、唱铜鼓歌、跳铜鼓舞的习俗。铜鼓文化，成了广西壮族多姿多彩传统文化中的一个亮点，其粗犷、豪迈和原始古朴的韵味，演绎出了壮族特有的民俗风情。

(二) 马骨胡

马骨胡是壮族人民喜爱的民间乐器，因琴筒用马骨制作而得名。马骨胡，别称"骨胡"，是壮族传统弦鸣乐器，属擦弦类。马骨胡在壮语里称之为"冉督"，又称"冉列"和"冉森"。"冉"，壮语意为"胡"，"督"为骨头，故名。"列""森"系壮语，意为"体小音高"。马骨胡流行于北壮地区。壮族的马骨胡一般是用马或骡的股骨作琴筒的，因此其音色高亢明朗，清脆动听，更好地体现出壮族人民粗犷豪放与高亢刚健的精神面貌。

(三)七弦琴

七弦琴也是壮族人民独特的传统乐器，是壮族人民的艺术珍宝。壮族七弦琴与汉族七弦琴名同实异，它是一种古老的拉弦乐器，据说七弦琴明初已在广西西部流行，至今已有600年历史。壮族七弦琴又称"玎尼"，"玎"为状语"七"的语音，"尼"是壮族民间对乐器的统称。因七弦琴形似复盖着的片瓦故又得名"瓦琴"。七弦琴是由琴身、琴弓和共鸣器组成。琴身通常由桐木制作，直径五寸左右，长约两尺。琴弓一般用马尾与细竹竿制成。七弦琴一弦一音，共有七音，依音高低排列，低音弦靠内，高音弦在外。其外形高贵雅致，声音细腻柔和，极具民族特色。

(四)田螺笛

田螺笛是由田螺壳制成的吹奏乐器，它精致小巧却特色鲜明，是壮族最简单的民间乐器。用田螺笛吹奏出的曲子音色浑厚、韵律优美，可以说田螺笛是壮族人民用他们的智慧创造出来的不可多得的艺术瑰宝。

田螺笛主要分布于我国壮族人口聚居最密集的靖西市。究其原因，不外乎两点：其一，广西靖西市雨量充沛，拥有田螺生长得天独厚的自然环境与气候条件，而田螺具备了这些特点才有可能被制作成为理想的田螺笛。其次，靖西市的民族文化艺术资源丰富，靖西人又素以能歌善舞著称，这一浓厚的艺术氛围为田螺升格为特色乐器提供了转变的条件。

四、壮族民间工艺

(一)壮锦

壮锦是广西最具代表性的民族工艺品，是与"云锦""蜀锦""宋锦"齐名的全国四大名锦，也是中华民族优秀传统文化中一颗璀璨的明珠。壮锦一般都是以棉线或丝线纺织而成。色彩浓烈，做工优良，结构雅致，花纹绚丽，体现了壮族人民热情奔放的民族风格。

1. 壮锦的概述

(1)壮锦历史。壮锦是壮族人民最精彩的文化艺术形式，具有非常悠久的历史传承。早在汉代，广西壮族地区就已经产生了"细者宜暑，柔熟者可御寒"的"峒布"。聪明智慧的壮族人民，已懂得充分利用植物的纤维，织制出"细者宜暑，柔熟者御寒"的葛布、络布来作为衣料。到宋代，大量的蜀锦通过广西出口海外，壮族人民在学习借鉴蜀锦工艺的基础上，逐渐提升与完善壮锦的制作工艺，壮锦开始走入壮族人民的日常生活中，成为不可替代的生活用品和装饰品。

(2)壮锦的分布。壮锦主要流传与桂西南各地，其中广西的靖西、宾阳与忻城，被称为是"壮锦之乡"。当地的壮族妇女从小需要学习壮锦的编制，是不可或缺的"女红"技艺。这些地区的壮锦通常以棉纱为径、五色条线为纬，织成色彩斑斓、图案别致、精美实用的彩锦。

2. 壮锦的特色

壮锦的纺织技术非常细致，工艺一般有两种：一种是普通机织法；另一种就是壮族人民在长期的劳动中琢磨出的"竹笼"织法。"竹笼机"装有支撑系统、传动装置、分综装置和提花装置，其机上设有"花笼"用以提织花纹图案，用花笼起花是壮锦织造技术的最大特点。

壮锦的花纹图案具有华而不俗、素而不寡的艺术特点。其通常由特色鲜明的几何图案组成，显得朴素大方，层次清晰。常见的花纹图案有方格纹、菱形纹、水波纹、云纹、回字纹、编织纹、同心圆纹以及各种花草和动物图像，色彩对比十分强烈，底色花纹相互映衬，民族特色凸显。

壮锦是壮族人民的艺术珍宝，具有丰富多彩的文化内涵。其植根于壮乡的山山水水，承载着的壮乡人的多姿多彩，不仅是壮族战士的精神图腾，同时也是壮族少女的情感寄托。壮锦工艺是广西壮族民俗风情的一种物化体现。由此可见，壮锦与壮族人民的社会生活、历史文化有着千丝万缕的联系。

(二)绣球

绣球是壮族传统的工艺品，而在广西众多的绣品中，绣球毫无不成为典雅精致的代名词。其历史之悠久，造型之独特、工艺之精湛，色彩之艳丽，无不充满了民族气息,今靖西、龙州、都安、邕宁等地仍流行。

绣球是手工做成的彩球,有圆形、椭圆形、方形、菱形等。一般以圆形为主,大小不一,大的绣球直径达两米,小的绣球只有拇指头大小,很是小巧可爱。圆形绣球最常见的是十二瓣的形状,代表一年四季十二个月,以红、黄、绿为主要底色,十二个球瓣上绣有花鸟虫鱼、龙凤麒麟,中间常常配以吉祥文字等图案,代表着喜庆祥和。绣球内装棉花籽、谷粟、谷壳等,上下两端分别系有彩带和红坠,球体上也多用彩色珠串、流苏装饰,精美绝伦,深受海内外人们的喜爱。

绣球具有丰富的文化寓意:第一,绣球是吉祥的象征。其体现了壮族劳动人民对粮食大丰收的美好愿景。绣球象征着生长、生育、兴旺与平安。因此,在各种祭祀、祈年的仪式中,绣球往往都是表现的主题。第二,壮族青年以绣球作为定情信物,绣球之所以有着"生育兴旺"的寓意,是因为绣球内填放有谷物种子。青年男女在歌圩上向心上人表达好感同样会使用绣球。第三,随着社会的进步,如今小小的绣球寓意深刻,承载着丰厚的壮族文化信息,寄托着壮族人民对美好生活的热情和向往,在壮族人的心目中它既是爱情、友谊、美的象征,又可以作为儿童玩具,抛接戏耍,同时它还是壮族人民馈赠亲朋好友的礼物。

五、壮族传统体育

(一)壮族舞狮

壮族舞狮是壮族民间的一种传统表演艺术,并于 2007 年入选第一批广西壮族自治区级非物质文化遗产名录。

舞狮有南狮、北狮之分。而广西壮族舞狮的外形与南狮近似。壮族舞狮也是壮族民风民俗的重要体现。其中,"抢青"是壮狮中的重要表演。在接受狮子"参拜"时,主人事先准备好红包,上系绿色植物,高高悬挂在屋檐、楼台或竹竿、电线杆上,礼物越丰厚就悬得越高,有的高至七八米。狮团成员便围拢攀肩逐层"搭人山",让狮子沿人山而上摘取红包。抢青的表演形式有高空青、桥上青、桥底青、地青等,套路多种多样。

(二)壮拳

壮族人民世世代代都好勇尚武，随着实践经验的积累，武艺也日益精湛。刘锡蕃在《岭表纪蛮》中曾这样描述壮族："其身材容貌与汉人已无显著之区别，但此族以武力起自蛮方，强悍鸷烈，实为各族之最。"

壮拳的动作剽悍粗犷，形象朴实，功架清楚，沉实稳健，拳势刚烈，多短打，擅标掌，少跳跃，行拳多用壮语发音，以气摧力。壮拳在流行过程中，既影响了其他拳种，也吸收了兄弟民族拳种的技艺，通过不断的取长补短、推陈革新，逐渐形成了剽悍、刚劲、沉实、稳健的特点。

六、壮族传统医药

(一)壮医

1. 壮医文化的起源

伟大的医学家巴普洛夫说过："有了人类，就有医疗活动"。远古的广西生存条件恶劣，但壮族人民在长期的生产生活实践中凭借着自身的经验与智慧，在同疾病抗争的过程中形成并发展了一套自己民族的独特而又神奇的壮医药文化体系。

相关出土文物表明，早在2500年前的西周王朝、战国时期，壮族先民就已经掌握了针刺治病的技术。到了秦汉时期，大量的地产植物、矿物和动物药，都得到了广泛的应用。唐宋时期，壮族先民掌握了草药的内服、外洗、熏蒸、敷贴、配药、药刮、角疗、挑针、金针等医疗技术，形成了独具特色的壮医诊疗技术。[①]

2. 壮医的防治特色

(1)外治为主，偏重祛毒。壮医认为"毒气"的入侵是人发生疾病的原因。而"毒气"入侵会造成人的脏腑不和气血紊乱，所以治疗时要有限祛毒。具体问题具体分析，因为毒气侵犯的部位不同，所以采取的治疗方法也不同。比如若毒气从口鼻而入，那么应该洗鼻漱口或采用雾化疗法；若毒气自肚脐而入，就可以用

---

① 《壮医药文化亟待保护与发展》，http：//www.zlnow.com/minzu/zhy/317.html.

拔罐的方法；而洗之法则可以治疗毒气从二阴而入产生的疾病。也有要适当配合草药内服的情况，比如对于病情危重的病人以及多年不愈的痼疾。

壮医这种外治祛毒法，根据的是人体内外相通的道理。但是，这种依靠外治法获得效果的情况在壮族以外的地区是不常见的，因而可以说是壮族人民所处的社会环境的特殊性造就了壮医的外治祛毒法。比如，壮族人民居住分散，生活比较朴素，思想比较单纯且乐观，使得壮族人民少内伤杂病。

（2）防治结合，有病早医。对于疾病的预防，传统壮医有着独特的方法。壮族地区大多山高林密，天气潮湿酷热，山中常常瘴气迷蒙，如果此时赶路，生姜就起到了很大的作用，壮民们通常都要口含生姜以驱寒辟秽；在大暑之天，天气高温湿热，暴雨可能造成水源浑浊，这时候壮民们在饮用河水时会先用白矾沉淀过滤，辅之多吃生大蒜，从而避免肠胃滋生虫毒；若疫病蔓延，壮民们在走村串寨回家后常用草药汤洗澡；老弱病残者，会在席子下垫上辟秽解毒或舒筋活络的药品，并将芳香解毒的药品佩戴在正在发育的儿童胸腹前。迟治不如早治，是壮医们一直以来的主张。对于病情较轻的患者多用刮法或挑法；而病情复杂的则多用内服药并外治并用。奇特之处在于，一般的壮民们都能掌握一些基本的防病治病方法。这些经验虽有些粗糙，但它却是壮族人民的智慧结晶。

（3）用药简便，贵在攻专。壮族地区处亚热带地区，有丰富的药物资源，据调查显示，广西壮族地区共有1000多种的植物药、动物药以及矿物药。但是，壮医用药很讲究简便，一般选用两三味功效快的药品，忌讳药使用多并且杂的药，因为这样会影响治疗的效果。例如，在桂西山区有位壮医其对治疗急性乳腺炎有独特的方法。治疗疾病时他所选用的不过是两味药，并且这两味要在屋前寨边都轻易可以找到。当病人乳房红肿疼痛并且伴随发热恶寒之时，即将鲜芭蕉根捣烂加热外敷在患处，只需一小时左右，疼痛感就消失了，一般治疗两到四天则疾病得到治愈。类似事例在壮族村寨里到处都有。

（4）扶正补虚，配血肉之品。壮医多用首乌、土当归、土党参、黄精等补养药物与血肉之品搭配治疗气血宫寒不孕；若干咳无痰，则用猪肺或老母鸭肉煮莲藕吃，取其甘润以清养肺脏。

（二）壮族药市

壮族药市是主要流行于靖西、忻城、贵港等地壮族民间的一种圩市，每年在这一天壮民们就售各种中草药。药市选在这一天是因为，农历的五月初五正逢端午节，此时中草药的根壮叶肥，药力特大，疗效更好。

药市的时候，大家会赶早把各种药材挑到市场上，用于出售或者交换，价钱十分便宜。除了买卖药材的人之外，还有专程来请教、交换医药知识的。药市人数时常能达上万人，场面热闹非常。

药市中的药材十分丰富，植物性的药如钻地风石斛、银花、良羌、砂红、山楂、透骨香、马蹄香、过江龙、千竹拔、川芎等，动物性的药如蛤蚧、蛇类、蜈蚣、蝎子等，还有一些矿物性的药。

七、壮族民俗

(一) 民居

1. 壮族村落

村落是人类社会发展到一定阶段的产物，是人类为了自身的生存和发展，为了更有效地进行物质资料的生产，而与其他社会成员结成的一定的关系。壮族村落通常由若干个有着血缘或亲缘关系庭或家族组成，具有一定布局规律的实体空间，俗称为"村"或"寨"。

壮族选择村落基址的理想模式是：依山、环水、面屏，或者背水、面街现在壮族地区的乡村乃至城镇，多数是先辈们开辟创建的，并世代相承居住至今。因此，现在壮族的村寨大多选在依山傍水、视野开阔之处。通常情况下村寨都是由多户人家组成，具体成员数是十到上百户不等，但单家独户很少。壮族村寨的名称大多与当地的地名相一致。以地名作为村寨名称是以前的习俗，一直沿袭到现在。如"那坡"，既是地名，也是村寨名。这些地名，是壮族的祖先以当地的地形风貌、特点来命名的。壮族村寨通常由相隔不远的各家各户的干栏式建筑组成，以往为抵御敌人，壮民们会在村寨的四周栽种荆棘为篱笆或者用石头垒成围墙，并且在村口建造望楼以此来驻防。在古代每个壮族村寨都有自己的首领，村寨首领的主要任务是维持地方秩序和代官方征收赋税。最初的村寨首领是自然产生的，后来发展为民间公认与官方任命相结合。

2. 壮族干栏

(1)干栏概况。《魏书·僚传》最早记录了"干栏"一词："僚者，盖南蛮之别种，自汉中达于邛笮山洞间，所皆有，种类甚多，散居山谷，无民族之别……依树积木，以居其上，名'干兰'，干兰大小，随其家口之数。"这说的是壮族先民们为了躲避毒蛇猛兽的攻击，并避免因接触潮热的地面而生病，选择将房子搭建在大树上，即所谓的"构木为巢，以避群害"。

后来壮民们逐渐从树上搬到地面居住，因为生产力不断提高，先民们对自然界斗争也取得不断的胜利。但是，巢居的形式仍然未改变，由此创造出了避水患、防虫害、通风透气、适应多变地形的干栏建筑。对此史书记载颇丰，如《旧唐书一九七卷·南平僚》中记载，"土气多瘴疠，山有毒草及沙虱、蝮蛇，人并楼居，登梯而上，号为'干栏'"；又如《新唐书·南蛮传》中所云：南蛮地区"土气多瘴疠，山有毒草及沙虱腹蛇。人并楼居，登梯而上，号曰干栏"；在宋人范成大的《桂海虞衡志》还记载："民居苦茅为两重棚谓之麻栏。"由此可见，"干栏"是壮民们自古就流行的居住建筑形式。

由于生活在相对封闭的自然和文化环境下，广西壮先民创造的木构干栏居住形制以及居住文化，较少受外来文化的侵蚀，其集落布局方式、建筑形制、传统工艺等被传承至明清；而在那些大山延绵的桂西北、桂西、桂西南地区更是传承至今，成为研究百越居住文化的活化石。[①]

(2)干栏建筑的特色。壮族干栏式建筑不仅适应了当地的地理环境与气候特点，其选材与式样也做到了因地制宜。在经济落后而木材较多的地方，干栏多为竹木结构，将竖木作为柱，用木板合成楼板和四壁，而将盖茅草或瓦盖在顶上。而在木材匮乏的地区，则用竹子作篱和楼板。到了经济发达的地区，多用泥石结构或砖石搭建结构，再用石头砌基础，用冲泥或者砌砖做墙，用瓦盖屋顶。

不同的壮族地区有不同的干栏建筑式样。有的三间一幢，一明两暗，也有的是五间一栋。但不管其布局与式样有何差别，堂屋必定是最中间一间，其用途是接待客人和祭祀祖先，卧室与客房在左右两边。用竹木在房屋的正门前或偏侧搭一晒台，可以用作晾晒衣物、农作物和或休息。多数壮民家的篱还用荆棘或竹木为材料做成的，将篱围在干栏的四周。再种上将蔬菜、果树、翠竹种于干栏和篱笆之间的空地上，葱葱郁郁，姹紫嫣红，颇有生活情趣。此种方便实用、造型简

---

① 赵冶：《广西壮族传统聚落及民居研究》，华南理工大学 2012 年博士论文。

单、风格独特的干栏式建筑深为壮族人民所喜爱，因而古今沿袭，历代不衰。

（3）现代干栏建筑的分布。全楼居和半楼居是现代干栏建筑主要的两种形式。全楼居即典型的全木结构高脚干栏，主要分布于龙胜、三江等县的边远山区。半楼居主要是分布在河池地区，多依山而建，后半部将居住面定于屋基平台上，前半部则立柱悬空为楼，将上铺楼板与平台齐，形成半边楼。值得一提的是，在广西壮族的龙脊古壮寨拥有着全国保存最完整、最古老、规模最大的壮族干栏式吊脚木楼建筑群。7座木楼超过百年历史，最老的木楼达两百多年的历史。木楼层叠相连，古老而富有神韵。

3. 壮族风雨桥

由于依山环水，桥梁成为传统壮族聚居地必要的交通设施，在桥上搭建亭廊，就成为"风雨桥"，此种建筑可以供行人避雨和保护木质的桥身。风雨桥一般位于村头寨尾的水口处，桥面设置栏杆坐凳，可供人歇息乘凉，因而又称之为"凉桥"。壮族风雨桥多以实用为主，造型相对简朴。风雨桥落在水中的桥墩为石材，而其身多为木质。桥基、桥跨、桥廊三部分组成较大型的风雨桥。而小型的风雨桥单需跨架在加固的两岸就可以，无需桥墩。壮族风雨桥的数量较少，多分布在龙胜龙脊一带。龙脊地区的壮族风雨桥属于小型风雨桥，无需桥墩，而是充分利用木材的抗弯特性，直接从桥台处层层出挑木梁会和于中部就可支撑桥面的主梁。其典型代表是龙胜平安寨风雨桥。

4. 壮族传统民居的保护价值

民族是一个文化共同体，文化是一个民族最为持久、稳定的联系，是一个民族生存与发展的标志。传统聚落和民居是壮族文化的重要物质载体，其保护与发展是关系到壮民族文化的未来。

（1）历史价值壮族传统聚落及民居是壮族社会历史的活化石。聚落及民居直接反映了各个历史时期人类衣食住行等生活状况以及生产力、生产关系等社会状况。一个民族传统文化同地域环境特色相结合而产生了民居，其承载的历史信息具有不可比拟的历史价值。

（2）文化价值。壮族民居的干栏建筑形式是民族长期与所处地域自然环境相协调、相适应而形成的居住模式，而简约的装饰风格与朴素的室内陈设则更加反映了民族文化的方方面面。壮族聚落及民居对宗教文化也有充分体现。传统民居及聚落中的神龛、香案，火塘等充分体现了原始宗教崇拜包括自然崇拜、祖先崇拜、神灵崇拜，村落中的土地庙拜物习俗。道家文化对壮族影响颇深，与壮族原有的巫教结合为一体，渗透到壮族民居的方方面面，如民居建造中的风水堪舆、建房仪式等。民居是地域、民族文化最为生动与直观的体现

（3）建筑价值。在当今经济全球化的大环境下，现代主义建筑纯理性的思考方式及其片面地对效率的追求，忽略了建筑及文化的多样性，导致许多建筑及其聚落都千篇一律。因而现在的建筑设计都在向尊重和发展地域和民族的建筑文化，保持和弘扬建筑地域特色的新趋势发展。而壮族传统聚落和建筑是地域建筑最为生动直观的教材，它在很多方面都可以为现代建筑创作所吸收、采纳。

（二）壮族传统服饰

服饰是人类物质与精神需求的复合表征，是外表特征与心理审美的结合。传统的壮族服饰正是壮族人民智慧的结晶，展示出了壮族独特的精神风貌。

黑色和蓝色是壮族传统服饰里基底色，象征庄重与严肃之美。所以，壮族习俗以黑为贵，壮族人民把黑色的衣服、裙裤、头巾作为节日的盛装，只有在盛大节日、重大场合，人们才会穿戴黑色盛装；而蓝衣一般是赶集、赶歌圩时的盛装。这一番场景于清代傅恒的《皇清职贡图》里是这样描绘的："西隆州（今西林、隆林二县境内）男以蓝布缠头，蓝衣花带。"而清朝历史家谢启昆著《广西通志》则这样描述："男衣带皆黑，妇女衣不掩膝，长裙细折。"种种记载均证实，壮族自古代起就盛行蓝黑色。

1. 壮族男子

古代的壮族青年，头包青色或蓝黑色长条布，上身衣服又短又窄。而中年以上的男子，上身穿右衽大襟衣，扎腰带。男子下身多穿大裤腰、宽裤脚的长裤。平常多打赤脚，只有逢年过节和走亲戚时才穿布鞋。到现在，男子衣服一般已汉化，只有老年人还穿无领、宽袖、纽路右边腋下开的黑色大襟，裤脚肥大而稍短。

2. 壮族女子

较之男子服装，女子服饰更具民族特色。老年妇女多穿有领的黑色大襟衣。裤子与男子相仿，只是裤头用不同颜色的布料，从而得知男女有别。

青年妇女服饰比较华美，偏襟短衫，服饰上有各种壮锦纹样及镶边。并且，将各种花纹图案印染在衣裙上，五彩缤纷，颇为养眼。裙角及衣物上的绣花精美，手工精细，各种花鸟鱼虫的图案反映出壮族少女们对美的追求。

(三)壮族传统饮食文化

自古民以食为天，食物对壮族人民而言，不但具有充饥之用，还有丰富味觉、强身健体之效。广西壮族地区的地方美食有很多，像桂林米粉、螺蛳粉、酸料、酥肉、牛巴等，可以说数不胜数。不过像五色糯米饭这一历史悠久的传统食物可以说在广西壮族各地都可以见到。

(四)礼仪禁忌

壮族历史悠久，从古至今，壮族人民在长期的生产生活实践中，形成了自己独特的禁忌风俗，以此自律。

1. 传统婚俗

(1)壮族传统婚俗概述。壮族历史悠久，从古至今，壮族人民在长期的生产生活实践中，形成了自己独特的禁忌风俗，以此自律。

(2)壮族传统婚礼特点。

①以歌择婿。不同于古时候我国大部分地区根深蒂固的"婚姻乃父母之命、媒妁之言"思想，壮族男女之间的婚姻相对比较自由。根据当地嘹歌的记载，情投意合的男女定情时，主要是女方以自制的花巾、布鞋为信物赠与男方为标志，表示小伙子已经获得姑娘的芳心。壮族人常说，"山歌是第一个媒人"，故这种特别的风俗一直到改革开放前夕还很浓厚。

②夜婚。夜婚，也称"火把婚"，主要流行于广西边陲的山区腹地以及桂林部分地区。在花烛之夜，新郎携众人，手举火把，边走边唱。直到女方家的村寨边，新郎要先和新娘的女伴对歌比赛，其结果一般总让男方赢。这时候男方要派一个能说会道的小伙子进寨，而女伴往往用歌声盘问，小伙子必须对答如流才准新郎进门迎亲。在歌声中，双方回到男方家中成亲。入洞房后，男女双方要对歌到天明。

③哭嫁。"哭嫁"是壮族农家的一种婚嫁形式，历代传承。因农家地广人稀，

地势偏远，交通不便，姑娘出嫁之处，天各一方，一别难见。因而出现了这种姑娘出嫁时要以"哭"代说，倾诉衷肠，表达离情，招呼来宾，告别亲人的婚礼形式。哭嫁的多为对父母养育恩情的感谢，也有对生为女孩要出嫁的埋怨，还有对兄弟独占家产的埋怨，或是姐妹的留恋等，其曲婉转，令人泪下。

④不落夫家。明代《赤雅》"丁妇"条中说道："娶日，其女即还母家，与邻女作处，间与其夫野合，有身乃潜告其夫，作栏以待，生子始称妇也。"其中，描述的就是壮族独特的婚后习俗"不落夫家"。即壮家姑娘结婚后往往不在婆家居住，一般婚后次日就速回娘家。其后的日子中，逢农忙或节日，才会回到夫家。这样过两三年直至女方怀孕才可长居夫家。

(3)男方入赘。在广西壮族的部分地区仍保留"入赘"习俗，边远山区尤盛。入赘之礼大体相似，无彩礼，亦无嫁妆，生活必需品由女方备齐。男方不办婚礼，不设酒宴，与此相反，女方则杀鸡宰鸭，大宴宾客。婚后，男子都要按本族姓氏与辈分排行改名换姓，并与妻子的兄弟以兄弟相称，而禁用"姐夫""妹夫"之称，且子女从母姓。与传统儒家理念不同，壮族里"入赘"之人，不但不遭到鄙视，在家庭乃至社会中仍享有较高的地位。在社会中，享有与同族男子一样的被选举权，在家庭中，女方家人视为己出，享有继承权，如若妻子不幸离世，女方家长还会为其续弦。凡盛"入赘"之地，只要为家族沿袭作出贡献的人都被视为老辈的继承者与赡养者。

八、壮族传统节庆

(一)壮族传统节庆概述

1. 传统节日简述

传统佳节内容充实、辐射面广，是我国民族文化不可或缺的宝藏，是我国民族文化的独一无二的组成部分，是中华民族在历史长河之中沉淀下来的不可或缺的经验。壮族与其他许多古老民族一样，具有其民族的节日文化体系与特色。这是壮族在长期的社会发展过程中创造起来的特色的节日文化。

2. 壮族传统节日的文化蕴含

(1)热爱家国。壮族通过代代相承的传统节日，以自己民族特有的方式诠释了对国家和民族的热爱。在长期的历史发展过程中，壮族人民与各民族人民相互交流、相互融通，在共同生存与发展中延伸出对国家民族的归属感、认同感与荣誉感，并形成了热爱家国、团结统一的爱国精神和优良传统，这在许多壮族节日文化中得到了充分的体现。

(2)热爱生活。世世代代的适应环境、农业活动中造就了壮族同胞热爱生活、积极向上、乐观豁达、宽和温雅的人生态度。形成了壮族同胞向往美好、积极向上的生活追求，这些在壮族的一些传统佳节中都可以得到印证，如壮族山歌节。

(3)勤劳勇敢。艰苦的生活环境和残忍的社会势力被勤劳勇敢的壮族人民不断征服，这些困难使壮族人民养成了不畏艰难、顽强拼搏的民族品质。这些品质并没有被岁月侵蚀，而是完整的传承在壮族人民之中，也通过传统的节日为载体表现出来。譬如，壮族每年农历六月初二盛大庆祝的"莫一大王节"就是为了纪念民族英雄莫一大王。

(4)尊老敬祖。壮族人民以孝为首的价值取向在中元节时期能得到完美的体现，他们在长期生活中养成慎终追远、尊老敬祖的优秀品质，养成了以孝立身、以孝齐家的家价值理念。

(5)崇尚自然。壮族人民拥有先进的热爱自然、善待自然可持续发展智慧，崇尚与大自然的"天人合一"的环保意识。在长期的生产生活中，壮族人民敬畏天地，这在"蚂拐节"和"牛魂节"等节日能充分体现出来。

(二)壮族传统节日简介

1. 三月三歌节

每年三月三都是壮族的歌唱的盛会，这个日子亲切的被壮族人民称为歌圩。在三月三歌节的活动内容丰富，除了唱采茶以外，还有其他的文娱活动，譬如赛诗、男女青年对歌传情、舞彩凤、抢花炮、演戏等。三月三山歌节还是壮族一年一度的"相亲会"，壮族的青年男女可以在这天公开的挑选对象。山歌节的好处特别多，不仅能够发现和培养民族歌手、还能够歌唱增加民族的凝聚力。通过唱歌提高壮族人民的审美意识与对美好生活的向往、丰富壮族人民的精神世界。广西政府将农历三月三作为广西的特色法定节假日等实际行动保护少数民族文化。

这一行为非常有利于保护和发扬壮族的传统文化。

2. 铜鼓节

每年的农历正月初一、十五、三十日，有一个重要的传统节日在广西的东兰县举行就是著名铜鼓节。节日中，青年小伙组成一支铜鼓队，将铜鼓挂在事先做好的木架上，抬至村边的山顶上。节日以击鼓祭组拉开序幕，在祭祀之后，将进行铜鼓敲击的比赛。击鼓是以响亮动听、节奏轻快为佳。比赛分小组进行，四面铜鼓为一组，大对大，小对小，每面铜鼓三人，轮流敲击，中间不得休息。

3. 蚂拐节

蚂拐节(娃婆节)是广西东兰、南丹、天峨等县壮族民间传统节日，是壮族先民青蛙崇拜的遗俗。壮民们通过祭拜青蛙，祈求风调雨顺，五谷丰登，人畜兴旺。蚂拐节持续的时间多是自农历的正月初一(有时是正月初二)始，直至农历正月末(或部分地方至农历正月十五)止。因为存在不同地区间的差异因素，不同地方蚂拐节开始和结束的时间会存在不同，整个节庆活动中的仪式也存在差别，但主体内容大都相似，即包括对蚂拐的寻、孝、唱和葬四个环节的内容。现代蛙婆节已演变成群众娱乐节庆活动和歌会，故又有"蚂拐歌会"之称。

第三节　广西壮族民族文化的环境与保护现状

一、壮族传统文学

(一)布洛陀文化的生存环境

改革开放以来，民族传统文化受到了国家、社会的广泛关注，高度重视对民族传统文化进行保护、整理，布洛陀文化亦进入了保护、整理的范围。随着整理和保护工作的不断深入，人们发现布洛陀作为神话人物与壮族历史有着密切关系，甚至是整个壮、侗语民族都与布洛陀密切相关。因此，布洛陀神话人物广受关注。布洛陀这一神话人物，被视为壮族的始祖、道德先驱及宗教神，蕴含着丰富多彩的文化意义，展示了民族中的文化元素。

随着 21 世纪到来，国家发掘、抢救、保护非物质文化遗产的力度不断加大，少数民族群众对于保护、发展本民族文化充满激情，并采取有效措施努力践行。保护民族文化必须依靠人民群众，而不能让民族文化独立于群众的生活，因为文化基因本身就源自其产生的民族、地区，因此依托民族传统节日的恢复，才能促进民族文化的本源回归及发扬光大。① 广西百色市田阳县的民族地区敢壮山，通过恢复祭祀布洛陀的仪式活动，在每年农历三月初七直至农历初九召开盛大的歌圩活动，吸引着越来越多的民众参与，影响力也在不断扩大。在整个仪式和歌圩活动的过程中，与壮族布洛陀文化息息相关的一些风俗、音乐、地方语言、神话、器具等重新展现在人们面前，传递着民族文化的信息。

在布洛陀传统文化的发掘和保护过程中，广西政府和与之相关的一些部门能够在政策上做一些好的引导，发展群众喜闻乐见的文化，群众在这种引导中呈现出了积极、健康的良性互动。例如，2005 年的祭祀大典中，增加了公祭人诵读祭祀文的环节，旨在唤醒民族认同感、民族文化自豪感。百色政府抓住时机推广举办敢壮山"布洛陀文化旅游节"，并在每年农历三月初七直至农历初九开展布洛陀歌圩节庆活动，当年"参加歌圩的各界人士、群众达 18 万人，其中有外国专家 15 人，区内专家、学者 35 人"②。2006 年的歌圩节同样盛况空前，获得了央视国际频道的全球直播。自此，不同民族、不同地区的人们开始更深入的了解壮族布洛陀文化，文化传播的民族界限、地区界限逐渐被打破，布洛陀文化的影响力不断扩大。

2004 年底国家认定了首批非物质文化遗产，广西的布洛陀神话史诗、刘三姐歌谣等均被列入其中，由此布洛陀文化的影响力在国家层面上受到了肯定，越来越多的人开始关注布洛陀文化。广西田阳县抓住有利时机，打造大型民族文化主题旅游景区，主要宣传和展现布洛陀文化及壮民族文化，并且景区祭祀台、布洛陀神像、史诗长廊、歌圩广场等项目均已建成，当地正有序推进发掘、保护和开发布洛陀文化。

壮族布洛陀文化是中华民族文化的有机组成部分，体现了民族文化的多样性。不同民族文化是其民族发展中的智慧结晶，体现着中华文明的源远流长，既

① 向云驹：《人类口头和非物质遗产》，宁夏人民教育出版社 2004 年版。
② 时国轻：《广西壮族民间信仰的恢复和重建》，中央民族大学哲学与宗教学系 2006 年博士论文，第 135 页。

是弥足珍贵的文化宝库，又有着极为重要的文明价值。今天，我们在倡导文化多样性，推动建设和谐社会，而对壮族始祖传承的布洛陀文化进行有效发掘、合理保护，不仅有利于保护壮族文化，同样有利于促进壮族地区的和谐稳定。

(二)布洛陀文化保护现状

布洛陀神话源自壮族民间传说。即在 1958 年流传于壮族民间的神话故事"陆陀公公"，被壮族文学史编写组发掘抢救并整理。其后至 1964 年，覃建真于《民间文学》中刊发了其收集到的《通天晓的故事》。1977 年，覃承勤等人对布洛陀神话传说进行了收集整理，形成了《布洛陀史诗》(油印本)。1986 年，欧阳若修等人共同出版的《壮族文学史》一书中，对布洛陀文化进行了详细的说明并就进行了评价。1982 年出版的《壮族民间故事选》(农冠品、曹廷伟编)，该书第一集收录了覃建才整理的神话传说《保洛陀》(20 世纪 60 年代初成稿)。在同一年出版的《广西民间文学丛刊》(由广西民间文学研究会组稿)发表了收集到的《布碌陀》神话。在广西相邻省份云南省也流传着布洛陀相关的神话传说，刊载于《民间故事集》(文山自治州编)，即第一集中的《布洛陀的传说》。1986 年，文化工作人员开始着手对《壮族麽经布洛陀》进行系统的整理和研究。广西民间文艺家协会在 1978 年进行了民族文化采风抢救，征集整理了"招谷魂""招牛魂"等两个唱本，并于 1980 年补充征集到内容更为完整的两个唱本。1986 年，广西加强了少数民族古籍整理工作，成立了相应的出版规划领导小组办公室，将《布洛陀经诗》作为重点古籍项目上报国家，被列为重点项目。最终经过工作组的广发征集，共收集到了经诗的手抄本 22 本，通过文字译注形成了 12 万字的《布洛陀经诗译注》。这其中倾注了文字专家、历史学家、宗教专家、民间文学专家等方面专家学者近四年多的艰辛努力，方能成稿，向世人展布洛陀文化的风采。2000 年，广西壮族自治区政府正式批准开展编纂《壮学丛书》项目，编纂的丛书一共有八卷，共计 500 多万字，收录了来自不同地方的 29 个《麽经布洛陀》手抄本，该丛书对不同版本的手抄本进行了影印直译，直观地供人们阅读和研究，可以说在国内外具有较大的影响力。

进入 21 世纪之后，布洛陀文化研究越来越热，布洛陀文化传播方式也日趋多样化。首先，是通过网络进行宣传、普及，即当地在敢壮山网(http://

www. gxty. gov. cn/Index. shtml#)等网站上专门刊载布洛陀文化传说和相关图片；其次，通过电视节目对布洛陀传说进行宣传报道，如央视探索与发现节目制作的专题纪录片《寻找布洛陀》及三月三节日相关节目等，广西地方的电视台也针对布洛陀传说制作了一些节目进行播放；再次，部分民间艺人通过录制歌曲、光碟等方式传承布洛陀文化，其中涉及布洛陀相关传说内容的歌曲包括《唱祖公》《布洛陀造火》《造万物》等，这些歌曲由田阳县民间歌手录制。总体上来说，丰富的传播途径使得布洛陀文化得以更广泛的为人们所接受，产生了较大影响。2002年，国家将敢壮山认定为"壮族始祖布洛陀遗址"之后，当地围绕着布洛陀文化深入开发及各项研究如火如荼。2002年6月，有部分学者到田阳县考察，在经过敢壮山时发现了祭祀布洛陀的遗址(当地称为祖公庙)，该遗址每年都吸引当地和周边县乡壮族群众参加祭祀，祭祀期间还组织开展歌圩活动，人数竟达五六万之多。这一考察结果经宣传后，引起了较大的社会反响。对此，一批专门进行民族文化、历史文化研究的学者前往田阳敢壮山进行实地考察，并就布洛陀与壮族文化间的关系开展了学术研讨。其次是推动了专项社会调查的开展，广西壮学会于2003年2月联合田阳县布洛陀文化研究会开展了民族学田野调查。调查活动通过组织一些知名的民族学、语言学、人类学、古籍整理方面的专家，深入敢壮山，认真考察当地的地理环境、历史文化、祭祀活动等，深入研究祭祀活动产生的历史原因、歌圩活动的肇始、布洛陀神话传说的文化意义等，最终形成了名为《广西田阳县敢壮山布洛陀文化考察与研究》调查研究成果，该书已正式付刊出版。

二、壮族民间文艺

(一)壮族山歌及歌圩

1. 壮族山歌及歌圩的生存环境

壮族地区广泛的分布着歌圩，甚至可以说只要有壮族人民就能找到歌圩。壮族地区歌圩一般是在农历三月三举办，但也有在春节、四月八、中秋节等节日或则结婚、出嫁、子女满月、入新居等喜事形成歌圩的，有时候甚至会因为群众临时兴起在赶集路上形成歌圩。1985年，"三月三歌节"被广西政府确定为的"广西民族艺术节"。1999 年，在民族艺术节上演变发展而成的"广西国际民歌节"更名为"南宁国际民歌艺术节"，定于每年的 11 月举行，它由国家原文化部、国家民委等部门和南宁市人民政府共同主办，是集合了文化、旅游、经贸等元素的大型综合性节日庆典活动。设立南宁国际民歌艺术节的宗旨就是将壮族群众的文化向世界传播，使得壮族群众的文化艺术得到更好的继承和弘扬，并进一步强化与世界各国、各民族优秀文化间的交流共融。在国际民歌艺术节期间，国内外知名的艺术家展演优秀的民族文化节目，互相取长补短，彰显文化交流互通精神。与此同时，艺术节还会组织举办诸如时装秀、民族节日联欢、声乐大赛、美食盛会、山歌对唱等活动，进而推动开展区域性经贸洽谈会等活动。可以说，目前已举办的艺术节均得到了广泛赞誉，在国内外的影响力也在不断增加。

诚如上文所述，壮族人民热爱歌圩活动，凡是壮族人民集中居住的地方就有歌圩活动，据不完全统计在广西壮族自治区共分布有 640 多个歌圩点。歌圩作为壮族人民唱响民歌的天然载体，已经逐渐成为壮族人民文化娱乐活动的一种自发行为，形成了壮族人民独特的"歌圩文化活动"。歌圩活动的盛行使得壮族传统民歌得以产生、流行，而歌圩活动本身又属于文化活动，体现了壮族民间文化，对于深入研究古代壮族人民的社会生活、文化生活有着重要的参考价值。另外，歌圩活动不仅为壮族群众提供了学唱山歌，展示歌喉的场所，更为青年群众提供了情感交流的机会，充分满足了他们热爱山歌，热爱生活的理念。但是，随着社会不断发展进步，传统民族文化活动不可避免受到冲击，年轻人更关注经济发展、现代娱乐，不再热衷于歌圩活动，有的歌圩在老歌手退出之后已难以为继。

2. 壮族山歌及歌圩的保护现状

近年来，国家出台了一系列保护非物质文化遗产的举措，充分体现了国家对非物质文化遗产的高度重视。2006 年国务院批准将壮族歌圩纳入第一批国家非物质文化遗产名录。广西壮族自治区每年都举办不同规模的山歌比赛，壮族"歌王"和各地的壮族歌师、歌手世代传唱优秀壮族山歌，其中大多数人积累了厚厚的几本手写歌本。即使是这样，很多以往在广西各地区流传的壮族山歌还是没能传承下来。自 2000 年起，广西就开始每年组织开设针对壮族歌师、歌手的壮文培训班，参加培训班的人员都是壮族优秀歌师、歌手，这些人对壮族山歌均有一定了解，有相应的编、唱水平，甚至有部分是山歌比赛的优胜者。参加培训的广西各地优秀壮族歌师、歌手，将运用自己学到的知识，收集整理流传于民间的壮族山歌，更好地保护壮族山歌这一优秀文化宝藏。

(二)壮剧

2006 年国务院将广西壮剧确定为第一批非物质文化遗产，列入国家级非物质文化遗产名录。2009 年，中国少数民族戏剧学会给广西田林县(北路壮剧发祥地)授予了"中国壮剧之乡"美誉。广西田林县依托壮剧特色，创作现代壮剧，精准寻找壮剧宣传与思政教育的情感融合点，通过讲故事的方法，对美好的人和物进行弘扬，将身边的人和事用艺术的形式进行加工，教育身边人，深入浅出的传播大道理。近期，田林县以实现中国梦为主题，重点围绕历史文化打造精品壮剧，并加大壮剧文化扶持力度，通过包括山歌、小品等艺术载体，形成充满正能量的精品力作，弘扬爱国、爱家、爱集体的正确价值观。2010 年，田林县成功组织举办了第一届中国壮剧文化艺术节，推动了广西壮剧迈出广西，走向全国。

2007 年 4 月，田林县举办壮剧文化艺术节，挂牌成立了"田林县北路壮剧艺术学校"，聘请北路壮剧传人为学校名誉校长，由资深壮剧艺师担任老师，不断培养新的壮剧演员和乐手，着手解决壮剧传承难的问题。2008 年北路壮剧艺术节的成功举办，让很多涣散多年的业余剧团又重新组织和恢复排练。田林有关部门也在积极着手开展传统北路壮剧的传授辅导工作，发现和培养优秀壮剧艺术人才，力争将这一独具壮族特色的古老戏曲发扬光大。近年来，政府部门为了使得壮剧得到更好的传承，积极采取有力措施加以扶持，充分吸收民族文化，打造精品壮剧。政府部门专门派员深入壮剧流行的乡村进行实地调研，对民间壮剧进行发掘整理，并建立民间壮剧人才、壮剧团的登记建档管理。同时，还组织举办了壮剧歌手的壮文培训班，并认真搜集流传于民间的山歌、少数民族歌谣、古书等，支持民间壮剧创作，鼓励民间壮剧交流。[①]

(三)壮族嘹歌

壮族嘹歌深受壮族人民喜好。壮族嘹歌受到学者们的关注，始于 20 世纪 50

---

① 陈炜、高艳玲、张瑾：《非物质文化遗产保护性旅游开发研究—以壮剧为例》，载《南宁职业技术学院学报》2008 年第 3 期。

年代末，壮族嘹歌具有丰富的唱法及独具特色的文化内涵。民族音乐工作者发掘壮族嘹歌后将其作为音乐创作的素材使用，扩大了壮族嘹歌的影响力。2001 年，壮族嘹歌被列入《中国非物质文化遗产保护项目行动计划》中，而该计划由我国与联合国教科文组织共同签署。2003 年，根据该行动计划，我国对壮族嘹歌《贼歌》进行实地采录整理。至此，壮族嘹歌已在国内外产生了较大的影响力。2008 年，国务院制定并公布的《国家非物质文化遗产名录》亦将壮族嘹歌列入其中。

　　尽管国家加强了对壮族嘹歌的保护，但随着城市化进程的不断深化，现代生活方式的侵染使得嘹歌难以避免地受到冲击。现代化的传播途径和大量域外舶来品的进入，使得壮族嘹歌必须直面各种文化冲击。基于生存与发展的需要，大量青年选择进城务工，会唱嘹歌的人大多已经上了年纪，对年轻人而言学唱嘹歌并不是必需的选择。"年轻人会唱嘹歌的已是凤毛麟角，如不采取措施加以保护，嘹歌就有失传的危险。"①目前，年轻人大多爱唱港台明星流行歌曲，并以之为时尚，而嘹歌的境况则每况愈下，具体体现为歌本、歌书散失，歌圩活动减少，老歌师隐退或去世，年轻人甚至不知嘹歌为何物。如此下去，壮族嘹歌必将加快衰落，面临消失的危险。

三、壮族民间乐器

　　壮族民间乐器，我们主要围绕铜鼓展开。铜鼓这一民间乐器，是壮族人民创造的最有代表性的乐器文化遗产。壮族铜鼓上印刻着造型各异的纹饰，蕴含着丰富的信息，这些信息中隐藏着古代壮族人民生活中诸多信息，就如同一个宝库能够展现古人类的生产、生活智慧。壮族铜鼓之上最为典型的要数蛙塑像，一般系作为立体装饰物点缀在铜鼓沿面，造型极具民族特色且生动活泼。铜鼓在古代壮族人民心目中是一件重器，地位神圣，就如同中原人民心目中的鼎。因此，铜鼓之上配有的各类纹饰，必然是壮族人民精心设计并打造的，里面暗含着丰富而有深刻的意义。②

　　但是，随着人类不断征服自然的进步，铜鼓（包括纹饰）的神圣性逐渐减退，

---

　　①　覃乃昌：《〈嘹歌〉：壮族歌谣文化的经典——壮族〈嘹歌〉文化研究之一》，载《广西民族研究》2005 年第 1 期。

　　②　黄媛媛：《浅析壮族铜鼓上青蛙塑像的蕴意》，载《传承》2008 年第 4 期。

人们对其崇拜感也在不断减退，甚至是常用的祭祀场合都不再使用铜鼓，铜鼓仅沦为装饰或娱乐器具。当前，可供人们选择的娱乐方式多种多样，电影、电视、手机、电脑游戏等娱乐方式，对壮族山歌、嘹歌、铜鼓舞的冲击较大。我们可以发现当前铜鼓数量少，而且大多存在着破损情况，这些铜鼓也多是以往铸造流传下来的。可以说铜鼓铸造技艺已开始失传，而为数不多的铜鼓又因各种社会原因、自然原因被毁损。另一方面，铜鼓作为乐器其生命力在于演奏，但部分铜鼓演奏艺人年事已高基本无法参与表演，而铜鼓演奏对年轻人的吸引力不足，表演人才不断减少。

进入 20 世纪 90 年代，广西政府对铜鼓艺术给予了大力支持，自治区内的最高文学艺术奖被命名为铜鼓奖；百色市建造了铜鼓楼和全区最大的铜鼓；南宁市建设了全国最大的铜鼓歌台，并建设了铜鼓群雕；河池市打造了铜鼓山歌文化艺术节等等。壮族铜鼓以其悠久的文化底蕴及其至今仍能演奏使用的活态性，成为国家民族民间文化保护工程首批试点项目。同时，在壮族地区流传的"铜鼓习俗"也已进入了"国家级非物质文化遗产名录"。截至目前，整个广西的文物管理单位共收藏铜鼓达 700 余面，仅广西博物馆就有 360 多面，可以称为世上铜鼓馆藏最多、最齐全等博物馆。

四、壮族民间工艺

壮族民间工艺，我们调研以壮锦为主要考察对象。壮锦作为壮族文化之宝，与云锦、蜀锦、宋锦齐名，合称我国的四大名锦。壮锦在广西的主要产地分别是靖西、宾阳和忻城等地。壮族人民在生产生活中学会了利用棉线或丝线编制锦，并逐步完善技艺，最终编制出了壮锦这一精美工艺品。壮锦的图案绚丽，结构合理，色彩丰富，充分展示了壮族人民热烈、开朗性格，蕴含着对美好生活渴求。忻城县是广西壮锦的起源地之一，有着悠久的历史和深厚的文化底蕴，忻城壮锦曾经是广西壮锦中的精品，作为贡品晋献皇宫。

20 世纪 90 年代，壮锦文化开始逐步走向衰落。在现代文明的冲击下，在左右江流域曾盛极一时的壮锦已逐渐无人问津。一方面，由于制作壮锦耗时费力，价格太高，其买方客源无法扩大；另一方面，由于壮锦本身成本高，使得能够产生的利润低，在价格上缺乏必要的竞争力，许多以此为生的民间艺人不得不忍痛割爱进行转型。这种传统手工艺人所面临的窘境，使得年轻人不愿继续从事织锦事业，使得织锦技艺逐渐失传，影响壮锦的传承按照。在往日壮锦盛行的忻城县，也只有年逾古稀的老人还与织锦机为伴，继续织锦外，整座城编织壮锦的不超过五人。①

壮锦作为壮族人民创造的优秀文化遗产，可以研究少数民族纺织技艺发展、传承提供生动的实物资料，还可以为人类纺织史留存活态的例证，对于展现民族文化，传承民族精神，增强民族自信都将起到积极的作用。但是，因受到历史和现实等方面因素的冲击，壮锦技艺的传承面临着极大的危机，亟待我们采取果断措施进行抢救和保护。因此，应尽快对壮锦进行开发式保护。百色市政府于2008年打造了歌剧《壮锦》，面向大众推广壮族歌剧的同时，在剧中展现了壮锦复杂的编织技艺，使壮锦的知名度大大提升。如何对壮锦进行和保护和发展已然成为当地政府的工作重点，靖西的《壮族织锦技艺》于2006年5月被正式列入国家非物质文化遗产名录。在社会良好的保护和开发氛围下，如今靖西生产的壮锦产品已走出本土地区，在新加坡、加拿大和美国等国家销售。

五、壮族传统医药

壮医药是壮族人民在长期的生产、生活实践和同疾病作斗争的过程中逐步形成，是壮族先民创造的宝贵历史文化遗产。早在先秦时期，壮医药已处萌芽状态，经过了汉魏六朝的研究和发展，大约在唐宋时期，壮医药的多层次结构已经大致成型，治疗手段约分为草药内服、外洗、熏蒸、敷贴、配药、骨刮、角疗、灸法、挑针、金针10多种，并且逐渐形成了固定的理论。纵观壮医药学的发展历史，虽然无文字记载，但大多以师徒授受、民间口耳相传等方式得以流传，且在民间至今仍旧流传有大量的壮医药秘方、验方，在传统医药学的发展史上占有不可忽略的篇章。

(一)壮族医药生存环境

在壮族人民居住聚集地譬如广西的靖西、隆林、忻城等地至今保留着药市的习俗，举家出游药市既是壮民的一种民间民俗，亦是壮民了解医药知识的渠道。

---

① 谭莹：《壮锦的传承与发展》，载《大众文艺》2010年第15期。

如今，广西本土在壮医药基础上形成的产业品牌有 30 多种，大部分是依据壮医药的民间验方、秘方研制而成，其中包含具有广泛知名度的正骨水、云香精、花红片、百年乐、三金片等。广西民族医药已经成为广西地区的支柱产业，成为广西"十五"规划重要项目之一。经国家有关部委批准，广西成立了一批以生产壮瑶药为主打产业的民族药定点生产企业，分别是中医药大学制药厂、玉林制药厂、桂西制药厂、柳江制药厂。

随着壮族医药的发展，不可避免地也面临着传承的问题。例如，壮族没有形成本族的通用文字，使得壮医药在发展过程中没有得以形成文字总结，长期以口耳相传的形式传承，存在着失传或误传的风险，又譬如在临床用药问题方面，由于缺乏规范的命名和归类，存在着严重的同名异物、同物异名问题，严重影响了壮医药学的发展。此外，由于壮医药长期处在政策的保护下，存在着故步自封、惰于进取，与现代西医药学不相融合等守旧、落后的思想形态，不利于壮医药的传承与发展。

(二)壮族医药的保护现状

自 20 世纪 80 年代开始，在对 70 多个壮族集聚市县进行调研并广泛查阅广西地方志、博物志等史书文献、考证了壮药相关文化遗址的基础上，壮族医药完成了初步的数据收集，将收集到 1 万多名壮医、1 万多条民间验方、《痧证针方图解》《童人仔灸疗图》等手抄本以及药锤、角疗器、挑针、竹罐、刮痧板等诊疗工具全部登记造册。与此同时，还采集制作并造册录入了大量的壮药标本，包含了 2200 种壮药和 397 种壮药新资源，并依此建立了广西民族医药陈列室及广西民族药标本室，大大改善了壮医药学缺乏系统、规范的理论文字记录的状况。

1985 年，以壮瑶医药为主要研究方向的广西民族医药研究所成立，壮瑶医药被列为广西壮族自治区成立 30 周年的医药建设项目。1993 年，广西民族医药研究所成为中国中医研究院的民族医药研究基地。2002 年，广西壮医医院成立，结束了长期以来没有正规的壮医药医院的历史，紧接着在崇左大新、龙州、那坡，河池巴马等壮、瑶族聚居县亦相继成立了壮民族医院。随着柳州民族医药研究所、百色地区民族医药研究所、靖西县壮医药学校的相继成立，壮医药教研机构体系初具规模。2002 年，广西中医学院正式开办壮医方向 5 年制本科班。2004

年，中央民族大学首次招收壮医专业，据此壮医药教育正式纳入国家正规教育体系。

六、壮族民居

壮族民居以木材为主要建筑材料，民俗村里的壮族民居就是典型的"干栏房"。"干栏房"历史悠久，具有适应南方山区地形和温湿气候的特点。"干栏房"分上下两层，上层住人，下层无遮拦或镶木条为墙，用来饲养牲畜和堆放杂物，有的还有阁楼和附属建筑，用以存放粮食和农具等物品。"干栏房"的阳台是姑娘们对情歌抛绣球的场所，堂屋是壮族人祭祖和招待客人的地方。壮家的神台是供奉祖先的地方，也是壮族人家中最尊严也是绝对不能触犯的地方。壮族民居的房间也有一定的讲究，背对神台左大右小，这个大小指的是辈分大小。左边是老人房，右边是壮家儿女的房间。壮家女儿的房间看来小巧玲珑，壮家姑娘经常坐在窗前绣制精美的绣球。

现代的壮族人之所以早已不在传统的干栏式建筑里生活，是因为快速发展的经济与不断提高的生活水平。人们自然也就没能及时地把干栏式建筑当作历史建筑文化遗产来进行有效保护。由于人们不重视保护历史景观建筑，作为壮族最具典型的干栏式建筑近乎灭绝。尽管当代建筑将干栏式建筑的一些特色融入其中，但是景观建筑的形态也截然不同于传统干栏式建筑。

我国的经济自改革开放以来得到了飞速的发展，越来越多的人生活富裕了，享受资料消费也逐渐被纳入人们的基本生活，体验民族风情的民俗旅游也因此备受人们的青睐。各地也就顺势大量地建造各色各样的传统建筑及民居建筑，其中出现了不少问题，最主要的两个问题是以游客为本还是以民俗为本、全盘继承传统民居还是创新发展。在文化连续不断的冲击和交流下，壮族文化以史无前例的速度发展。壮族文化的生态进化因飞速激烈的信息流冲击带来了很多模糊的因素，文化进化中的突变增多，国际化的建筑形式取代很多特色的民族建筑。

20 世纪 80 年代以前，研究过壮族传统建筑的学者们著有一些著作，譬如刘敦桢《中国住宅概说》、戴裔煊《干兰——西南中国原始住宅的研究》、刘致平《中国居住建筑简史》等。之后，学者们多是从自身的专业角度出发，从民族学、历史学、建筑学、文化学等方面进行研究，研究壮族传统建筑的起源、演变风格、特点及文化内涵，这在一定程度上为深入研究壮族景观建筑打下良好的基础。《桂北民间建筑》《壮族干栏文化》《广西民族传统建筑实录》《壮族傣族传统建筑比较研究》等便是这方面的著作。许多建筑学、民族学、文化学等方面的学者十分重视壮族传统建筑。但是，对壮族景观建筑整体发展状况及未来发展趋势的研究在现代景观建筑学和城市景观学领域还未出现。随着社会的发展，尤其是城市化过程中景观建筑趋同、特色淡化的问题越来越严重，大量外来文化的冲击逐渐淡化了壮族民族景观建筑中的文化特色。

七、壮族特色节庆

1. 三月三歌圩

农历三月三又称"三月三歌节"或"三月三歌圩"，是壮族的传统歌节。壮族每年有数次定期的民歌集会，如正月十五、三月三、四月八、八月十五等，其中以三月三最为隆重。这一天，家家户户做五色糯饭，染彩色蛋，欢度节日。"如今广西成歌海，都是三姐亲口传"这句说明三月歌圩节的起源，同时与歌仙刘三姐关系紧密的歌词在广西广为流传。三月歌圩节期间，穿上节日盛装的青年男女聚集山头旷野或竹林草坡即兴对唱，相互盘答，歌声此起彼伏。这些可爱的人儿创作了许多优美的山歌，这一传统节日也因此充满了动人的音韵。歌圩历史悠久、根底深厚，早已深深融入广西各族人民的生活。人们庆祝歌圩节的形式多种多样，主要有青年男女唱歌传情、抛绣球、染彩蛋等。在上古时期，因为没有本民族文字，壮族等先民不得不固定某个日子通过歌唱形式来传播民族文化知识。

2. 三月三歌圩的生存环境

广西武鸣县(现为南宁市武鸣区)从 2003 年将"歌节"复名为"歌圩"。通过政府与民间的合作，武鸣区已顺利开展了 29 届歌圩节。武鸣区文化部门在 1985 年农历三月三举办了第一届壮族歌节，规模较小，但前来参观的群众也近 30 万。随后，武鸣区将"三月三"壮族歌节作为一年一度重大的文体活动。从 2003 年起举办并有了新的变化，将招商推介会、房地产展销会、木薯淀粉酒精产品暨新技术交易洽谈会等经贸活动融入歌圩整体活动。将文化资源、社会资金、产业项目相结合，为商家、投资者的合作开发提供了更多的交流机会；而专家学者前来考察调研，也有利于武鸣区当地传统歌圩文化的研究、保护和传承，形成保护、利用、开发的良性循环。①

目前，由于歌圩文化开发的地区不平衡性，导致部分地区歌圩文化传承人断代的现象十分严重。在开发较好的武鸣地区，歌圩文化的传承发展因传承人的培养水平较高发展地比较顺利，故传承人得到重视。然而在其他地区，传承人已经出现断代。加上歌圩节是一种以特定主题活动的方式，在变或不变的日期内，约定俗成，代代相传的一种社会活动。所以，几乎没有文字来记载壮族民歌，民歌主要通过口传心授的方式进行传承。壮族歌圩文化因每况愈下的传承方式，所以依旧没有很好地普及和推广。

3. 三月三歌圩的保护现状

1983 年广西壮族自治区人民政府以传统的"三月三"歌圩为基础，将每年农历三月三定为壮族歌节，并在柳州、南宁、桂林等地举行歌节盛会。1988 年后，为发展区域经济，歌节举办与商贸活动关联。例如，1993 年广西壮族自治区人民政府以民歌节为基础，提出"以歌会友，以歌传情，以歌招商"的口号，通过举办商品交易会和美食节等经贸活动来发展经济。1999 年，经国家原文化部批准，广西壮族自治区人民政府将不间断举办了 6 年的"广西国际民歌节"更名为"南宁国际民歌艺术节"，目的是"继承和弘扬壮族人民的文化艺术，加强与世界各族文化交流和发展"。

为了该国际性节庆既有传统型、文化性又有现代性、发展性，广西南宁国际民歌节以壮族特有的歌圩文化为核心，建立起独树一帜的现代节庆产业。2002年 7 月南宁市政府成立国有独资公司——南宁大地飞歌文化传播有限公司，主要负责筹措民歌艺术节的资金和策划经营主要演艺活动，这不仅体现了专业化，而且也获得了经济效益和社会效益双赢的效果。② 广西壮族自治区人民政府决定从2014 年开始，每年农历"三月三"将成为广西公众假日，自治区全区放假两天。这将是传承和弘扬我区优秀民族传统文化的重要基点，也将进一步巩固和发展平等、团结、互助、和谐的社会主义民族关系，促进各民族共同团结奋斗、共同繁荣发展。

---

① 廖碧霞、黄建勇、于萍：《浅析壮族三月三歌圩文化的传承困境及其破解途径——以武鸣"三月三歌圩"为例》，载《市场论坛》2013 年第 5 期。

② 廖碧霞、黄建勇、于萍：《浅析壮族三月三歌圩文化的传承困境及其破解途径——以武鸣"三月三歌圩"为例》，载《市场论坛》2013 年第 5 期。

4. 蚂拐节

蚂拐节,主要流行于广西西北部红水河流域的东兰、天峨、巴马、南丹等境内,是壮族民间传统节日,是壮族先民青蛙崇拜的遗俗。蚂拐是青蛙的意思,所以又把蚂拐节称为"蛙婆节""青蛙节""葬蛙节"或"蚂拐歌会"。每逢新年,壮族村寨通过祭祀蚂拐,祈求年年风调雨顺,岁岁五谷丰登,四季人畜兴旺。蚂拐节一般从农历正月初一(或初二)开始,至二月初二结束(有的地方至正月十五)。由于地域差异,各地的起止时间及活动仪式不全一样,但整个过程大体包括寻蚂拐、祭蚂拐、孝蚂拐、葬蚂拐四个部分。

自古以来,位于红水河两岸的壮族人民热衷于举办蚂拐节活动,也曾修建近300座蚂拐亭,但因"文革""破四旧"等历史原因,仅有少量能保存下来,改革开放以后,红水河两岸又恢复举办蚂拐节。随着现代生活观念的传入,该地区的很多传统生活方式已悄然改变。另外,铜鼓是蚂拐节最重要的娱乐工具,也不幸在运动中遭受浩劫。即便是侥幸流传至今的铜鼓也没能更好地保存,原因在于民间铸造技艺逐渐失传以及破损严重等因素。

部分壮族年轻人受现代文明的影响,对本民族文化没有足够重视,因此也就没有兴致去参与和承袭本民族文化。另外,有些技艺因传承人年事已高、相继谢世、生活艰难或找不到继任者等原因而逐渐消失。2006年6月2日,广西壮族自治区河池市申报的壮族蚂拐节被列入首批国家级非物质文化遗产名录。但是,目前只有东兰、天峨两县制定了较为完善的保护方案和基本落实了蚂拐节的普查工作。蚂拐节得不到整体性保护源于这种保护进程有差别的现象。尽管如此,长久以来十分重视传统文化的南丹县那地村文化站,已经不间断地举办了好几届蚂拐节活动,成为传承传统文化的顶梁柱。

第三章　广西瑶族文化生存状况

瑶族是我国南方古老的民族之一，瑶族文化历史悠久，内涵丰富多彩，其歌舞、服饰以及传统文化习俗具有鲜明的地方特色和民族特色。岭南地区的瑶族经过了上千年的文化传承和积淀，拥有丰富的非物质文化遗产和较高的历史、文化、科学价值。

第一节　广西瑶族概况

2021年人口普查数据统计显示，中国瑶族约有330万人，主要分布在我国南方，广西、湖南、广东、云南、贵州和江西五省（区）的130多个县里，其中以广西为最多，有168万人，约占全国瑶族总数的51%。此外，还有21.4%在湖南（70.5万），6.2%在广东（20.3万），5.8%在云南（19万），1.2%在贵州（4.1万），江西亦有分布。

一、历史沿革

传闻，瑶族的先人是古代东方"九黎"中的一支，后朝着湖北、湖南方向迁徙。到了秦汉时期，瑶族先民主要居住在长沙、武陵或五溪等地，在汉文史料中，与其他少数民族合称"武陵蛮""五溪蛮"。南北朝时期，被称为"莫徭"的部分瑶族主要居住在衡阳、零陵等郡。《梁书·张缵传》说："零陵、衡阳等郡，有莫徭蛮者，依山险为居，历政不宾服。"这里的"莫徭"，指的就是瑶族。

隋唐时期，瑶族主要以今天的广西东北部、湖南大部和广东北部山区为居住中心。瑶民当时山居的特点在"南岭无山不有瑶"的俗语得到体现。唐末五代时期，很多的瑶族居住在湘黔之间的五溪地区及湖南资江中下游。宋代，瑶族以湖南境内为中心，同时往两广北部深入。元代，瑶族因为战争的影响，大批南迁，逐渐深入两广腹地。明代，瑶族以两广为居住中心。明末清初，随着部分瑶族从两广向云贵迁移，足迹遍及南方六省（区），今天瑶族的分布局面及"大分散、小聚居"的特点得以形成。明中叶以后，部分瑶族由云南、广西进入老挝、越南、泰国等东南亚国家，不再是我国居民。

二、瑶族支系

随着其社会历史的发展，在大体经历了元、明、清三个朝代之后，瑶族的支系得以成型。从元代开始，居住在湖南边界地区和湘桂粤的瑶族人民开始在山下定居，有些屯田戍守、有些耕种土地、有些甚至与汉族杂居，使得瑶族社会的生产方式由山居游耕过渡到向定居定耕。瑶族逐渐分化成不同的支系和形成新的族群，有了各自的风格与特点，主要体现在经济生活、称谓、风俗习惯等方面。目前，盘瑶、布努瑶、茶山瑶为瑶族的三大支系。

盘瑶之所以最具代表性，一是盘姓瑶族人数众多，二是以祭祀盘王而命名。隋、唐时期，在湘、桂、粤边境，过着刀耕火种、采集狩猎生活且信仰盘王的瑶族先民，隔三五年逢农历十月十六击长鼓祭祀祖先盘王，盘王节因此诞生。排瑶、山子瑶、过山瑶等都属于主要瑶族——盘瑶系列。盘瑶与唐代的武陵蛮、长沙蛮有着密切关系。《隋书》云："长沙郡又有夷蜒，名曰莫徭。"当时粤桂湘边界属于莫徭的活动地域。

因瑶族迁徙频繁，故流失了众多人口。元代以后，盘瑶支系永远保持着人口众多、居住广泛的特点，即使瑶族主要支系被迫南迁，人口四散。"吃尽一山则他迁""吃尽一山过一山"，生动描述了盘瑶支系农业游耕这一显著特点。这一支系不入"版籍"、居无定所，主要种植旱地作物。

盘瑶对盘王非常虔诚，每年农历十月十六前后必祭盘王，唱"盘王大歌"，跳长鼓舞。《过山榜》《评皇券牒》是盘瑶最大的支系特征。"自云祖先有功，常免徭役，故以为名。"由此得皇帝赐文榜，持文榜得入青山千万山，"刀耕火种，自耕其食"。由于有皇榜的庇护，盘瑶的农业经济得到了较早较好的发展。盘瑶农业经济的特点是以一家一户的小农经济为主，以山地作物种植为主。盘瑶另一个文化特征，就是他们的祭祀舞蹈，即长鼓舞。长鼓舞是盘瑶支系典型的文化代表，其流传很广，在广西金秀、龙胜、富川、荔浦、贺州；湖南江华、宁远、蓝山；云南富宁、贵州榕江、丛江；广东连南、连山、乳源等地相当盛行。宋朝史籍就有长鼓舞的记载，"瑶人之乐，有卢沙、统鼓、胡芦笙、竹笛……统鼓甩长，大腰鼓也"。

第二节　广西瑶族民族文化的种类与分布状况

一、瑶族文学

(一)瑶族民间文学概述

与大部分的少数民族一样，瑶族人民在漫长的历史长河中创造了属于自己的辉煌历史，他们把他们创世纪、生产生活和斗争的历史都记录在口耳相送、代代相传的民间文学中。因而，瑶族民间文学以口头创作为主，但其也深刻地反映着社会生活中发生的重大事变。

(二)瑶族著名民间文学

1.《密洛陀》

《密洛陀》是布努瑶族的神话史诗，以奇特的想象和浪漫的手法叙述瑶族祖始母密洛陀和远古先民开天辟地、创造万物以及世乱迁徙的曲折过程；同时反映了布努瑶的原始哲学、伦理道德、宗教信仰和风俗习惯等精神文化形态。《密洛陀》的内容丰富，包罗万象，恢宏壮美，气势磅礴，堪称布努瑶历史文化的百科全书。[①]

(1)《密洛陀》的特点与分布。《密洛陀》是瑶歌中较长的一首神话叙事诗，其内容比较完整，具有较强的故事性。全篇诗句明白如话，形象鲜明，比喻生动。句式用长短句，分章段描绘，无固定格式，因而其节奏较明快，朗朗上口，不论读或唱都很动人，也可说它是一部瑶族的散文体神话。密洛陀主要流传于广西巴

---

① 蓝芝同、廖汝年：《千古绝唱〈密洛陀〉》，载《出版广角》1999 年第 12 期。

马、都安、大化、马山、德保等县(自治县)的布努瑶聚居区。

(2)《密洛陀》的精神内核。第一，人是万物之灵，能以智慧战胜一切。史诗《密洛陀》不但描绘了瑶族劳动人民在生产斗争中的伟大力量，同时也表现了劳动人民的聪明才智。这种智取力敌的英勇行为不但反映了劳动人民的聪明智慧，更反映了瑶族人民惩恶扬善的社会伦理道德。① 第二，热爱集体，崇尚民族团结。在史诗中所表现的集体主义精神体现在瑶族人民团结兄弟民族共同建设家园，繁荣社会生活这一方面来体现。例如，史诗中所记载的，密洛陀造出人类后因为不懂得怎么抚育婴孩而心急时，她的邻居对她慷慨相助，体现了瑶族人民和各族人民和睦相处有着悠久的历史。

2. 盘瓠神话

盘瓠神话是关于瑶族起源的图腾神话，是原始氏族社会的产物。其对研究民族学、历史学、文化学、民俗学、宗教学和神话学有着重要意义。

(1)盘瓠神话的起源。盘瓠神话最早记载于东汉应劭的《风俗通义》。随后宋人罗泌在《路史·发挥二》中曰："应诏书遂以高辛氏犬瓠妻帝之女，乃生六男六女，自相夫妻，是为南蛮。"《晋纪》中记载道："武陵、长沙、庐江郡夷，盘瓠之后也，杂处五溪之内。盘瓠凭山阻险，每常为害。杂糅鱼肉，叩槽而号，以祭盘瓠，俗称'赤髀横裙'，即其子孙。"这些文献中记载的故事都认为瑶族人民是盘瓠的子孙。这在《搜神记》中描述的更详细。说明盘瓠神话产生的历史悠久、影响十分深远。

(2)盘瓠神话的文化蕴涵。

第一，盘瓠神话折射出瑶族人民对龙犬图腾的崇拜。盘瓠神话中从描写盘瓠的"外貌"到描写盘瓠取得敌人的首级，无不体现了盘瓠的聪敏勇敢。而在原始生活中，人民仅凭自己的双手定然不够创建自己的家园，而龙犬在那样的历史条件下在人们生活中占据着重要的地位。因此，瑶族人民对龙犬产生了敬仰之情。

第二，盘瓠神话是瑶族先民们自强不息、勤劳勇敢的体现。在那样一个生活环境极其恶劣的年代，人民只有通过搏斗自然、受尽折磨才能创造财富。在神话中，盘瓠功绩显赫却没有贪恋荣华，选择与家人隐居山林，用双手创造自己的家园，这就很好地体现了瑶族先民的美好品格。

---

① 陆桂生：《布努史诗〈密洛陀〉的创世特点》，载《广西教育学院学报》2016年第2期。

二、广西瑶族民间艺术

(一)传统歌谣

《盘王大歌》是瑶族的一部古典歌谣集,是瑶民在举行隆重的祭祀仪式即还盘王愿时唱的主要歌本,又称《盘王歌》《盘古书》《还愿歌》等,是瑶族世代流传的宝贵的文化遗产。《盘王大歌》主歌七千五百多行,副歌一千多行,杂歌杂词一千多行,累计上万行,其内容十分丰富。例如,万物起源、伏羲兄妹、劳动生产、谈情说爱、瑶山风光、诉说苦难,歌颂名人巧匠等。《盘王歌》虽不是一部完整的叙事长诗,但却是一幅反映瑶族历史生活的长画卷。

(二)传统舞蹈

舞蹈是人类最古老的并且始终伴随着人类社会发展而存在的艺术形式,它根植于人民生活的土壤之中,具有深厚的群众基础。瑶族传统舞蹈的产生,最初是含有一定的功利目的。由于跳舞时能激发情绪和情感交流,使人们在生动鲜明的形象感染中得到教益。把民族的历史文化,形象生动地铭刻在每个瑶胞心里,是瑶族传统舞蹈的一大特征。[1] 瑶族长鼓舞是瑶族地区最具代表性的舞蹈艺术,整个瑶族地区都有流传,瑶族长鼓舞是瑶族人民自编自演并世代相传的具有民族风格和地方特色的舞蹈形式。它产生于人民的劳动和日常生活之中,以娱乐欢庆为主,兼有祭祀的内容。长鼓舞在瑶族民间不断流传的过程中,经过不断加工,形成了特有的舞蹈风格和民族特色。[2] 广西瑶族各地区的长鼓舞的名称与形式不尽相同。其中,在广西平地瑶地区流传的群舞"芦笙长鼓舞""挞鼓舞"和"羊角长鼓舞"比较典型,另外,广西金秀坳瑶地区流传的"黄泥长鼓舞"也具有代表性。

(三)传统乐器

1. 长鼓

长鼓是瑶族极具代表性的民间乐器,在纪念盘王的祭祀舞蹈中使用的传统乐

---

① 蓝秋云:《瑶族传统舞蹈试探》,载《广西大学学报(哲学社会科学版)》1990年第1期。
② 龙文波:《瑶族长鼓舞的文化阐释》,载《吉首大学学报(社会科学版)》2009年第7期。

66

器,主要流传于广西金秀、龙胜、富川、荔浦、贺州等地。

(1)长鼓的起源。宋代时瑶族已使用长鼓,当时称铙鼓。这在南宋范成大的《桂海虞衡志》中有所记载:"铙鼓,瑶人乐,状如腰鼓,腔长倍之,上锐下侈,亦以皮鞔植于地,坐拊之。"

(2)长鼓的分类及分布。在广西瑶族地区,因长鼓的流传地域不同,长鼓在形制与奏法方面各有差异。广西金秀盘瑶称此鼓为"长鼓",其鼓面为固定式,面径约四寸,皮面以竹圈紧箍而不用绳索组络,鼓框为枕状细腰筒型,长约二尺五寸,两端口沿围彩丝以为装饰。而在广西金秀大瑶山的坳瑶族系称此鼓为"黄泥鼓"。据瑶族老艺人回忆,长鼓制成后,鼓音不够洪亮,有人把长鼓闲置屋檐之下,雨水顺着屋檐滴下地,把地上的黄泥浆溅到鼓皮上,尔后敲打泥水沾湿的鼓,声音特别响亮,自此以后瑶族打长鼓就用黄泥浆水来糊鼓皮,其鼓声可遥传数里,故名为黄泥鼓。另外,广西东北部的高山瑶、本地瑶、平地瑶、过山瑶所用的长鼓分为普通长鼓和特大长鼓两种。

2. 竹筒琴

竹筒琴,顾名思义是用竹筒制作而成的乐器,但各地的称谓有所不同。在广西南丹一带称其为"扎绒"或"扎文筒";而田林一带称为"当奴"。竹筒琴是瑶族的古老民间击弦乐器。它因其古朴的造型、激越的音响、多变的节奏、独特的乐调、别具一格的演奏方法而深受瑶族人民喜爱。其主要分布于广西南丹、都安、隆林、田林等县(自治县)的瑶族居住区。竹筒琴在不同的使用地区有不同的演奏方法与适用途径。

三、广西瑶族传统体育活动

(一)瑶族射弩

弩作为瑶族人民历史上长期的狩猎、战争工具,在瑶族人民的生活中有着重要的地位。而如今,射弩已然作为一种民间体育活动在瑶族地区活跃。广西巴马瑶族自治县东山乡文钱村一直以来有瑶族"弩村"之称,因而至今还保留着做弩的传统。弩由弩批、弩身、弩弦组成。用一根一米多长的木头刨成方形,顶端凿横孔,套一条竹板,竹板两头绑牛筋(或麻绳)做弦,木杆正上面刻有弩槽,为装箭处，下面凿有孔用来安装扳机。使用时，一手横拖弩，置于槽内，将弩弦拉下凿口，一手扣动扳机，箭即飞出，大弩的射程可达几十米。比赛时，运动员站在一定距离处，每人射三或五箭，中多者为优胜。

瑶族射弩广泛流传于广西巴马瑶族自治县一带的布努瑶。巴马一带的瑶民世居深山密林之中，瑶族社会生产力十分低下又与外界隔绝，狩猎就成了瑶族人民生产活动中重要内容，聪明的布努瑶人民，取既坚实又有韧性的青岗木制做成弩张，杀牛后剥取牛筋，然后晾干加工成弩弦，用坚韧的竹片削成箭，一把弩就成了瑶民狩猎的好工具了。当地瑶民田少地薄，往往通过打猎来补充田地收成的不足。农闲之余、节庆之际瑶民们聚集在一起进行射弩的比赛，相袭成俗，逐渐演变成一项传统体育活动。①

(二)瑶拳

瑶拳是广西少数民族的拳种之一，相传为隋唐之前瑶民所崇奉的"盘王"(盘瓠)所创。据《全唐诗》记载，当时瑶族民间已开展有刀、斧的套路演练活动。明代邝露著《赤雅》载有武功高深的瑶民女将云娘。这些拳一直在瑶人中流传，明清两代统治者称之为蛮瑶拳。目前，瑶拳在广西主要流传在贺州市、金秀等瑶族地区。

四、广西瑶族传统工艺品

瑶族人在长期的生产和生活中，善于观察、敢于创新，积累了丰富的知识与生活经验，创造了丰富多彩的民间手工艺术，其中最具代表性的要数当地的瑶族刺绣工艺和染色工艺。

(一)瑶族刺绣工艺

瑶族刺绣历史悠久，早在后汉就有瑶族好五色衣的记载。宋代郑伸的《桂阳志》中也说道："峒瑶斑斓其衣。"还有明代《炎徼记闻·蛮夷》卷四中所载：瑶人"斑衣"。瑶族刺绣是一种用针和色线在布上绣制花纹的工艺美术。瑶族刺绣是

---

① 蒋东升、莫再美、何卫东、凌齐：《瑶族体育文化研究》，载《体育文化导刊》2011年第2期。

配色绣，因而讲究色彩搭配。其用的色线有红、绿、黄、白、黑五种，而绣花用的布底有两种，一种是白布，另一种是蓝靛布。绣白布时一般用红、绿、黄、黑的色线，绣蓝靛布时则用红、绿、黄和白的色线。在各种服饰花纹中，花纹的配色或格式也有严格规定，如人形纹、兽形纹是限定白色或黑色，不用其他色绣。而且刺绣中线条要求成对角线、垂直线与平行线，无弧线。

瑶族刺绣图案题材一般来源于生产活动中，集中于自然风景与动植物形象，既有简单的几何图案，也有花鸟虫鱼、草木竹叶等纷繁的形象，极富浓郁的自然生活气息。刺绣色彩鲜艳而雅朴，图案组合奇丽，因而独具民族特色。

(二)瑶族染色工艺

据《后汉书·南蛮西南夷列传》记载，瑶族先民就"织绩木皮，染以草实，好五色衣服……衣裳斑斓"。《隋书·地理志下》中又记载，瑶族妇女服饰"青布衫，斑布裙"。由此可见，瑶族先民在汉代就已知用草木染制衣服。最初，瑶族人民通过把颜色鲜艳的花、叶揉搓成浆状，用作染料。后来，他们逐渐知道用温水浸渍的办法来提取植物染料，选用的对象也逐渐扩大到植物的枝条、树皮、根茎、果实等。例如，蓝草可染蓝色，茜草可染红色，枫叶可染黑色，黄姜可染黄色等。[1] 瑶族民间传统染色工艺大致可分为靛染、浆染、蜡染等。例如，靛染又称蓝靛浆染，是瑶族民间传统染色方法之一。靛染的主要染料是以蓝草的枝、叶发酵而成的蓝靛膏。

五、广西瑶族的传统医药

历史悠久的瑶族人民由于过去很少与外界其他民族交往。瑶族人民在"刀耕火种，过山吃山"的恶劣生活与生存的环境中，不断创造与积累、提炼与总结，在于大自然相抗争的过程中逐渐掌握了部分疾病治疗与身体保养的传统医学方法与技能。经过漫长的历史时期，其逐渐发展为自成一套的独特的医疗知识体系。瑶族传统医药是瑶民族人民在特定历史条件和文化背景中，根据瑶族生存环境和生产生活实际总结归纳的医药文化，其集中体现了瑶族人民的智慧，具有浓郁瑶

---

① 玉时阶：《瑶族传统服饰工艺的传承与发展》，载《广西民族大学学报(哲学社会科学版)》2008 年第 1 期。

族特色，是我国民族医药宝库中的一块美丽瑰宝。

瑶族人民认识与应用瑶医药的历史源远流长，在很早的先民时期，瑶族人民已经开始种植、栽培、采集与制作瑶医药。瑶族先民在漫长历史时期通过社会生产生活的实践，经过持之以恒地尝试与探索，总结与积累，逐渐将最朴素的治病救命的方式方法提炼发展成一种独特的医学文化。其中，药浴是瑶医药的典型代表，被誉为"一株传世药，满桶益身汤"，可以说瑶族药浴是中华医学宝库中的一朵奇葩。药浴是瑶族人的祖传秘方，药浴所用之药通常是由几十种甚至上百种新鲜草药配制而成。瑶族药浴的历史源远流长，直至今日，洗药浴的风俗在瑶族同胞中世代相传。

六、广西瑶族传统民俗

(一) 服饰

瑶族传统服饰精美独特，是瑶族特色文化的重要体现，瑶族服饰从形式上由服装、头饰与饰品组成。其在漫长的历史发展中逐渐演变成风格独特、绚丽多彩的瑶族服饰文化，体现了瑶族人民对美好生活的不懈追求。瑶族服饰不仅仅具有实际功能，满足瑶族人民的日常生活，同时其也是精美绝伦、珍贵异常的艺术工艺品。不同的瑶族支系，其民族服饰也不尽相同，风格各异，美不胜收。因此，瑶族民族服饰在国内外享有盛名，成为瑶族人民与瑶族特色文化的重要名片。

1. 服装

瑶族服饰文化起源与远古时代，勤劳智慧的瑶族先民就"织绩木皮、染以草实，好五色衣服，制裁皆有尾形"。瑶族服饰成为瑶族文化的集中体现，它鲜明的文化特色成为区分瑶族和其他民族形象的最直观的依据，也是瑶族内部各族系、支系的主要文化标志。瑶族服装的款式种类繁多，各有特色，各族系、支系的服饰种类加起来在数量上多达 100 余种。瑶族服饰中的图案花纹来自瑶族自然生活环境中的花、鸟、虫、木，图案有方形、菱形、人字形、万字形等，这些花纹图案也是瑶族文化的重要展示，其往往来源于瑶族悠久的历史传统，如盘瑶男女的花衣图案，就是来自对其祖先盘瓠的图腾崇拜。

2. 瑶族银饰

瑶族历来把银饰视为高贵、富有和华丽的装饰品。各支系瑶族妇女均以佩戴银饰品为美。银饰品的种类大致相同，包括妇插银簪、耳戴银环、颈戴银圈、腕戴银镯、手戴银戒指等。由于受家庭经济条件的影响，有的饰品以铝或锡代银制成。其样式因支系和地区而异，各显其美。瑶族非常喜爱银饰。其银饰花样繁多，图案和造型都非常精美，带着浓厚的民族气息，显示了他们高超的艺术才华和审美情趣。

(二)油茶

油茶是瑶族的特色饮料。喝油茶主要流行于广西桂东北的恭城、富川、钟山、平乐等地的瑶族地区。油茶是上述地区瑶民每日三餐中必不可少的一个部分，尤其以恭城瑶族最为典型。瑶族人民把油茶的制作过程称为"打油茶"。打油茶作为瑶族人民的传统饮食，是很讲究的。茶叶的选择至关重要。一般需要的是谷雨茶或者细茶叶。在广西恭城有句俗话："谷雨茶叶第一好，四两黄金买一抓。"因为用谷雨茶打出来的油茶，通常其黏性大、香味浓，味道与色泽都比较出众，口感比其他茶叶打出来的要好。

七、瑶族传统节庆

瑶族是广西典型的少数民族，在长期的历史发展历程中，逐渐形成了丰富多彩、具有鲜明民族特色的传统节日。瑶族节日集中反映了瑶族发展过程中特定的自然环境与社会环境，记录了瑶族人民在不同历史时期政治、经济、文化、艺术、宗教信仰等方面的文化印记。

瑶族的节庆，种类繁多，内容丰富，如盘王节、雷王节、梅山节等。这些节日，不仅反映瑶族人民对先祖神灵的图腾崇拜，也反映了瑶族人民对自己民族英雄的深切怀念，还反映出瑶族人民对粮食丰收的美好愿望，是瑶族人民对美好生活的憧憬追求的集中体现。瑶族的传统节日，直观反映瑶族人民发展的历史轨迹与发展脉络，体现出瑶族人民朴实善良，刚毅不屈的民族性格，领略到别具情趣的民族风俗。例如，盘王节，又叫"跳盘王""还盘王愿""祭盘古"等，是瑶族人民世代相传的怀念祖先、崇拜英雄，传承和弘扬瑶族传统文化的重要节日，于每年农历十月十六日举行。2006年，瑶族盘王节入选成为国家级非物质文化遗产。

第三节 广西瑶族民族文化的环境与保护现状

一、瑶族传统文学

(一)密洛陀

在广西都安、巴马、南丹等县(自治县)的自称为"布努"的瑶族民间,流传着关于始祖母密洛陀的神话史诗《密洛陀》。流传在各地的《密洛陀》不一,经过长期演变,留存多种异文。2010年5月18日,中国文化部公布了第三批国家级非物质文化遗产名录推荐项目名单。广西壮族自治区都安瑶族自治县申报的"密洛陀"入选,列入民间文学项目类别的非物质文化遗产。

(二)盘瓠文化

瑶族是一个非常有民族意识感的民族,民族意识感的形成往往有其代代相传的精神载体,古老的盘瓠神话便是瑶族人民具有强大凝聚力、向心力的共同认可的精神象征。"在当今瑶族整体文化中,信奉盘瓠的瑶族从先世起就接受了,而且保留了这一先世来源的历史传说,这正好表述了他们的民族主体意识所在。"①盘瓠神话不是瑶族人民对瑶族先民创世的艺术化加工,同时也反映了瑶族先民开疆辟地与披荆斩棘的历史过程。1949年以来,全国对民族文化进行了几次大规模的普查,不少领导和干部亲自参与了这些活动,不仅抢救、挖掘、整理了一批盘瓠文化古籍,而且积累了领导、组织、保护和弘扬盘瓠文化的经验。

二、瑶族民间艺术

瑶族民间艺术中的典型代表是蝴蝶歌,蝴蝶歌是瑶族山歌中的一种,主要有祭祀、生产、生活、恋情、习俗、仪式歌等,代代传承,因蝴蝶歌在传唱过程中沿袭、保存了有关瑶族生活习俗、生产劳动及民间文化等许多的珍贵史料,因而

---

① 容观琼:《体现瑶族主体意识的盘夷传说》,载《瑶族研究论文集》,广西人民出版社1988年版,第40页。

被海内外人士喻为"瑶族文化之史诗"。口耳相传、歌书记录、世代相袭、民间传授是多年来瑶族蝴蝶歌的主要传承形式。蝴蝶歌曾是富川各族人民喜闻乐见的文化娱乐和交友形式。

2006 年，富川以莲山镇大莲塘村歌手演唱的瑶族蝴蝶歌为素材，以文字资料和音像资料并用的形式向自治区申请瑶族蝴蝶歌为非物质文化遗产。2007 年，瑶族蝴蝶歌被列入自治区级非物质文化遗产名录。随后瑶族蝴蝶歌得到了更广泛人士的关注。2008 年，瑶族蝴蝶歌被列入国家级非物质文化遗产名录。

三、瑶族传统医药

瑶族居住地区处于南亚热带和中亚热带季风湿润气候区，崇山峻岭，地形错综复杂，雨斌充足，植被繁茂，孕育着丰富而多样性的动植物资源，为瑶族人民的生存繁衍和开发提供了有利条件。瑶族人民在长期生产活动中逐渐形成了自己民族的验方与偏方，并进一步发展出洗、服、刮、扎、刺、拔药罐、点烧、外敷等瑶族传统疗法。

历史上瑶医药与其他兄弟民族医药一样经历了从原始本能医学——医巫结合——以医药为主导地位的历史发展过程，因而人们就简单地把瑶族民间的医疗活动看成是单纯的巫术而被忽视。[1] 目前，瑶族民间尚健在的知名老瑶医已为数不多，又因受传统观念、市场经济、社会偏见等因素的影响，以及保护传承机制缺乏，后继乏人极其严重。加之受现代医学的冲击，瑶医药临床应用空间缩小，以致许多瑶医药经验随着老瑶医的自然减员而丢失，文物因不被重视而遭到遗弃。此外，由于长期以来大量的山林被改造以及无序的灭绝性的采集，瑶药资源受到严重破坏，造成中药材、瑶药材逐年减少，一些品种处于濒危状态，这也是影响瑶族医药发展的重要因素。2015 年，广西建成 1 个自治区级壮瑶医药博物馆，4 个地市级、28 个县级壮瑶医药文化宣传教育基地。另外，广西在完善壮瑶族药理论体系的基础上，努力完成壮瑶药组方理论和标准，以便将壮瑶药推向市场。此举无疑能够大大促进瑶族医药事业的传承和发展。

---

[1] 董明姣、钟振国、李学坚：《论瑶医药文化的保护与传承》，载《广西中医学院学报》2007 年第 4 期。

四、瑶族传统民俗

(一)瑶族传统服饰

瑶族支系众多,在广西境内分布广阔,各支系的服饰也不尽相同。因此,过去各支系因服饰的颜色、裤子的样式、头饰的装扮等不同而各自得名,如"蓝靛瑶""红瑶""白裤瑶""平头瑶"等。瑶族妇女善于刺绣,在衣襟、袖口、裤脚镶边处都绣有精美的图案花纹。发结细辫绕于头顶,围以五色细珠,衣襟的颈部至胸前绣有花彩纹饰。男子则喜欢蓄发盘髻,并以红布或青布包头,穿无领对襟长袖衣,衣外斜挎白布"坎肩",下着大裤脚长裤。瑶族服饰的传统工艺有纺织、印染、挑花、刺绣、织锦等,尤以蜡染、挑花出名。

瑶族民间工艺的传承主要是家庭互传,邻里互授,祖辈世代传袭而下。随着经济全球化的发展与市场经济的冲击,传统服饰工艺的传承面临断层现象。随着具有精湛手艺的老一代民间艺人逐渐消失,新一代人对民族传统服饰工艺的完全陌生,瑶族传统服饰工艺的传承将濒临消失。

为保护传统工艺避免失传,当地政府大力开展保护瑶族服饰的工作。贺州、南丹等地瑶族服饰在 2006 年被列入第一批国家非物质文化遗产名录。多年来贺州市下大力气对瑶族服饰制作和瑶族刺绣技艺加于传承和保护,建立一个瑶族服饰展示中心、设立三个瑶族服饰生产性保护基地,举办了多期瑶族妇女刺绣技艺培训班,数百名瑶山妇女参加了培训学习交流活动。还在瑶族地区的学校开办瑶族刺绣传习班,有近 400 名瑶、汉族学生参加了学习。

(二)油茶

瑶族饮食中盛行一种"打油茶",据史料记载,油茶始于唐代,距今已有1000 多年的历史。随着恭城油茶的声名远播,现在从桂林市区到首府南宁,以及不少市县的油茶店都以挂"恭城油茶"牌子为正宗,生意也十分红火。恭城制作了《油茶论坛》,2006 年 8 月中央电视台《为您服务》栏目、2007 年 4 月台湾三立电视台《美食》栏目摄制组分别到恭城,拍摄瑶家打油茶节目,此后恭城油茶更是享誉八桂、香飘区外、远播台岛。恭城一些精明的商家开办食品厂,将传统油茶与现代科技融为一体，精制成浓缩油茶，方便携带，为众多游客所青睐。①

2008 年，广西壮族自治区人民政府将"恭城油茶"列为自治区级非物质文化遗产保护项目。"恭城油茶"获得了国家原工商总局商标局核发的地理标志证明商标注册证书，标志着"恭城油茶"成为广西首个地方特色小吃类产品地理标志证明商标。

五、瑶族传统节庆

盘王节是瑶族的经典传统节日，历史悠久，影响深远。在瑶族众多的节日中，盘王节是最隆重、最盛大的。盘王指的是瑶族的祖先盘瓠，盘王节是各地瑶族人民祭祀祖先、纪念祖先的重要日子。时至今日，盘王节已经不仅仅是一个祭祀祖先的行为，而是逐渐发展成为瑶族人民相互交流庆祝，维护海内外瑶族人民团结，增强民族凝聚力的文化盛典。盘王节集瑶族文化之大成，是瑶族特色文化鲜活的体现，其反映出瑶族人民的宗教信仰、民风民俗、民间艺术、传统礼仪等文化内容。其中，盘王节是瑶族人民盘瓠崇拜文化、长鼓舞文化与歌谣文化的集中体现。

盘王节在长期的社会历史发展过程中，其内容与形式逐渐开始创新与演变，成为一个包括怡祖、娱神、乐人的传统节日。发展到今日，盘王节的形式出现了明显的变化，繁文缛节的宗教仪式逐渐简化，铺张浪费的风俗观念也有所节制。盘王节从以前的祭祀仪式逐渐改革为瑶族老百姓喜闻乐见的庆祝节日。与此同时，盘王节中体现的瑶族特色文化得到进一步的传承与创新，集中反映瑶族文化精粹的歌舞被继续传承与弘扬。盘王节最为著名的歌舞是《盘王歌》与《长鼓舞》，集中体现瑶族人民创世、迁徙、耕山、狩猎等生产生活。除此之外，当今的盘王节还逐渐成为瑶族青年男女情感交流的联谊会，瑶族男女通过盘王节这一重要平台寻觅佳偶。因此，盘王节深受瑶族人民欢迎。

在以前，广西各地的盘王节并不统一，每个地方的盘王节在内容与形式上都有差别。1985 年 12 月 27 日，广西首次举办全国性的瑶族盘王节，全国各地的瑶族代表到广西南宁以联欢会的方式庆祝了瑶族有史以来的第一次全民族盛大节日。至此就确定出了瑶族盘王节的雏形。事实上，从严格意义上讲，中国瑶族盘

---

① 李绪君：《到恭城打油茶》，载《当代广西》2013 年第 3 期。

王节是从 1992 年开始，但是每一届的活动都是参照 1985 年全国性瑶族盘王节确定的内容。2006 年，盘王节经国务院批准被列入首批国家级非物质文化遗产名录。

第四章 广西侗族文化生存状况

广西侗族文化历史悠久，民族风情浓郁。广西三江侗族自治县地处桂、黔、湘三省交界地带，地理位置得天独厚，民族风情文化资源丰富，全县拥有 197 座风雨桥，228 座鼓楼，被誉为"世界楼桥之乡"。但是，随着社会的发展，人们的生活方式发生改变。人们过去对侗族民间文化认识不足，保护机制不完善等，也导致一些民族文化习俗濒临灭绝。在此种情形下，侗族宝贵的文化遗产如何得以继续传承，亟须探讨。

第一节 广西侗族概况

侗族是中国的一个少数民族。2000 年全国第五次人口普查时侗族人口总数已达到 296 万人。侗族主要分布于我国西南部的湖南省、贵州省、广西壮族自治区三省区的交汇地以及湖北恩施。广西境内三江、龙胜、融水等地分布较多。侗族有着悠久的历史，其祖先可于追溯到秦汉时期的百越、干越。据史料记录，其在秦王朝时被命名为"黔中蛮"，汉王朝时被称为"武陵蛮"或"五溪蛮"，魏晋王朝时又称"越"或"僚"，隋王朝时又被称"蛮"，而唐王朝时又被称"多浒"，宋朝时被称为"伶伶"，明王朝时被称为"酮人""洞家"，大清朝时被称为"侗苗""洞家"，直到中华人民共和国成立后才被定为"侗族"，百姓中多称为"侗家"。侗族使用侗语，属壮侗语系，分南、北部两种方言，无本民族的文字，沿用汉文。侗族文化是侗族人民世代相承、与它们生活密切相关的各种传统文化表现形式和文化空间。侗族文化遗产既是一代代侗族人精神的延续，又是珍贵的、具有重要价值的历史见证。

广西三江侗族自治县建立于 1952 年 12 月，是广西唯一的侗族自治县。三江侗族自治县远离大都市，民风淳朴，水秀山明，民俗奇特，文化底蕴浓厚。被世人喻为中国侗族的"香格里拉"，是中国著名的"百节之乡"，也是"世界楼桥之乡"，全县有鼓楼 228 座，风雨桥 197 座，世界四大名桥之一程阳风雨桥坐落三江，三江鼓楼、世界最长风雨桥"三江风雨桥"，世界最大单体木构建筑"侗乡鸟巢"、月亮街、历史文化碑廊等极具民族特色的建筑群伫立寻江河畔；全县有 14 个村寨入选首批"中国少数民族特色村寨"；6 个侗族村寨入列中国世界文化遗产预备名单；国家级重点文物保护单位 4 处(程阳永济桥、岜团桥、马胖鼓楼和里三王宫)；国家级非物质文化遗产保护名录 3 项(侗族大歌、侗族木构建筑技艺、侗戏)；侗族百家宴、《坐妹》享誉海内外，被授予"中国民间文化艺术之乡"，其独特的民族风情，令人向往，吸引着各界人士慕名而来。

第二节　广西侗族民族文化的种类与分布状况

一、侗族传统服饰

侗族服饰是指带有侗族民族色彩的服装与饰物。侗族服饰文化是侗族文化宝库中的重要组成部分。广西侗族服饰传承至今，仍然保留着鲜明的民族特色，被一些考古学家称为是研究侗族历史的"活化石"。侗族服饰复杂，布料种类繁多，最初由树叶树皮、草本蔓茎等组成，后来逐渐有了麻布、棉布、化工布料丝绸等。在远古时代，侗族先民为了满足自身基本生存与发展的需要，他们学会了"披发文身"。后来随着采集和狩猎活动的进一步繁荣，侗族祖先学会了用树的皮叶、羽毛、兽皮等来包裹身体，以驱霜寒避风雨。到春秋战国时期，侗族的先辈发明了织布用的斜机，依靠麻纤维和葛藤为主的纺织文化。后来到了以蚕桑业为主要原料的丝织文化，再后来随着生产技术的革新和工艺原料的丰富再加之需求量的不断扩大，逐渐形成了生产成本较低廉的棉纺织文化和化工纺织品文化。清代"剃发易服"之潮使得侗族服饰发生巨变，唯有三江等地，由于所处之地多山高岭峻与世隔绝，而使清朝鞭长莫及而比较完整地保留了原有的服饰风貌。在大型的节日庆典，或者祭祀活动上侗族群众会穿着传统服饰。广西侗族服饰的主色调为青、紫、黑、蓝、白、浅蓝等色。主要分男子服饰、妇女服饰、儿童童装三种。侗家人的便装以注重实用性为最大特点。盛装时以注重装饰审美，展现华贵为主要特点。总的来说，广西侗族传统服饰根据地域分布在又可以分为三江服饰、融水服饰与龙胜服饰三大类型。

除此之外，广西侗族服饰不仅样式独特令人过目不忘，更有精美的织绣艺术藏于服饰之中，使广西侗族服饰更具风采。织绣艺术花样繁多，其中以绣锦和织锦为主要特色，绣锦之前被称为侗绣，由挑花刺绣而成，织锦之前被称为侗锦，由艺人脚踏的织布机上完成。侗族的织绣工艺的源起朝代目前尚无定论，但是其很早便已出名，至清代侗族妇女自织自染的锦、"侗布"已闻名于世。《柳州府志》称侗族"卉衣鸟语"，通过其鞋面、衣襟、衣袖、围裙随处可见形态锦簇的织绣。其中，侗锦以其高超精湛的技艺，繁复精巧的图案而尤享盛名。由于侗族不是信仰一个神灵，在侗族人心中凡是天地间山川河流、飞禽走兽、古石水井都能保佑侗族人们，能除晦驱邪，这些都成为人们的崇拜对象。因此，衣物织绣上常有其图案花纹常有日月星辰、飞禽走兽、花鸟虫鱼等纹样，以求得到庇护。纹样有龙凤纹、锦鸡纹、鱼蝶纹、虫纹等，织绣在色彩使用上大胆、强烈，几何图形使用上协调、美观，两者结合相得益彰，绚丽夺目让我们从中既可以看出侗族浓郁的侗族乡土气息和民族特色，又可以感受侗族人智慧和自由想象的创造能力。

过去，侗锦主要用于衣裙、门帘、头帕之上，以镶边增加美观。侗锦会出现在祭祀活动中，显示庄严之美。侗族青年男女谈情说爱时，姑娘也会将侗锦作为礼物赠予男方，以倾诉爱意。如今，侗锦有了更加广泛的用途。心灵手巧的侗族姑娘们把侗锦织成各类物品或饰物，放于市场上，成为市场上的畅销紧俏产品，为侗乡的经济发展注入新鲜血液，使经济建设有了新的动力。

二、侗族建筑

建筑是文化的载体，是人类生活的一部分，是人类不同历史时期发展水平的重要标志，是人类审美情趣、文化素质、生活质量的综合体现侗族人民在创造灿烂的侗民族文化的同时，也在建筑方面取得了巨大成就。结合地理环境、经济基础、民族风俗等元素的，而形成了侗族生态、人文、与自然和谐统一的建筑特色。

(一)鼓楼

鼓楼是侗乡具有独特风格的建筑物,是侗族的标志性建筑。在侗族有"侗寨必鼓楼,鼓楼必侗寨"的说法。由于其顶层都置放齐心鼓,因而得名"鼓楼"。鼓楼的源流已经无法考究,但在《沅州厅志·艺文志》张秋翼"鼓楼记"提到"邑治鼓楼源起于弘治年间",说明鼓楼最迟出现在明代。侗族人民对于鼓楼的创始有两种说法,第一种是侗寨即有鼓楼说,第二种为"遮阴树"说,第三种为"鱼窝"说。第一种说法的依据可见于《祭祖歌》,其中唱到,"未置门楼,先置地土。未置门'寨门',先置地'萨柄'",意思是说在还没有"楼"的存在以前,就像划置好土地,再没有安置好"寨门"之前,就要先安排好女神"萨柄"的祭祀之地。这样使得侗寨与鼓楼的关系可以显见。"遮阴树"说源于鼓楼外形酷似杉树,而在侗族地区人们将杉树视为是"遮阴树",是可以佑福荫的吉祥物,这便使"遮阴树"说较为盛行。同样历史久远的并且较能表现侗族文化特质的说法是"鱼窝说"。侗族人民常如此回答"为何要在侗寨中建造鼓楼的问题":侗家人要想鱼儿聚集在鱼窝里一样团结在如侗寨心脏一般的鼓楼之中。侗家人赋予了鼓楼象征民族高度团结的寓意。

鼓楼以当地盛产的杉木为主要建筑材料,其材质坚硬,不易损毁,常做成柱子等关键部分。鼓楼可以分为楼脚、楼身、楼顶三部分。楼基到第一层楼檐之间的部分为楼脚。楼脚常为一层或者两层。一层的,一般四围以木墙和木窗围住,留有楼门方便进出。有的就直接架空,只有立柱存在,但通常在脚楼的中心位置设有火塘。火塘四面放有几条长凳。两层的,第一层与只有一层的构造相似,不同之处就是人们可以直接通过楼梯上到作为主要集会活动场地的二楼。楼身是鼓楼的主要构成部分,楼檐层叠,并逐层收缩,犹如宝塔一般。楼檐檐角均制成白色翘角,如翅膀一般。有的檐角以各种图样进行装饰,如龙、凤等。因而,此处也称为是鼓楼最值得观赏的地方。通常人们所说的鼓楼层数是指楼身檐数和楼顶檐数的总和,一般为奇数层。鼓楼楼顶分为亭式屋檐和顶盖装饰部分,有的鼓楼还会在楼顶屋檐下设窗,形成"楼颈",别有风格。

鼓楼一般有十到十五米高,个别的也有高达四十几米的,以四根内柱与四根外柱吃力撑起。内柱为主柱,直顶楼梁。外柱起辅助作用,相对较矮小。它与内柱方位相同,垂落地面。鼓楼结构严密,以至于鼓楼的各个架构之间是不能完全分离的。鼓楼的各个部分之间相互支撑,相互牵制顶力,以卯桦穿合衔接,不用一钉一铆,扣合无隙,相当令人赞叹。

同时,鼓楼还具有极大的实用价值。例如,鼓楼已成为侗族人民文化娱乐活动的中心,人们常在鼓楼进行各种舞蹈、歌唱等文艺活动;鼓楼可做聚众议事的场所,人们相约鼓楼,集体商议解决难事。鼓楼可称为休养生息的场所,人们在农闲时节聚结鼓楼,放松身心。夏天纳凉休憩,冬天烤火取暖,十分惬意。此外,鼓楼还可用作失物招领、对唱侗歌场地等作用,已经越来越深受侗族人民的喜爱。

侗族鼓楼是具有巨大经济开发潜力的文化资源,在市场经济的格局之下,其所保有的传统风格与特色具有极大的经济价值,在理想的保护与开发之下能对一方经济发展作出巨大贡献。并且,侗族鼓楼一直以来都是我国建筑史上的重要组成部分,其造型独特、结构严谨、工艺精湛,为世人称颂,被誉为是中国建筑艺术的瑰宝,为我国乃至世界的建筑艺术提供了非常宝贵的借鉴作用,为后人在建筑上取得更大的突破与成就起到了良好的启迪作用。

(二)风雨桥

在侗乡,风雨桥是可以与鼓楼相媲美的另一种建筑。该桥桥亭用青瓦盖顶,能起到遮风避雨的作用所以被称为风雨桥,又因桥身多以图案纹理加以装饰,十分美观精致,因而又称作花桥。同时,有些风雨桥建在寨前河流下游,"桥如长龙,翼立水上,水至回环,护卫村寨",意为龙从上游游到桥头,回头护寨、守寨,因而又有"回龙桥"的美称。据史籍记载风雨桥最迟起源于公元3世纪初,其旧时在侗族地区十分普遍。其特点是结构严谨、造型多变、桥身多装饰图样。侗族风雨桥外观造型富于变化,或横躺于寨头村脚的溪流河水之上或仰卧在田间,供人们躲风避雨,与侗族山水和谐共处。同时,风雨桥也是一种集桥、廊、亭三者为一体的独具风韵的桥梁。它由石筑墩台、伸臂托架桥面及梁柱体系的廊和亭三部分构成。桥墩多为六面柱体的大青石,上下游均成铁犁头形,以减少洪水冲击。桥面有密布式悬壁托架筒支梁体系,全身木质结构,桥梁超过十米跨度的很少,一方面桥梁跨度的减少能有效保证桥稳定性,另一方面也为了更好的应用木质材料的横截面。亭廊用桦卯结合的梁柱体系使各部分紧紧扣在一起。在亭廊的各横梁之间摆有石凳、靠椅，并且在栏杆外还设有风雨檐，能有效地保护桥面，保护桥梁。木质的长廊两边的栏杆、柱子上有精美的雕刻，所绘内容大多体现侗族人民日常生活画面，对自然地歌颂。在侗寨众多的风雨桥之中，最出名的要数位于广西壮族自治区柳州市三江县的程阳风雨桥。其始建于1912年，主要由木料与石料建成，其建筑技艺别具一格，桥身风姿雄伟，是侗族风雨桥的经典代表作，也是现存广西保存最完好、规模最大的风雨桥。郭沫若先生曾题诗曰：艳说林溪风雨桥，桥长廿丈四寻高。重瓴联阁怡神巧，列砥横流入望遥。竹木一身坚胜铁，茶林万载苗新苗。何时得上三江道，学把犁锄事体劳。

此外，作为侗族人民智慧结晶的风雨桥有许多功用，除遮风避雨外，其桥身的油漆彩绘，雕梁画栋体现侗家人特有的民族文化与建筑装饰艺术，具有特别的审美价值。侗家人劳作之余在桥上小憩，便可以融入周围山水，享受桥之美，丰富自身精神生活的空间。同时在侗族人民眼中，风雨桥有消"除地势之弊，补裨风水之益"的功用，是能够使村寨免除灾难，保佑吉祥的"福桥"。风雨桥不仅已成为人们生产生活中必不可少的重要部分，也已成为侗族人民的精神支柱。

(三)侗族建筑的文化内涵

1. 天人合一

侗族建筑依山傍水，与周围环境浑然一体，仿佛是天然依环境生长而成，独具灵气。诠释了侗族"天人合一"的建筑理念。侗族建筑因地制宜，就地取材，体现的是人与自然和谐相处，相互协调的关系。反映的是侗族建筑人工与自然、随意与秩序、浪漫与严谨的有机统一。给人一种统一、对称、韵律的美感。

2. 再现文化

侗族建筑是情感沉淀的产物，是血脉凝结的瑰宝，是民族发展点滴的见证。侗族人民用建筑中各样的造型样式、雕刻装饰等袒露情感，表现文化底蕴。鼓楼，风雨桥等建筑上的花鸟虫鱼、高山流水、人物风景等都是侗族节日文化、图腾文化、渔猎文化等的再现。因此，其建筑具有深刻的文化再现的内涵。

3. 展现风俗

侗族历史沧桑而又漫长，其民族风俗也是多元复合的，其建筑也具有展现风俗的重要含义。例如，侗族鼓楼，在侗族人民心中具有至高无上的中心地位。鼓楼是侗族民族风俗文化的载体，是团结的象征，侗寨的标志。同时以鼓楼这一建筑也成为人们盛装聚会、对歌唱戏、开会议事、谈古论今的重要场所。这使得作为公共建筑物的鼓楼虽不是民居，却成为侗族人民展现风俗不可缺少的重要场所。

(四) 侗族建筑的地域类型

1. 三江建筑

三江侗族的人们多沿河居住，以数十户或者上百户聚居。房屋建筑以木结构为主，房顶盖着瓦片或者树皮。楼房上层住人、下层用来圈养牲畜。住房建的比较稠密，住房之间相隔距离不远，导致住房内光线并不很好。房屋数目众多，也使得住房空间较为狭窄。

村中多建鼓楼，鼓楼样式如塔一般，有数丈高，四周设有长凳与鼓，有事便击鼓聚集民众。鼓楼已成为村里人集体的娱乐场所，也成为村里人商讨大事的汇聚地。三江侗族的鼓楼还有解决纷争的功用。小鼓楼解决小事，大鼓楼处理较大矛盾。因而，三江侗族中每一百户就有一座小鼓楼，每五百户就建有一座大鼓楼。该地每逢沟渠或者小河必有桥，桥长一二十丈，宽一丈多。桥上建凉亭，连成一线，仿佛长廊点缀于鼓楼之间，相得益彰。桥身以木为主要材质，不用钉子，构造精美。桥高出水面三四丈，用以防止洪水冲击。

2. 融水建筑

建筑是融水侗族人民的一种专长。人们喜欢在村庄旁边、河边或者是山坳建造凉亭或者风雨桥，供往来的有人休息，凉亭与风雨桥的架构较高，以便雨季排水。住宅多杉木皮顶，每座房屋有四五根排柱，一般三丈高。房屋的布置也是上层住人，下层养牲畜。房屋左右皆设有楼梯。房屋中间设置用于取暖，做饭的火塘，中间摆放着三脚架。这里的房屋建筑运用了高超的建筑技术，住房造型美观，一般三余丈高，侗村的建筑依山傍水，当地环境和谐相容。

3. 龙胜建筑

龙胜的侗族擅长建筑，宏伟壮观、凌厉飞扬的鼓楼和风雨桥都是侗乡重要的标识。全杉木结构，架挑对接，吊脚悬空，不用一钉一铆，体现出一种朴素简练的大智慧。龙胜风雨桥的桥上通常建有多角宝塔形楼亭，通道两侧有栏杆。桥梁构造不用一根铁钉，只在柱子上凿穿孔眼以榫衔接，斜穿直套，结构精巧，十分坚固，令人叹为观止。鼓楼是侗乡非常有特色的建筑物，飞阁垂檐，层层而上呈宝塔形。瓦檐上彩绘或雕塑的龙凤、飞禽、山水、花鸟和古装人物，云腾雾绕，五彩缤纷更具欣赏价值。这些都充分表现了侗族能工巧匠建筑技艺的高超。

三、侗族大歌

侗族是一个没有本民族文字的民族，因而"汉人有字传书本，侗家无字传歌声"已成为侗族人民坚持的一种理念。又因为能歌善舞的侗族人民坚信"饭养身，歌养心"这一道理，使得侗族民歌在侗家人之间也广为流传。侗族民歌表现的是侗族人民对生活的热爱，对自然的赞美，通过民歌由表及里的展现他们对宇宙万物的感动之情。侗族民歌按种类可分为"大歌""叙事歌""酒会歌""小歌""广场歌""拦路歌"6种。其中，侗族大歌是侗族民歌中最著名的一种歌调。

侗族大歌属于自然合声的民间合唱音乐。侗族大歌有近千年的历史，早在宋代便已经发展到了相对成熟的阶段。宋代诗人陆游在其《老学庵笔记》中提到侗族人集体歌唱的盛况：至一二百人为曹，手相握而歌。到了明代，邝露在其所著《赤雅》一书中记载"侗人善音乐，弹胡琴，吹六管，长歌闭目，顿首摇足"的情景，由此可知，侗族大歌此时已经较为盛行。

侗族大歌有着独特的演唱方式，至少需要两个声部以上，非三个人以上不能演唱，具有群体性的特征。侗族大歌从形式上分可以分为鼓楼大歌、声音大歌、叙事大歌、童声大歌、礼俗大歌、戏曲大歌。其中，鼓楼大歌以该曲产生的地方命名，是大歌中最基本的一种，以古代长篇叙事诗为主，注重歌曲风味，也讲究音律和谐。主客双方为男女两队，节假日、秋后农闲时在鼓楼中对唱最为常见。声音大歌是大歌中的精华，按其表现手法可以分为模拟自然之声的大歌，与纯粹炫声的大歌。歌曲注重声音之美，有丰富的多声部因素，善用质朴的支声手法。歌词较短，段落一般为三、五段左右，曲调多模仿蝉鸣、鸟叫、流水等声音，声音富于变化。叙事大歌一般是歌队出寨走客，应邀而唱。正如其名，叙事大歌具有浓厚的叙事性，歌曲较长，有一定的故事情节。内容多为早期神话故事，历史事件等，一般有深刻的教育意义。童声大歌主要由儿童在游戏时演唱，歌词短小，曲调活泼欢快，节奏鲜明，朗朗上口，内容生动富有想象力。礼俗大歌一般在每年正月，二月祭祖母堂时拉手，并肩而欢唱之歌或者是当侗寨有客人来时主客相互盘问对唱的歌曲。戏曲大歌是侗族演戏过程中演唱的一种台唱歌曲，一般会在侗戏人数众多的开头或者收尾处展现。以齐唱的形式出现，每段唱腔完毕之后，一般有演员在幕后帮腔，烘托舞台热闹气氛。

随着侗族大歌的知名度不断提高，也使得有越来越多的中外游客慕名而来，前来欣赏侗族大歌的天籁之音。由此，也使得以侗族大歌表演为主要特色的旅游业也随之迅速发展起来，这对侗族乃至广西的经济发展起到巨大的推动作用。与此同时，侗族大歌具有娱乐大众，陶冶情操，活跃气氛，增进情谊的作用。侗族大歌之中含有大量的传统伦理道德资源，在不断地对侗族大歌开发、利用的过程中，展示大歌中所倡导的美好善良的内容，有助于人们之间和谐相处，友好互助，对于社会的稳定以及人们安居乐业具有极大的现实意义。

四、侗戏

侗戏是侗族的戏曲剧种，是侗族人民在长期的生产生活中创造的艺术形式。侗戏最早形成于贵州的黎平、溶江一带，在 1870 年左右传入广西。因其具有独特的民族风格，内容丰富，形式活泼，有浓郁的乡土气息，而深受侗族人民喜爱。侗戏的舞台布设较为简单，在长、宽为丈余的舞台上没有布景，仅挂上一款深色底幕和两块花色门帘，台上除了几张桌椅之外没有其他道具。侗戏的戏服也非专门的戏剧服装，一般以侗族的盛装艳服为主。剧中场次的转换全靠演员的表演以及上下场来体现。

侗戏角色虽有生、已之分，但并未形成固定的行当，一般是根据剧情演出的需要而灵活机动的分配演员。众多角色中，丑角的表演最为独特，动作夸张滑稽，表演灵活，因在台上蹦蹦跳跳，又被称为"跳丑角"。丑角念白很少，以唱为主，扮演的多是诙谐、狡猾的人物，在剧中的主要任务是插科打诨，活跃气氛。

与丑角的灵活表演不同的是，侗戏在唱词上十分讲究。每段唱词不仅要求尾韵统一，而且严格规定要压腰韵、连环韵。主要的曲调有多用于叙事，上下句结构的"平调"，用于表现悲伤情感的"哀调"。侗戏的乐队分为管弦乐和打击乐两个部分。管弦乐有二胡、侗琵琶、月琴、低胡、竹笛、芦笙等。打击乐器主要有小鼓、小锣、小钹等，主要用于开场语人物的上、下场的穿插。

侗戏的曲目较多，侗族人民多将流传的民间故事、神话故事等加以改编，形成侗戏。例如，《丁郎龙女》讲的便是侗家家喻户晓的民间故事。它说的是侗族砍柴青年从牧童手中救过一条原是龙女的金丝鲤鱼，龙女为报恩与其结为夫妻，后在砍柴后生表妹的挑唆下美满生活受到破坏的悲伤故事。其他比较常见的曲目有《吴勉王》《李万当》《团圆》《二十天》《一个南瓜》《刘美》《金俊与娘瑞》等。

第三节　广西侗族民族文化的环境与保护现状

一、侗族传统服饰

目前，在广西的侗族人民的生活中依然看到侗族服饰的身影。比如，在男女青年恋爱时，女方常将自己精心制作染色花手帕、布鞋以及其他一些饰物赠予男方，作为表达爱情的信物。等到男女双方决定结婚时，女方还会送给男方衣服等，以表达对未来新发生活的美好向往之情。又如在侗乡有老人去世时，晚辈们需要送上黑的侗族服装，布匹等来寄托哀思。同时，在各种大型的祭祀活动中也会有侗族服饰的出现。

同时，广西侗族服饰的传承同时也面临着由内因与外因所造成的困境。从内因角度上来说，仅以三江侗族服饰为例。三江侗族的亮布以舒适、柔软且具有良好的抗菌性而深受人们的追捧。但是，织机织出来的布料一般为十几寸，长度为16米左右，在农忙时节需要花费上两至三个月才能完工，而侗锦的制作就算是在农闲时间也需要一个星期且织出侗锦不到一米。这些材料在定做一套侗族男性的服饰之后就所剩无几了。产出的效率很低，使得侗族服饰的传承只能是在极小的范围内进行的。与此同时，三江侗族的亮布虽颜色鲜亮，工艺精美，但其耐水洗程度与染色牢度都相对较差，在反复的水洗日晒之后就容易掉色，所以在侗乡这些服饰直到穿破都没有洗过一次。如此一来，也为侗族服饰的进一步推广带来了困扰。进入 20 世纪 80 年代，我国踏上了全球化的信息高速公路时代，广西侗族地区与外界的沟通也越来越密切，在穿着的服饰上也有了明显的变化。随着侗族人民审美方式的变化，以及对服饰上更新换代的需求越来越强烈，加上侗族传统服饰的制作工序繁多、生产效率低下的现实情况，所以许多人们更愿意追求新潮的服饰该穿西装，现代装等，这让侗族服饰的传承出现断节。此外，在侗乡，传统的侗族服饰制作技艺一般为上一辈传授给下一辈的这种脆弱的传承机制。随着经济的发展，越来越多的侗族青年选择离开侗族家园，离开学习以及继承民族文化的环境，使得服饰技艺的传承后继无人，只保留在少数老人身上，这也说明，侗族服饰文化的传承正面临着较为严重的文化流失。

2008 年，三江县政府及其三江县文化局成功举办了五届"多耶程阳桥文化旅游节"活动，其中的重要环节就是对广西侗族服饰的展示。政府通过举办此类活动，对广西侗族服饰文化进行了良好的宣传与推广，让人们都加深对该文化的了解与认知，对侗族服饰文化起到了良好的传承与保护。当然，在广西侗乡侗族服饰对当地经济确实起到了一定的带动作用，但该种带动作用是不纯粹的、不系统的，没有形成以单独展现侗族服饰而拉动经济发展的模式。与此同时，科技的飞速发展的过程中，许多侗族的传统服饰没能在保有原有制作技艺与新技术相结合上找到恰当的切入点，传统服饰制作上仍存在耗时长、产出低的弊病，不能给投资者带来相应的经济收益，对投资者的吸引力减少，让投资者信心渐失，投资额减少。因此，其所带来的经济价值，对地方经济的发展的推动作用相当有限。

在立法上，民族传统服饰保护只有在《传统工艺美术品保护条例》中有相关界定，而在《著作权法》《商标法》《专利法》中都没有详细的规定。在广西，旨在保护传统工艺美术，促进传统工艺美术事业的繁荣与发展的《广西壮族自治区传统工艺美术保护办法》已于 2013 年 12 月 25 日在自治区第十二届人民政府第 21次常务会议通过，并于 2014 年 3 月 1 日起施行。但是，专门关于保护侗族服饰文化的立法的出台尚有期待空间。并且，广西侗族传统服饰的保护存在着受保护范围难以确定、权利主体难以确定、权利内容及受保护程序复杂等难题，所以更应加快保护侗族服饰的立法脚步。在对服饰的整理方面，中宣部、文化与旅游部、国家民委和中国文联将中国民间文化遗产抢救工程立项，在全国范围内进行普查，做好整理工作，其中也包括对服饰文化的整理。但是，整理广西侗族服饰文化的主体还是以专家学者为主。

多年来，异彩纷呈、独具风韵的侗族服饰吸引了来自国内外投资者的目光，投资者们利用"低价收购、高价卖出"的手法对服饰文化这一巨大的财富进行无序的开发，使大量珍贵的侗族传统服饰也成为贸易交换的对象，源源不断地流向境外，使其流失严重。再加上由于人们生活方式的改变使得人们追求服饰上的改变、商品经济环境下流水线生产对传统侗族服饰耗时长、产出低的制作方式产生了很大的冲击以及关于专门保护广西侗族服饰的立法仍处于一定程度的缺失状态，使得广西侗族服饰文化的法律保护迫在眉睫。

二、侗族传统建筑

(一)生存环境

侗族建筑文化在许多艺术展上亮相，受到了人民群众的热烈欢迎。例如，2009 年受到众多国人关注的"非物质文化遗产传统技艺大展"在北京全国农业展览馆隆重举行，其中展示的侗族木结构建筑艺术吸引了众多观看者的目光，其以匪夷所思的巧妙设计，精美绝伦的图案纹样等受到了大批观看者的啧啧称赞。并且，在风情旅游盛行的今天，众多中外游客慕名千万侗寨，只为近距离观赏神奇的侗乡鼓楼、风雨桥等传统建筑。为了能更好地满足游客们渴望深入了解侗族建筑文化的需求，在互联网上也建立了许多专门关于侗族建筑文化介绍的网站，供各方浏览，使得广西侗族建筑文化拥有了良好的群众基础。

政府部门十分重视对侗族建筑文化的宣传与保护工作。早在 2006 年 5 月广西已列入第一批国家级非物质文化遗产名录中的就有广西三江侗族自治县的侗族木构建筑营造技艺。并且，在 2007 年广西侗族建筑工匠杨似玉被文化与旅游部授予这一技艺的传承人的称号。2008 年 7 月，广西壮族自治区文化厅抓紧成立了广西侗族非物质文化遗产传承展示中心，中心就设立在传承人杨似玉的家中。目前，侗族地区的各级政府都对侗族建筑文化遗产的保护相当重视，对在保护方面做了有力的宣传与引导，弘扬"天人合一"与自然和谐相处的建筑理念，号召侗民们积极参与到保护与弘扬传统建筑文化的行列中来，树立正确的民族价值观。例如，在广西三江，三江县的党委、政府多方募款达上千万元用以对风雨桥、鼓楼、居民木结构建筑以及其他侗族建筑的维修与保护，以最大限度地保证侗族建筑的完整性与独特风格，最大限度地保留侗族建筑文化的风韵。

随着侗族传统文化影响不断地扩大，使得被誉为世界建筑奇葩的侗族建筑也越来越受国内外人们的关注。因此，在广西不少侗族聚居地都促成了侗族原生态的自然人文景观的旅游开发。旅游开发以侗族传统文化为依托，其中侗族建筑文化尤为热门。不少景区因地制宜，把握优势资源，建设民族品牌，吸引中外游客。为侗族地区的发展，民族经济的腾飞作出了巨大贡献。但是，侗族地区由于交通不便、基础设施不完善、旅游开发未成体系等原因而限制了其自身建筑文化经济价值的挖掘，尚有巨大的提升空间。

侗族建筑文化在注重开发推广的基础上也十分重视国际交流。早在 1985 年在北京举行的"侗族建筑及风情展览"上就有许多国内外专家学者在观赏了侗族传统建筑之后高度称赞鼓楼和风雨桥是建筑艺术的精华，认为这是中华民族文化的瑰宝。联合国的一位高级官员更是赞誉中国侗族建筑艺术是世界建筑艺术的瑰宝。2008 年，享誉全球的美国著名杂志《国家地理》更是将侗寨写入其中，并以上万文字，数十幅图片介绍侗族的风土人情、地理文化等，成为世界关注的焦点。不仅如此，侗族建筑的鼓楼与风雨桥作为民族的优秀文化更是走出侗乡，走向世界，在外国的名胜景点、"世界公园"里都能见到它们的飒爽雄姿。

(二) 保护现状

2005 年公布的《国务院办公厅关于加强我国非物质文化遗产保护工作的意见》提出了"保护为主、抢救第一、合理利用、传承发展"的非物质文化遗产保护工作方针，为侗族建筑文化遗产的保护与开发提供了有力的保障。

迄今为止，广西建立了数个博物馆，用来更好地保护侗族建筑文化。最为人们所熟知的便是于 1992 年成立的三江侗族博物馆，它是国家级重点民族博物馆，也是展示侗族文化研究成果的中心。其中，展示了巧夺天工的侗族代表建筑，有侗寨、鼓楼、风雨桥等，体现的是侗族社会在建筑方面登峰造极技术的缩影。2008 年广西民族博物馆在南宁正式开馆，这座中华人民共和国成立以来广西最大的博物馆保留着最完整的民族文化艺术遗存。国家非物质文化遗产项目继承人、三江建筑巧匠杨似玉曾在该博物馆里不用一钉一铆，纯手工打磨，真实地再现了与建筑原物大小几乎无差的木制民居模型，使得这些建筑模型成了展厅里永恒的记忆。同年 7 月，广西建设的第一个侗族非物质文化遗产展示中心正式对外开放,通过图片、模型、文字介绍等多种形式,将侗族建筑文化的精髓向世人展示。

在侗乡,原来的建造工匠于少年时期就开始学习建筑技艺,学习时期短则十几年长则几十年,他们大多师从老建筑工匠,经过多年的学习与摸索,技术较为娴熟。但是,由于传统建筑工匠收入少,大量侗族青年对学习本民族的建筑技艺失去兴趣,他们为谋求更好发展选择外出务工,因而在如今的侗乡几乎已经找不到年轻的建筑工匠,年老的工匠虽掌握手艺无奈后继无人,无法将建筑技艺更好地传承下去。外出的侗族青年在接受外界建筑形式的熏陶之下,回乡建房造屋,基本不会再选择传统的木制建筑,而更多的是用钢筋混凝土代替,这对原先传统质朴、融于自然地民居来说无疑是一场浩大的劫难。除此之外,侗族建筑本身还有着致命的缺点,易侵蚀、易发生火灾。侗寨传统建筑一般以木为材料,而广西侗族居住地大多降水丰富,空气湿度大,在长期风雨侵蚀之下,会加快木质建筑的损毁。同时,侗民们还有在民居与鼓楼内设火塘的习惯,存在火灾隐患,只要稍不留意,顷刻间便会使宝贵的建筑毁于一旦,更会危及邻近屋舍。这些对保存侗族建筑来说是相当有难度的。

三、侗族大歌

1. 生存环境

为了能更好地传承侗族大歌这一独具特的民族文化,让侗族大歌走进课堂称得上是一种可行的方法。由于侗族大歌对演唱者有较高的要求,因而让低年级学生多接触、学习侗族大歌是极有必要的。从1984年起开始,贵州省黔东南苗族侗族自治州榕江县文化馆和榕江县民族文化艺术研究室就已经在侗乡各地的中、小学学校开展侗歌进课堂的教学实验,并受到了学生家长们的普遍认可。在广西,三江侗族自治县的高安小学等许多中、小学校也纷纷开设侗歌学习课程,让学生们充分感受侗族大歌的魅力。但是,值得注意的是,要想达到一定的艺术水平以达到传承侗族大歌的目标,这些举措还是远远不够的。因为虽侗族各地普及侗族大歌已蔚然成风,但是相关教育部门都是依据教育部的课余教育进行侗族大歌学习课程的安排的,这样就算一个学期的教学课时加起来都是相当有限的。并且,现有的情况是,许多中、小学生虽身在侗乡,但是他们大部分却不懂得侗族语言，即便整理成册的教材发到他们手中，他们也并不能较为全面，较为深入地知晓侗族大歌所蕴含的文化核心内容。因此，侗族大歌进课堂更多的是具有象征性的意义，很难发挥实际作用。

作为民族音乐奇葩的侗族大歌常常通过演出、节日活动等形式将其光彩向世人展现，为其赢得了良好的群众基础。早在1953年的全国民间会演上，侗族大歌就崭露锋芒，引起了人们广泛的关注。1982年在南宁召开的全国部分省、自治区多声部民歌座谈会演出中，它获得了各界人士的广泛好评。1994年、2001年，侗族大歌在全国人民共同关注的春节联欢晚会的舞台上一展风采，获得了全国人民高度的赞扬。在2010年举世瞩目的上海世博会上，侗族大歌又带着天籁之声圆满地完成了演出，将天籁之音带给如织游人，为上海世博会增添了原生态的民族风情元素。例如，在2013年2月12日的广西三江侗族自治县开展了特色鲜明地民族文化活动，其中最为盛大的便是侗族大歌艺术节。活动中，侗族大歌歌队的成员们为四方来客演唱了《侗家欢》《心心相印》《五月蝉》等多首动听的侗族歌曲，赢得了在场游客的阵阵掌声。又如，2014年3月2日，上万名侗族同胞以及外地宾友欢聚在广西三江侗族自治县梅林乡梅林村举行"二月二"的侗族大歌节上，他们与侗家人一同歌唱，一同感受古朴而神秘的声音奇迹。

2009年9月30日，侗族大歌作为世界非物质文化遗产向联合国教科文组织非物质文化遗产委员会申报成功已经被正式列入人类非物质文化遗产名录，填补了"中国民歌没有多声部"的空白。目前，侗族大歌也已经被列为国家首批民间文化保护工程项目，受到了政府部门的高度重视。政府部门出台多项政策，倡导各地在奖励侗族大歌群众性演唱活动的基础上，更要加强对优秀歌手的选拔，如举办侗歌演唱比赛，通过进行歌曲竞赛的方式，充分调动群众喜爱侗歌及其文化积极性，并且可以设置一定的奖项或授予优秀者以荣誉称号。

推出以欣赏侗族大歌为主要特色项目的民族文化风情游无疑对当地经济发展进入更高的水平有着极大的推动作用。例如，侗歌嘹亮的黎平地区已经以此为契机，大力开发以侗族大歌为主线的旅游资源，大力完善相关基础设施，为其带来了可观的收益。在歌声遍地的广西侗族地区，同样可以借鉴黎平地区的成功经验，开发侗歌文化，开设相关旅游活动，让游客在悦耳的侗歌中体味侗乡的风情，增加消费。目前，广西侗族地区也正紧紧围绕侗族大歌这一独特的文化资源，开拓市场，扩大需求，推动着侗族地区旅游业的发展，经济的跨越。

侗族大歌在国际上被誉为"清泉般闪光的音乐，掠过古梦边缘的旋律"①。在1986 年的国际巴黎艺术节上侗族大歌凭借着成功的演出迷人的复调而震撼了国际乐坛，被誉为是"世界上最有魅力的复调音乐"，被媒体评论是"迷人的侗族复调歌曲吸引了西方观众"。同年 10 月，法国巴黎金秋艺术节执行主席约瑟芬·玛尔格维茨听了侗族大歌的演唱称赞道，"在亚洲的东方一个仅百余万人口的少数民族，能够创造和保存这样古老而质朴的、如此闪耀的民间合唱艺术，这在世界民间艺术史上也不得不惊叹"。此外，侗族的姑娘们还曾随着时任总理温家宝出访德国参加 2012 年汉诺威工业博览会开幕式演出，获得许多金发碧眼的外国人竖起大拇指的热烈称赞。近几年来，侗族大歌在国际上的表演也越来越多，使侗族大歌漂洋过海，走向世界各地。在世界各地进行演出除了可以向世界友人展示侗族大歌的经典文化艺术之外，更重要的是在不断演出的过程中，侗族歌队实现了与国际上其他音乐形式的深入交流，取长补短，为我所用，实现了不断开发自我、完善自我的学习交流目标。

2. 保护现状

2003 年，中国科学院与中国社会科学院联手正式启动了《侗族大歌保护、抢救与发展》行动计划。黎平县《侗族大歌保护办法》于 2012 年出台并正式实施，这也使得保护侗族大歌的资金被列入财政预算之中。而在广西，对于专门保护侗族大歌的相关立法的出台以及相关保护措施的采取仍有期待空间。这让侗族大歌的法律、政策保护保护环节变得薄弱。

随着对侗族大歌研究的深入，专家、学者们开始采用多视角的方法去考察侗族大歌所展现的侗族社会文化现象，对侗族大歌的生存环境、音乐形态、歌曲韵律等方面进行了全面的探索，其研究成果也颇为丰硕。还有各类侗族大歌的光盘与乐谱相继出版，体现出对侗族大歌的整理侗族正在有序进行中。

侗族大歌源远流长，由于早期侗族只有属于本民族的语言而并没有形成自己的文字，因而侗族大歌的传承主要靠的是口耳相传，由祖辈传给后人。原本在侗乡，唱侗歌被视为是一件极为光荣的事，因为它记载的是侗族人民生活的历史，

---

① 《民族传承 | 侗族大歌——清泉般闪光的音乐，掠过古梦边缘的旋律》[EB/OL]. https：//baijiahao. baidu. com/s? id＝1678613815373971091&wfr＝spider&for＝pc。

展现的是侗族人民良好的精神风貌，所以每家每户的家长都会教小朋友唱侗歌，以传承侗歌文化。可是，随着改革开放的不断深化，经济的飞速发展，在给广西侗乡也掀起了外出打工的热潮。越来越多的侗族青年人选择外出谋生，离开侗乡进入城镇生活。这样的环境之下，他们很少能使用到侗语，他们的子女也更加没有接触到侗语的机会。在这样的前提下，继续学习侗族大歌只能成为无源之水，无本之木。这也使得侗族大歌的传唱处于一种断层状态，会唱侗族大歌的多是年过半百的老人，年轻人会唱侗歌的已是寥寥无几。在侗乡，原本各类的侗族节日、活动等都是传承侗族大歌的重要方式。但是，随着青年人口大量的流向外地，侗族青年的眼界不断地开拓，就连由来已久以歌接友的传统恋爱方式——行歌坐月也在慢慢地退出侗族人民的生活，在青年人恋爱时听见侗族欢乐歌声的机会也在逐渐减小。同时，侗歌虽已进课堂，但其发挥实际传承侗族歌曲文化的作用是在微乎其微。因而，侗族大歌现在正面临着可能失传的危险，采取有效措施保护和传承侗族大歌极具紧迫性。

第五章　广西其他少数民族文化

在广西，除了壮族、瑶族、侗族以外，还有其他九个世居少数民族。虽然广西的主体民族是壮族，但是其他少数民族的文化生活状况同样具有研究意义。广西长期以来都是多民族和谐共存的，从最初的越人，到继瓯、骆，再到"乌浒""俚""僚"等不同的民族统称，反映着广西多民族漫长的历史变迁。

第一节　广西苗族民族文化的生存状况

一、广西苗族概况

苗族是我国古老的少数民族。根据 2021 年的统计，广西苗族人数约 44 万人，占广西总人口的 1%，占全国约占全国苗族人口的 5%。广西苗族人主要分布在广西北部的融水苗族自治县和三江侗族自治县、广西西北部的隆林各族自治县以及广西东北部的龙胜各族自治县，也有部分苗族人聚集在来宾市、资源、西林、融安、环江、田林、南丹、都安、那坡等县(自治县)境内。

黄帝时的"九黎"，尧、舜、禹时的"三苗"，商周时的"荆蛮"(亦称"南蛮")与苗族起源有着浓厚关系。在公元前三世纪，苗族人居住在现今湖南洞庭湖附近，之后随着沅江逆流而上，进入湘、鄂、川、黔毗邻地区的武陵郡，与当地的其他少数民族合称"武凌蛮"，但是有的苗族人民，不断向西南方迁移，唐宋时期进入了现今广西融水苗族自治县，等到了明末清初时，广西南丹、隆林等地也发现有苗族人民。根据融水苗族自治县小东江的苗人的传说，他们的祖先是广东海南(现今海南省，曾属广东管辖)，但是由于战乱使其流亡到湖南，随后才转到广西，元宝寨苗族的祖先有的是从上海迁到湖南最后至广西，有的则是从贵州来到广西的。广西的苗族有偏苗、白苗、红苗、花苗、清水苗、草苗等支系，但新 1949 年以后，苗族人自愿将分支合称为苗族。

二、广西苗族民族文化的种类及分布

(一) 苗族民居

建筑设计与当地的环境气候有关，在广西苗族最独特的建筑是干栏式住宅，也被称为"吊脚楼"。吊脚楼多采用木头建成，屋顶则是用瓦搭建成三角形状，这种建筑物大多是依山而建的。其结构是由木柱支撑，使其悬空，主要分三层，第一层是用于存放杂物或者用作猪圈，有的是作为厕所；苗族人则是居住于第二层，带有外廊退堂，可供走动。第二层中间是堂屋，外沿有栏杆和靠背，专门是为了美丽的苗族姑娘休息和刺绣而设计的，因此也被称为"美人靠"。第三层是最矮的，一般用于储存粮食谷物。吊脚楼在选择木材构建方面也有讲究，排柱架中的排柱多是采用杉木，中柱都采用枫木，这也是苗族建筑的标志。其屋脊脊梁斜度适当，装饰也很简单，有的会在两边以鸟修饰，有的会以双龙夺珠装饰，简单中又透露了苗族人民的手巧的特征。

该吊脚楼内部设计得体，中间是堂屋，用于迎接宾客，堂屋的开间会往里凹 2 米左右，留出空地供家人休息或者是妇女的刺绣活动，最有特色的是大门，它是由两高两矮的门板构成的，矮门是装在高门板外，为了防止鸡禽入内，无论是门框门楣还是方榫都少不了匠工的精心雕刻，多是以海浪和花为主。堂屋的左右各有一扇门，方便通行。

苗族民居与其服饰一样，都是苗族文化的象征。苗族的民居在一定程度上体现了苗族人民与自然和谐相处，其充分根据自然环境气候，建筑吊脚楼；苗族民居在门窗的鸟等动物的雕刻也能反映苗族人民热爱自然，也不难发现有的苗族民居上雕刻着图腾。苗族人民追求美好生活这也能在民居中有所体现，民居多用枫树，以枫树叶的红来象征着红红火火的生活。

(二) 苗药

苗族作为我国较为古老的民族，在医药方面也为中国的医药作出了贡献。据说苗族先民在远古时期在涉猎等活动中也多次受伤，为了生存开始使用山中的植物治伤，随着社会的发展，苗族人民渐渐形成了独特的医学理论。在苗族独特的医学理论指导下的药物或药制品即被称为苗药，苗药是苗族人民长期用于预防和治疗的天然药物，是苗族人民长期奋斗的智慧结晶，是苗族人民最宝贵的财富。苗药是我国中药重要的组成部分，苗药产品在市场上的销量也越来越好。许多较偏远的苗族地区的人民，会寻找苗医购买苗药进行治疗，这也使得苗药在苗族地区越来越受欢迎，有关苗药制造的产业随之出现，使得苗药的市场前景广阔。

(三)服饰

苗族的服饰称为苗服，其图案和制作工艺都凸显着民族特色，也被称为"穿在身上的历史"。苗族服饰存在着年龄和地域的差异，总体上分为湘西型、黔东型、川黔滇型、黔中南型以及海南型五大类，广西苗族服饰多为川黔滇型，即女装多为麻布上衣和蜡染麻布花裙，也有少数黔中南型即女装一般是披领等而下装同样也是裙子搭配，有蜡染裙较多是搭配青涩百褶裙。

广西苗族服饰多分布在融水苗族自治县、隆林各族自治县等，少部分分布在资源等地，在融水苗族自治县穿苗服的人相对较多，年轻的姑娘穿苗服多于男子，但是在重要的节日时，苗族人民都会穿上盛装出席，平时穿便服。但是，随着苗族与其他民族关系越来越融洽，使得穿苗服的越来越少，男式苗服也很少穿，苗族男子的服装与汉族的基本相同。

苗服经过一系列复杂精湛的工艺制作，从中蕴含了苗族妇女的耐心和勤劳的优秀品质，服饰上的图案往往也表达了妇女内心的情感，同时也表现了苗族人民对自然的热爱和对美好事物的向往。有的县的苗族姑娘是通过刺绣来表达爱情，因此苗族也是个含蓄表达情感的民族，从服饰的刺绣图案和精湛的工艺都可以表现。之所以说苗族妇女都有耐心是因为苗服的刺绣或是蜡染的图案都特别讲究，在刺绣时针点之间的距离或是蜡染的距离等方面都有规定，图案往往都较为紧凑，从而体现苗族是个严谨的民族。不仅在图案上有所讲究在色彩搭配方面也很注重，强调色彩和图案的合适，因而具有一定的欣赏价值。

(四)乐器——芦笙

芦笙在苗族人民中最为普遍，广西苗语则将芦笙称为"果"(go)。芦笙是自由簧气鸣乐器的一种，往往会配合苗族的芦笙舞蹈表演，是苗族娱乐文化的标志和象征，是苗族人民抒发情感的工具之一，同时也是苗族人民的精神支柱。苗族芦笙历史悠久，最早出现在《诗经》"吹笙鼓簧，吹笙吹笙，鼓簧鼓簧"的诗句中，据考古发现最早的芦笙出现在战国时期。根据《今昔集·钓鱼城访古》中的"（笙之类乐器）据我看来起源于苗族，苗民间均备有芦笙"。

（五）苗歌

即使生活在山区，苗族人民的文化生活仍十分丰富，他们有芦笙等乐器，有踩堂舞，当然苗歌也是苗族人民不可缺少的娱乐活动之一。不论男女老少，只要在节日或者空闲的时间都免不了唱首苗歌来放松下，甚至有的男女是通过歌曲来表达自己的爱意。

苗族是个能歌善舞的民族，苗歌历史悠久，种类较多，最为有名的是飞歌、情歌、酒歌。在亲朋好友聚会时，往往热情的苗族人会用歌曲来表达情感，久而久之有了酒歌；情歌则是由男女双方互诉爱意产生的。按照演唱的内容不同苗歌可分为飞歌、情歌、劳动歌、酒歌、葬祀歌等。

三、广西苗族民族文化的生存环境与保护现状

（一）苗族民居的生活环境及保护现状

随着生活环境的改善和生活水平的提高，有不少的苗族人民将自己原先的老式房屋，改成水泥的建筑，有的苗族人家则是重新选地构建较现代的房屋或者是直接去外地购房居住，使得一些较古老的民居变成了储藏杂物的房子或是用来圈养牲畜。政府近年来都在极力想将融水苗族自治县打造成为中国最大的苗族民居保护景区，因而更加重视对融水苗族地区的民居。融水苗族自治县的经济主要是靠旅游业拉动，去旅游的学生青年多是去感受苗族的古老民居。在广西苗族民居的生存现状不是很好，被现代化的现象也比较严重，除了在一些旅游景点能看到保存得较好的苗族建筑外，在一些较偏僻的苗族小村寨也能看到些许苗族民居，但是在镇上就很少有保护的完好的苗族民居，多数都已经被现代房屋取代，因而需要注重保护现存较完好的苗族民居。

苗族民居是苗族人民智慧的结晶，是苗族文化的载体，古老的民居对于青少年具有教育价值，同时也能拉动地区经济，这也使得政府重视对古老民居的保护。融水苗族自治县政府通过媒体新闻提倡苗家人对苗族民居的保护，在广西博物馆展览了一些美丽的苗寨的照片，供群众观赏，也希望苗寨得到保护。政府还建立了专职消防队，保护苗家人的木制小民居。

(二)服饰的生存环境及保护现状

苗服是苗族人民穿在身上的历史，因而其的传承对苗族文化的延续具有重要意义。对于广西苗族服饰的传承来说，在农村的传承情况要比城镇上的苗族服饰传承的情况好，但是随着社会的发展，使多数苗族农村的青壮年都外出打工，剩下的是老一辈的和小孩，且小孩没到刺绣制作服饰的年龄，这也使得服饰的传承情况堪忧。如果老一辈的服饰的制作人去世了，苗族服饰的继承就很难了，因为12岁左右的继承人几乎没有。但是还是有不少妇女对苗族的服饰仍有着特别的情感。就如广西融水苗族的多数妇女一样，她们还是会去购买苗绣刺得最逼真的布，然后拿回家培养自家孩子对苗族刺绣的兴趣，从而使其愿意去学刺绣，为苗服的工艺的传承做贡献。当然在广西融水苗族自治县的偏远小村寨也有一两户的苗族人保存了明朝时期的百鸟服，但是由于环境的因素以及保护知识有限的原因，使得衣服多少有些受损。苗族的人民会在他们的传统的节日里，穿着苗族服饰，例如在苗年，苗族人都会穿着苗族服饰，除此之外，姑娘在表演踩堂舞和男子在吹芦笙时也都会穿着苗族服饰。

纵观整个广西苗族服饰的传承情况，不难发现服饰传承的情况并不是很好。首先，由于现代化的发展和全球化的原因，使得现代服饰的样式多种以及颜色亮丽，很受多数女性的欢迎，这也使得苗族人民在和其他各族人民交流的过程中，越来越少穿苗服。去到广西苗族聚集较多的地方，就能发现，年轻的少女多数穿着现代化的服饰，而且只有到较偏僻的小村寨里才能看到老一辈的人穿着苗服。其次，苗族地区的经济发展水平普遍不高促使当地缺少对苗服的继承人，这也是苗族服饰面临的重大问题。由于苗族多数居住在偏远的山区，这也使得当地的经济发展水平不高，多数青壮年就开始离开家乡去到广州等沿海城市打拼，因而苗族服饰的继承人方面出现了严重的断层现象。最后，现代工业的发展使得手工刺绣等面临着冲击。纯手工制作一套苗族服饰需要花费大量的时间，但运用机器在时间上就极大地缩短了，因此多数人会选择机器制作，但是机器制作也存在着一定的弊端，就如机器制作没有手工制作的那么精致。广西当地对服饰的制作研究深度不够，关于广西苗族服饰的著作介绍也不是很多，广西学者应当多深入融水苗族自治县和其他广西苗族聚集地，调查研究苗服的特点，以及促进苗族服饰的发展。广西融水自治县的相关工作人员也有去到贵州苗族聚集地，与其进行交流，从而学习该地区对于苗族服饰的保护的举措或举办相关的活动。

广西少数民族博物馆也不算少，有关苗族的博物馆就两个，一个是融水苗族自治县博物馆，另一个是融水安太苗族生态博物馆。在融水苗族自治县博物馆里陈列着许多苗族的服饰例如百鸟衣和一些银饰。当然，在生态博物馆里也有着几件苗族服饰。

(三) 芦笙的生存环境及保护现状

广西的芦笙是苗族传统的乐器，政府也注重对其的保护。例如，广西融水苗族自治县为保护芦笙以及其相关曲调，联合一些苗族的老芦笙乐家共同努力，发行了《广西融水苗族民间芦笙曲集》。这不仅使得更多喜爱芦笙乐器的人，可以通过本书来了解芦笙曲，从而学习吹芦笙，而且可以通过该方式保护和推广芦笙以及相关曲子。除了通过发行曲集的方式，政府也通过举办节日的方式，提高芦笙的知名度。例如，在2004年广西融水苗族自治县政府举办了第一届的"融水芦笙斗马节"，由于第一届的成功举办，得到了柳州市人民政府的支持，到2010年就是由柳州市人民政府主动要求举办"融水芦笙斗马节"，并全权由融水苗族自治县再次举办，通过多次"融水芦笙斗马节"的举办，使得该节日吸引了许多外来的游客，并让他们更加了解了芦笙文化。节日期间的活动除了苗族传统的吹奏芦笙和芦笙舞表演外，还有万民同乐芦笙夜狂欢、民族风情巡游、民族服饰展。在举行融水芦笙斗马节期间，政府还开展了"中国苗族文化发展论坛"，研究讨论苗族的文化的传承与发展。

政府在努力的同时许多媒体也在努力地宣传这苗族的文化。例如，广西融水的芦笙斗马节上央视节目。媒体也会在广西苗族节庆时，深入当地进行采访，从而报道当地的芦笙表演的场面，除了文字配图的报道外，也有视频报道及相关的芦笙演奏视频。

苗家人对芦笙也是很是喜欢，更是重视它的传承。苗寨的苗族人多次自发举行坡会，男人们会围着芦笙柱表演吹芦笙，女人们则会伴着芦笙乐曲跳着芦笙舞，即使是在外上学或者工作的苗族人，也会在坡会这天纷纷赶回来参加，由于芦笙是苗族的重要乐器以及苗族人对它的喜爱，所以不仅仅在坡会时才会看到芦笙的影子，苗族每家每户在祭祖的时候也会拿出芦笙来吹奏上一两曲，算是迎合热闹的氛围。为了让苗族乐器有继承人，苗族人也会注重对孩子兴趣的培养，就如在节庆时分会带着孩子去看芦笙表演，自家老一辈的人也会偶尔在家吹上一两支芦笙曲，引起孩子对芦笙的喜爱。也正是因此芦笙在广西融水苗族自治县成为人人都爱的乐器，即使如此，多数青年的外出打工使得芦笙的传承出现严重的断层现象。

融水苗族自治县博物馆里具有收藏苗族的芦笙的乐器，在融水安太生态博物馆则是对芦笙柱进行保护。除了博物馆对芦笙的保护外，融水苗族自治县还有着芦笙协会，通过协会的方式对芦笙进行保护以及对芦笙演奏的继承作出努力。2006年，广西融水苗族坡会系列被纳入国家非物质文化遗产名录，这也使得芦笙得到了较好的保护。芦笙文化业得到了法律的保护。例如，2011年6月实施的《中华人民共和国非物质文化遗产保护法》，这使得作为非物质文化遗产的芦笙文化得到了政府的极度重视。

（四）苗歌的生存环境及保护现状

苗歌的生存环境较好，政府更加重视苗歌，对广西苗歌的传承也给予了资金支持，如广西融水自治县政府于2007年举办了对苗歌创作、苗歌欣赏等课程的培训，在财政上支持苗歌继承人的发展。与此同时也举行了广西融水苗歌节和苗歌歌会，吸引了多数对苗歌感兴趣的人参加，通过该类节日和比赛选取苗歌的继承人。广西政府注意到广西苗歌传承中的孩子的重要性，所以也安排了苗歌进入校园、进入课堂的活动，这样更能找到对苗歌感兴趣的青少年，利于苗歌的传承。除了本地政府的保护措施外，也应该学习其他地区苗歌的保护，从而促进本地区苗歌的更好发展，这点广西政府也有意识到。例如，广西融水苗族自治县政府为了促进苗族苗歌的发展、弘扬苗族苗歌，与贵州黎平举行了苗族苗歌友谊交流会。信息时代的发展，也有利于苗歌的知名度的提高。再如，当地政府和群众也有通过图文、视频等方式在互联网上传播这广西苗族苗歌，让国内外更多游客了解到苗歌的魅力。

政府在努力的同时，当地苗族人也积极参与，苗族代表也曾在人大五次会议广西代表团会议上发言后唱起了苗歌，这也是一种提高苗歌知名度的做法。除此之外，多数出嫁后的苗族妇女仍是对苗歌有着特殊的情感，她们积极报名苗歌的培训班，通过参加培训班的形式，更好的学习和传承苗歌。苗族人也有通过自制视频的方式来传播苗歌。例如，广西隆林苗族人就有自制电影，通过苗族电影来传播的苗族歌曲文化，提高知名度。广西苗族人也在努力让其他民族的人关注到广西苗歌的特色。例如，广西隆林歌手就去到贵州安顺市关岭布依族苗族自治县永宁镇白岩村举行的苗族花树节民族风情表演场，给贵州苗族人带去广西的苗族歌曲，从而跟当地的苗族歌手进行交流学习。

苗歌作为苗族文化的重要组成部分，受到政府的重视。为了保护苗歌，政府成立了融水苗族自治县苗歌协会，该协会在整理收集苗歌、挖掘、传承苗歌的同时，不忘将苗歌带进校园，让更多的青少年接触苗歌。政府也开展了对苗歌十二大古歌的抢救工作。

第二节　广西京族民族文化的生存状况

一、广西京族概况

京族是我国少数民族大家庭中的一员，是广西特有的少数民族，也是中国唯一的海洋少数民族，人口为33112人（2021年）。京族16世纪初陆续从越南涂山等地迁来，最早居住在巫山岛和平江镇附近的寨头村。京族现在主要居住在位于广西壮族自治区西南端的防城港市。其中，东兴市约有1.2万人，主要聚居在有"京族三岛"之称的澫尾、山心、巫头三个海岛上。其余的京族人口多与汉族、壮族杂居在东兴市江平、谭吉、红坎、恒望、竹山等地。京族曾一度称为"越族"，后在1958年成立东兴各族自治县时，才正式定名为京族。京族地区属于亚热带季风气候，雨量从充沛，全年无冰雪，树木四季常青，且该地区物产资源丰富，浩瀚的北部湾是我国著名的渔场之一，所以出海打鱼成为京族人民最主要的生存方式。

二、广西京族民族文化种类及其分布

广西京族人民的民族文化形式异彩纷呈。现对其代表性的民族文化进行简介。

(一) 歌谣

广西京族人民酷爱唱歌，歌谣的调子多达 30 余种，内容多种多样，以一问一答的形式为主。有山歌、童谣、情歌、风俗歌、生产劳动歌等。除此之外，还有许多歌颂生活，讴歌解放与爱情等为题材的歌谣。京族歌谣为题材丰富多样，大多是取材于日常的生产生活场景片段，往往是京族人民在劳动过程中，有感而发，触景生情，即兴演唱的，具有真实生动、朗朗上口的特点。

(二) 谚语

勤劳智慧的京族人民善于对他们的所见所闻以及生产生活所得到的启示加以归纳形成谚语，因而京族人民也积累了不少谚语用来指导后代人更好的生活。由于京族人民多以捕鱼为业，因而其民间谚语也多与渔业有关，有着很强的民族特征，与人民的生活密不可分。谚语大多总结的是潮涨潮落的变化、如何判断天气的阴晴、何时选择下海捕鱼的时令等的经验，展示的是京族先辈们历代智慧的结晶，对京族渔民们来说具有很大的借鉴意义。

(三) 服饰

京族人民的服饰美观大方，别有风韵。京族妇女的头发一般是正中平分，留"落水"于两边，在后面结成辫子，盘在头顶，形成京族人们所称的"枯板髻"。上身穿对胸开襟的短上衣。下身穿宽肥的裤子。富有人家多喜着红褐色，以丝绸、香云纱等质料裁成的服饰。京族的女性偏爱耳环，常有耳环点缀于耳。男子的上衣长到膝盖，窄袖袒胸上衣，下身穿肥长的裤子，中间以腰带束之。京族服饰文化有自成一派的民族特色，并且他们与汉族人民长期杂居在一起，在其不断加强与汉族人民之间的交流中，其服饰文化中也海纳百川的吸收了许多汉族服饰的精华，体现的是一种文化交融的美感。

(四)民居

京族人民的传统民居也颇具特色。古时，京族的房屋带有"干栏"式建筑遗风，以木为柱，泥为墙，具有易搬动的特点。但是，现在大多筑方石砖瓦房屋，石条砌墙，屋顶盖瓦，不仅牢固阴凉，还可以抵御台风。不少民居建筑还带有阳台以及一些装饰性的栏杆，放置各色盆景。在他们的屋檐下还时常挂着许多新鲜海货，流露出关于海洋的信息。

(五)舞蹈

京族舞蹈充满民族特色，动作别致好看。其中，最具代表性的便是哈节舞蹈，是京族人民欢度其传统节日"哈节"中要跳的。哈节舞蹈一般由女性进行表演，形态优美，舞姿端庄高贵，在细腻多情、恬静温顺的京族妇女的展示下舞蹈最富生命力，最能将舞蹈想要传达的情感表现得淋漓尽致。

(六)节日文化

"哈节"是京族人民最为隆重的节日，也是京族的民族传统节日。在京族的语言中"哈"有"唱"的意思，因而哈节也称为"唱哈节"，并且在京族的语言中"哈"也有"吃"的意思，因而寓意"哈节"是个欢歌畅饮的节日，相传已有500多年的历史。关于"哈节"的来源有两种说法，一种说法说在越南陈朝时，有位歌仙来到京族地区，教授当地的居民含义深刻的歌曲，意在动员京族人民团结起来一起反抗陈朝的昏暗统治，深受人们的爱戴。后来人们便用歌唱来怀念歌仙。久而久之，每年一次的"唱哈"就成为京族的传统节日了。另一种说法是说在原本是一望无际大海的京族三岛一带，有一只吃人的蜈蚣精，凡是渔船想要经过此地，必须贡献出一个人来给他吃。后来又一次正在蜈蚣精兴风作浪之时出现了一位智勇双全的老人，他沉着冷静地将煮的滚烫的南瓜投入蜈蚣精嘴里将其烫死，为当地人民带来了永久的安宁太平。人们封他为"镇海大王"，视为京族人民的守护神，并为他立"哈亭"供奉，每年"哈节"都来海边祭祀，这也就成为京族人民一年一度的传统。"哈节"主要分布在广西壮族自治区防城港市防城区的山心、漓尾、巫头三地及恒望、潭吉、红坎、竹山等地区。"唱哈"节的日期，各地并不相同。在漓尾和巫头是在农历六月初十，山心是在八月初十，红坎是在正月二十五。

　　整个"唱哈"节大致上可以分为四个部分，分别为迎神、祭神、入席与送神。迎神举行在"唱哈"的前一天，京族人民会把自己说崇拜的神灵，如"镇海大王"请入"哈亭"。在当天下午的时候就可以忌神了。人们会组织着评比在祭神时谁的猪养的最大，最大的猪被称为"养象"。将"养象"杀了之后，进行祭神。入席一般是指在祭神之后，由达到年龄要求的京族男子入席参加"唱哈"，妇女没有入席的资格，只能在旁边听唱。"唱哈"一般由一名称为"哈哥"的男子与两名称为"哈妹"的姑娘组成。"哈哥"与"哈妹"一唱一和进行着。"唱哈"一般有一定的歌本，内容丰富，如有歌唱爱情与友谊的，有吟咏宋代著名诗人苏轼作品《念奴娇》的，也有传颂神话故事等。"唱哈"之后便是送神。在漓尾一般另外择日进行送神仪式，在山心一般不另挑日子。在送神结束之后，整个"唱哈"也便落下帷幕。"哈节"是京族传统文化的一次综合体现，是其文化的载体。在"哈节"中可以感受到来自京族人民的淳朴的风土人情、源远流长的神灵崇拜，以及对祖先的敬爱之情。并且，"哈节"作为京族的特色民族节日，有着巨大的开发前景，是潜在的经济发展动力。

三、京族民族文化生存环境与保护现状

　　集祭祀先祖、团聚娱乐于一体的京族节日因其蕴含着独特的京族民族文化，已成为京族人民宝贵的财富。一年一度举办的哈节在其举办之时还吸引了大量游人前来参加。2008 年 7 月 11 日，在东兴市举行首届京族"哈节"，千余名来自中国与越南两国的游客与当地京族群众一同欢度了这一传统节日。更有来自社会各界的百名书画家联手共同绘制《蓝色梦想》，使得京族的节日文化有了更深层次的提高，有了更广阔的向世人展示其风采的舞台，这对于传承优秀的民族文化精华无疑是一件值得庆幸的事。与此同时，政府也成为推广京族节日文化的主力军。自从 2008 年开始，在政府部门的高度重视下，京族哈节也实现了由原来民间活动到由政府主办的文化节日的华丽转型。2009 年的开幕式吸引了近万名游

客的驻足观赏。随着京族节日文化影响力的不断扩大，其所带来的经济价值也十分丰厚。

广西京族经过五百多年的繁衍生息，创造了本民族灿烂的民族文化。京族文化拥有的群众基础范围较小，一般为京族本地土生土长的族人，他们在日常的生产生活、节日庆典或者是祭祀活动上都能置身浓郁的文化的氛围中，能很好地体验到近在身边的民族文化，他们可以称得上是京族文化最深刻的亲历者，最忠诚的传承者。能接触到广西京族文化的外国人应该属与京族人民同源的越南人居多，部分越南人也会漂洋过海来到广西京族聚居地，感受先祖们创造的神奇文化。相对而言，政府在宣传与推广京族文化的方面仍有提升的空间。政府部门虽也对京族文化做了一定的宣传工作，举办过一定的活动，但是其大多是杂糅在京族其他活动中，并没有成体系的作为一个独立的部分进行推广。因此，广西京族文化更需要政府的大力支持，实现政府主导下的文化整体开发保护。

随着京族地区不断富裕起来，他们也更加注重对民族文化的延续。为了更好地保护与传承京族文化，京族博物馆与京族生态博物馆于 2009 年开馆，同年东兴京族文化研究中心也正式落成，向世人展示着京族浓郁的民族风情与浩瀚的节日文化。京族独特的文化也吸引了不少人对其进行深入的钻研。对京族文化的研究工作可以在专家学者的一些文章、著作中得到体现。京族的民族节日文化虽有许多专家学者们不遗余力地投入到整理与保护工作之中，但是其在传承上面临的挑战也是不可否认的。京族的一些节日文化由于受到汉文化的冲击，呈现出消逝的状态。例如，京族人民过春节初三要向老师拜年的习俗已渐行渐远，繁复的祭祀活动也因为人们发展的需要而使得仪式不断简化，其重要性也在不断减弱。尤其是改革开放以来，京族青年更愿意外出打工，而不是留在家乡细致耐心的琢磨本民族深厚的节日文化，这也让京族的节日文化在经济日益发展的今天流失的更加严重。

第三节　广西回族民族文化的生存状况

一、广西回族概况

回族是我国少数民族中人口较多的民族之一。回族的"回"是沿用伊斯兰教在中国的旧城"回教"中的"回"字，一个"回"字里面有大、小两张"口"，之所以取这个字是要告诫人们要言行一致。因此，有时回族也称"回回民族"。回民族的先祖的主体部分是公元13世纪成吉思汗在试图征服世界的进程中，从波斯、阿拉伯等地以及西域各国被裹挟和征调来的军士。之后他们便在华夏的土地上开始新的生活，慢慢变成了中华民族大家庭中的举足轻重的一员。宁夏回族自治区，在新疆、青海、甘肃、陕西等地是回族人民的聚居区。相对来说，在广西境内的人口不多。根据2021年国家统计局数据可知，广西全区回族人口约为3.1万余人，且主要分布在桂北。回族文化的内在核心是伊斯兰文化，它也是回族文化形成的基础。

二、广西回族民族文化种类及其分布

回族人民在长期的生产生活中，用自己勤劳的双手以及智慧的头脑创造出了丰富多彩的回族文化。现对其代表性的民族文化进行简介。

(一) 建筑

回族的建筑艺术中最值得一提的是清真寺建筑。这种清真寺一般采用的是木结构或者是砖木结构，布局一般为"三堂一院"。其建筑艺术的特点是讲究整体艺术，寺院雕梁画栋、气势宏伟。清真寺的建筑装饰无论是在内容。布置以及色彩的选用上都体现出浓厚的伊斯兰文化与阿拉伯文化的特点，而其技法上主要采用的是汉族传统手艺，可以说回族的清真寺是伊斯兰文化与中国传统建筑文化相融合的结晶。清真寺内严禁出现动物的形象，一般回族人民会在寺院的墙壁上雕刻竹子、梅花、牡丹等图案给人以庄重、清肃的美感，或者是用卷云、藤叶等烘托出一段经文，在浓郁的宗教氛围中时刻帮助人们理解教义。回族人民在对清真寺的装饰色彩上沿袭了伊斯兰文化中崇尚白色和绿色的特点，使寺庙的格调淡雅清幽。在一些较大的清真寺中，为了不让寺庙显得过于庙堂化还会有鱼池、假山、回廊等进行点缀，增加些松快的气氛。

(二) 剪纸

回族有着高超的剪纸艺术，堪称回族民间艺术之花。在回族民间有首"花儿"唱道：白云山上雾绕呢，灵芝草有心人找呢，惟尕妹子手巧呢，万样子花随心者铰呢。在回族妇女们尤其擅长。她们一般从小就开始与剪子与花纸打交道，一直剪到七八十岁。茶余饭后便可以见到心灵手巧的回族妇女在认真剪纸的情景。只要一把剪刀，几张彩纸，回族妇女就可以剪出精美绝伦的作品。剪纸中还蕴含了人们独特的审美情趣，她们常剪"五谷丰登""年年有余""欢乐农家"等作品，用寄托她们向往美好生活的质朴情感。等到了回族的传统节日、举行婚礼、满月庆典等时期，还可以看见回族人民相互馈赠剪纸作品，以表达自己的真挚情感。

(三)刺绣艺术

在回族聚居区，特别是山区，可以看到伊斯兰文化艺术影响的回族刺绣艺术。回族的姑娘们常常三五成群的围坐在一起，用手中的飞针走线以及自己巧妙的构思表达对回族刺绣艺术的热爱。每位回族姑娘一般都有一个小小的包袱，里面装满了她们平日里收集的针线，只要一有空她们就开始相互学习，相互切磋刺绣技艺。其中花草图案与几何图形使她们的拿手好戏。在回族人家中的枕头、坎肩、围裙上都可以看见她们绣的娇嫩的花瓣、碧绿的叶儿、含苞待放的花骨朵，栩栩如生，煞是好看。

(四)节日文化

1. 开斋节

开斋节也称肉孜节，在信仰伊斯兰教的民族中较为流行，广西回族便是其中之一。开斋之前向有封斋的活动。相传封斋是源于伊斯兰教先知穆罕默德在其40岁那年，真神阿拉把珍贵的《古兰经》启示给他，为了对此便表示纪念，就在每年伊斯兰教的九月里封斋一个月。同时，"斋"也被认为是伊斯兰教徒必修的功课之一。除了老弱残孕者等特殊情况之外，教徒们都要斋戒一个月。在斋月里，日出到日落之前都是不能进食的，连喝水也是不被允许的，所有的进食要等到晚上才能进行，其主要的目的就是要教徒体会到饥饿、口渴的痛苦，进而激发对穷困人民的怜悯之情，让富人接济穷人，养成回族穆斯林群众坚忍、刚强、廉洁的美德。斋戒期满，就是回族一年一度最隆重的节日之——开斋节，开斋节为期三天。开斋节前一天，各家各户就准备了丰富的食物。节日的早上人们会打扫房舍，沐浴更衣，在全家人进行祈祷之后进开斋饭，然后集体前往清真寺礼拜。节日中，家家户户炸馓子、油香等富有民族风味的传统食品，互送亲友邻居，送上节日的问候。开斋节作为回族的传统节日，其有利于规范群体的行为，激发人民真、善、美的良好品德，形成良好的生活环境，对维护社会体系的正常运转发挥着重要作用。

2. 古尔邦节

"古尔邦"用阿拉伯语中译为"尔德·古尔邦"，也就是"牺牲""献身"的意思，所以也被称为"宰牲节""忠孝节"。它的来历跟一个故事有关。相传人类中有一位叫易卜拉欣的先知，他受了安拉的启示，安拉为了考验他的信仰，要求他杀掉自己的孩子用来祭祀。易卜拉欣始终不忍心下手，并叫儿子快走。但是，他的儿子却说，世上万物只有真主才是他们真正的主人，自己也不例外，他愿意听从召唤。说着便卧倒，等待死亡的来临。正当易卜拉欣伤心欲绝地把刀架在儿子的脖子上的时候，安拉用一只黑羚羊代替了刀下的孩子。当易卜拉欣拿刀砍下去的时候，羊便倒地死了。人们从故事中感受到了孩子对父母的孝顺以及他们对主的高度忠诚，为了纪念这种高度的精神，回族便有了古尔邦节。节日中，要举行隆重的宰牲典礼，要宰杀健全完好且符合年龄要求的牲畜，如牛、羊等。所得的肉除了留一份自己使用之外，还要分给邻居亲朋，阶级贫苦，施舍给穷人。因而，"古尔邦节"更多的是承载着回族人民对宗教的高度信仰、对良好品德的崇尚以及对兼济天下品格的追求。

三、回族文化生存环境与保护现状

随着当今文化多元化的进程不断加快，让世界各民族文化有了自我展示的舞台之外，带来的还有各种文化的融合与冲突。对广西的回族文化来说，它也正处于这个复杂的环境之中。回族文化长久以来便是不同民族文化交融的产物，因而其具有更开放的文化姿态，具有更加海纳百川的文化精神。广西回族青年在接受外来文化的熏陶之后，将外来民族的优秀文化引入传统回族文化之中，为其注入新的活力，使其更加适应现代生活的需求，更符合人们的价值标准，能更好地得到传承。

广西回族的民族文化与其宗教信仰是息息相关的。由于大多回族人民都信仰伊斯兰教，并且他们在伊斯兰文化的熏陶之下，对真主有着高度的忠诚，而其具有代表性的民族节日的来源多与真神的教义有关，所以可以说在宗教以及真主的光环之下，人们对民族文化的保护是不遗余力的。民族节日中蕴含的文化、需要遵循的礼仪、所要推崇的真理都成为回族人民细致保护的对象。但是，作为回族文化的产业化程度不容乐观。回族文化产业基础薄弱，缺乏专业复合型的人才，生产经营仍较为传统、粗放，在市场上缺乏竞争力，因而回族节日文化在经济发展的大潮中面临着诸多挑战，要进一步的开发其经济价值，对经济发展贡献更大的力量仍需要进行周密的规划。

并且，回族主要分布在宁夏或其他西北地区，在广西回族的人口是较少的。较少的人口往往意味着并不是十分发达的民族文化，作为其分支的节日文化更是如此。与有着较多人口分布的其他地区相比，广西回族的文化大多比较古老，与最初回民族文化的形态相比并没有过多的演进与革新。因此，其特色并不突出，并没有成为许多专家学者争相研究的对象，而专门对其进行整理的资料也是十分有限。但是，值得庆幸的是，广西的回族人民对本民族文化较为珍视，其文化在世代回族人中保存完好，少有流失、侵权等现象发生。

第四节　广西毛南族民族文化生存状况

一、广西毛南族概况

毛南族是我国 56 个民族中人较少的民族，也是广西的土著民族。毛南族人民自称"阿南"或者"毛南"，是"当地人"的意思。毛南族是岭南百越支系发展而来，其历史悠久，唐以前的僚，宋元明的伶，都是他们的祖先。关于毛南族的记载最早见于宋人周非写的《岭外代答》一书，称为"茆滩"，在史籍中还出现过"茅难""冒南""毛难"等名称。1986 年国务院批准改"毛难族"为"毛南族"。毛南人操毛南语，属汉藏语系壮侗语族侗水语支，兼通壮语和汉语，使用汉文。① 毛南族在中国云贵高原的茅南山、九万大山、凤凰山和大石山一带有所分布，在广西

---

① 熊坤新：《桂西环江之子——毛南族》，载《神州学人》2003 年第 4 期。

境内主要分布在素有"毛南之乡"美称的环江县的上南、中南、下南一带山区，另外在河池、南丹、宜山、都安等县市也有少量分布。2010年第六次全国人口普查时，毛南族人口共有10.72万人，其中广西环江毛南族自治县的人口占毛南族总人口的60%。

二、广西毛南族文化种类与分布

(一)建筑

数千年的悠久历史，造就了毛南族独特的民族文化。毛南族人民对于居所较为重视，把它看成安身立命的重要支撑，就算穿戴上差一点也要盖房建屋。因此，在毛南族人民聚居地很少见到茅草房，更多的是以石为基，以泥砌墙，以瓦盖顶的"干栏"。干栏的房基是整齐的石块，楼内的台阶也是石条，甚至连门槛、晒台、牛栏、猪栏、桌子、凳子、水缸、水盆都是石料垒砌或雕凿的。巧手的毛南族人还会在这些石制品上雕刻上花鸟虫鱼、飞禽走兽等精美图案，在保证实用性的同时也更添美感，让人目不暇接，美不胜收。干栏一般分为两层，上下层各有功用，合理利用。上层建有阳台，采光良好，用以住人，下层用以关养牲畜和堆放杂物。此种房屋的主要特点是坚固美观，富有气势，能满足了毛南族人民对居所的向往。

(二)毛南民歌

毛南族民歌内容丰富，形式别具一格。唱歌是毛南族人最喜爱的文娱活动，人们常常触景生情，用自编的歌谣来表达内心丰富的情感。毛南族民歌有多种形式和体裁，"比""欢"和"排见"三种最为常见。男女青年在室外对唱一句七字，一首八句称为"比"，又因为句尾有"罗海"的尾音又叫"罗海"歌。在节日庆典或者婚姻嫁娶等好日子里唱的是五字一句、八句一首的祝贺歌，称之为"欢"。由一人独唱用以讲述历史故事以及民族源流的歌曲叫做"排见"，为七字为一句，四句为一首的格式。《好妹妹像残月落西了》唱道："杯子乒的碎了，美酒斟在哪里呀！剪刀咔的崩了，好布哪样（怎样）裁呀！米完了就别买锅了，马死了就别买鞍了。好妹妹像残月落西了，太阳出来天也空了。"这首毛南族民歌表达的是男女之间美妙的爱情，它连用比兴的手法表达的是男子恋爱时阴郁苦闷的心情。

(三)木面舞

木面舞是毛南族最具特色的民族舞蹈，其原本是一种傩舞，是在民间祭祀乐器的基础上发展而来的，主要有两大部分大的内容，一是向神灵祈求来年风调雨顺，健康安乐的程式性舞和穿针舞，讲究的是舞蹈的程序性仪式性；二是为了展现毛南族人民耕作时的风采以及人们劳作时的欢乐情绪的形象舞和情绪舞，大多动作夸张，以模仿为主。

在进行木面舞表演的时候，还可以看到特色鲜明、传神灵动的还有木面舞道具。它是毛南族人民根据他们心中 36 位神灵的性格特征而雕刻出来的，因而有的瞠目而视、有的嬉笑怒骂，有的鬼灵精怪，有的慈眉善目、有的温文尔雅，再配上五彩的颜料，一个个神灵人物便粉墨登场，好不让人着迷。例如，毛南族傩戏《三娘配土地》里的美女主人公三娘，顾盼生姿。有趣的挑夫面具，夸张的面部表情仿佛在诉说着山路迢迢，艰险难走。相传拾金不昧、乐于助人的瑶王被刻画成最平易近人、和蔼可亲的形象，好像光从他的质朴的外表上就可以看到他高尚圣洁的内心。万岁娘娘也叫圣母娘娘，在毛南族人眼中她非是高高在上的女皇，而是主管生育大事的神仙，因而面具中的她眼角含笑，流露出无尽的温情。

(四)服饰文化

毛南族人民的服饰是本民族服饰文化的结晶。勤劳的毛南族人民基本上家家都有木纱车和织布机，并且地里还种有蓝靛草和棉花。一到农闲时间，妇女们就会把摘下来的棉花自纺自织，做成土布，并给土布染色，制作成各色各样的花布。毛南族人民的服饰穿戴多出于自己之手，因而毛南族姑娘很小就要学习纺线织布的技艺。在毛南族人心中，织布制衣的技能是衡量姑娘们聪明才智的重要标准，织布技术越高超、织布的效率越高的姑娘就越能获得人们的称赞。根据性别、年龄、用途等的不同，毛南族人民对服饰也有不同的分类。通常分为外衣，毛南语称"骨勤班"、女衣称作"骨勒别"，青年服装称为"骨勒作"，儿童服装也叫"骨勒洁"，老人服装称为"骨勒老"。根据季节以及服饰用法的不同，对服饰有不同的叫法。冬天穿的衣服是"骨年香"、夏天穿着"骨年突"，要是去亲朋好友家拜访或是遇上重大的节庆日子就要穿"骨拜板"，下地劳作是就穿"骨费工"等。毛南族人忌穿白色，只有孝服才能是白色的，其余的服饰都必须经过染色才能穿。并且，毛南族人民忌穿白色衣服串门，身穿白色孝服的男女要进别人家串门时需要脱去白衣方可进入，不然会被认为可能会招致不好东西。除此之外，毛南族人民对自己的衣服，特别是贴身的衣物特别珍视，称为"本身"，在汉语里是"灵魂"的意思，怕衣物乱丢，别人捡了"灵魂"带来灾难。并且在毛南族，服饰的功用远不止遮羞御寒那么简单，它向世人展示的是毛南族人民长期以来智慧的结晶，展示的是毛南族人民热爱劳动，热爱生活的民族风情。

（五）毛南族手工艺——花竹帽

花竹帽用毛南族的语言来说是"顶卡花"，主要分布在广西环江毛南族自治县，是该区毛南族最重要的手工艺品。刚开始，花竹帽是用来遮风挡雨的，尤其是在农忙时，毛南族人便会戴着它去干农活，到后来，花竹帽便成为了男女定情之物，一般都是由男子编织花竹帽，送给心仪女子，也使之成为订婚必不可少之物。到现在花竹帽已经成为毛南族的族宝了。

（六）毛南族节日——分龙节

分龙节是广西环江毛南族的重要节日，是祈祷丰收的节日，一般在夏至后的第一个龙日前后举行，维持两三日。毛南族人认为夏至日后的第一个辰日是水和龙唯一分开的日在，在这个日子祈祷会使来年风调雨顺，因此被称为"分龙节"，又是因为其举办地往往都是在庙前，也被称为"庙节"。在那天，所有的毛南族人都会盛装出席，同时会吸引不少其他民族的人，场面甚是壮观。

三、毛南族文化的生存环境与保护现状

毛南族的民族文化独特而又多姿多彩，其文化的传承主要是靠长辈对晚辈的口口相传。由于毛南族人民是民族服饰文化的创造者、所有者和传承者，人们珍视这祖祖辈辈流传下来的宝贵文化。并且，毛南族人民将在合适的场合穿着恰当

的服饰视为是头等重要的大事，如果服饰穿着恰如其分，会被视为是懂礼仪，守秩序的人而受到人们的认可。在毛南族内部服饰文化有着良好的群众基础，人们重视在服饰中的礼仪规范，一丝不苟。广西毛南族聚居地政府也正想方设法地通过举办专题展览，进行大力宣传等有效手段对多彩的毛南族文化进行推广，各有关部门都依据职责通力合作，相互配合。

目前，针对毛南族文化进行专门保护的立法保护措施还有待细化。与其他民族文化相比，有关毛南族文化研究的专著较少，研究资料并不十分丰富，文化的整理与研究工作还有待加强。并且，随着经济的不断发展，毛南族文化也受到了猛烈的冲击。一方面是由于毛南族在与外界的不断接触下，对其文化的开发建设也越来越深入，随之而来的是有部分人为了追求眼前片面的经济利益往往不惜以牺牲其原本的文化为代价，为了迎合大众需求而在其文化中掺入一些与毛南族文化毫不相干，甚至完全背道而驰的东西，在市场需求前景广阔的幻象下带来的是对民族文化的重度破坏，对民族情感的深深伤害。另一方面，日益丰富的现代生活深深吸引着新一代土生土长的毛南族青年，青年们在新鲜文化的吸引下掀起模仿与追求之风，而对本民族文化的关注度日趋减少甚至出现了置之不理的状况。这就使得原本就依靠口口相传这一脆弱传承方式的文化难以找到有力的接班人了，使民族文化的传承也面临窘境，有走向消亡的可能。

为了保护濒临失传的毛南族文化，政府每年都会拨款用于民族文化资料整理、调查和继承，同时给予文化艺人培训的资金支持。2011 年，毛南族花竹帽的编织工艺被列为第三批国家非物质文化遗产。此外，政府每年都会举办分龙节，也使得在该节在区内小有名气，而且还获得广西民族文化十大节庆和最具民族特色节庆奖。毛南族的每家每户都会在分龙节的第三天举行家祭，同时在庙祭时，积极去到庙前集合。

第五节　广西水族民族文化的生存状况

一、广西水族概况

广西水族主要从贵州的三合、荔波、独山等县迁入在广西的西部，由于外迁

113

而来的水族人口的迁移时间不同且迁移地不同，呈散居的形式分布在一些其他少数民族的村寨中，较多的水族人民居住在南丹县和大苗山。

虽然水族是从外迁到广西，但是仍与广西的其他民族相处融洽。虽然早期广西一些民族也有排斥水族，不与水族通婚的情况，但是随着中华人民共和国的成立，民族间的关系也越来越亲密，水族和其他民族慢慢开始磨合，在婚姻方面也有与其他民族通婚的情况。在生产劳动方面就可以看出水族与其他民族相处甚好。他们所使用的生产工具与广西壮、汉族的相同，也有向壮、汉族学习制作农具的技术，当然学习是相互的，当壮族人民发现水族在农忙时期以换工来解决劳动力不足的情况且效率高，便开始向水族学习。

二、广西水族民族文化类型与分布

水族是个有文化底蕴的民族，他们拥有着属于本民族的语言和文字，水族的文字是祖先创造传承下来，被水族人民成为"水书"，该种文字的形状跟甲骨文和金文很相似，却只有八百多个单字（现仅存四百多字），有着悠久的历史，但是仍有大部分的水族人民不认识，现在水族多用的还是汉字，水书只是出现在巫术活动中。即使是这样水书仍是水族的精神支柱，记载着这个民族几千年的历史，也蕴含了水族宗教信仰、天文历法、文学艺术等重要内容，是水族的珍贵典籍，同时也是中华古文化重要的组成部分，具有重要的价值。

水族是个能歌善舞的民族。水族的民歌具有其独特的民族风格，演奏形式也多种多样，有双人演唱、单人演唱等，按内容分有婚嫁、丧葬、日常生活等。在水族铜鼓和大皮鼓最为流行，铜鼓多用于两人共同演奏。水族人主要跳的舞蹈有铜鼓舞、芦笙舞、豆角舞等，都是伴随着乐器演奏起舞但是不同的是铜鼓舞是偶数男子集体表演的，芦笙舞则多是三男六女一起跳的，斗角舞多是水族人斗牛的场面，是具有季节性的表演，三种舞蹈都是在祭祀、节庆和丧葬的场合。

水族与苗族一样，都是个手艺精湛的民族，其民间工艺品数不胜数，有剪纸、刺绣、银饰加工、染织等，其中雕刻、刺绣、染织最为有名。刺绣中最为常见的是马尾绣，水族有着养马的习惯，因此马尾绣也由此产生。在马尾绣上不难发现一些形状像古代钱币的铜饰，这是水族人民为了辟邪而特意为之。水族人民雕刻的物品栩栩如生，有的是木雕有的是石雕，不过多数是雕刻在门窗上的，图案多为龙凤和花鸟。

水族民居能直接突出水族的民族特色，是水族民俗文化的反映。风水观念对水族的民居存在着一定的影响，在选地基、房屋朝向等方面都能体现。在水族完成搭建主要的架构后，就会举行立房仪式，是水族人民对美好生活的追求的精神寄托活动。水族人民有着自己的水历，汉族过的春节就相当于水族的"端节"，到"端节"的那天，无论水族的男女老少都会去"逛端坡"，还会参加些有趣的活动，但是在"端节"中儿童扮演着最热闹、最具特殊意义的角色，他们的热闹意味着吉祥与欢笑，所以每家每户都很欢迎儿童的到来，除此之外，水族也有属于自己本族的儿童节，这也不难看出在水族对儿童的重视，儿童在水族节日文化中的重要位置，也体现了水族对文化传承以及生殖繁衍的重视。水族的节日中少不了些感恩神灵、娱乐自己的活动，在表达对祖先和神灵感激的同时又表达了对美好生活的祈祷和追求，是水族文化中不可缺少的重要部分。

三、水族文化的生存环境与保护现状

政府为了能让水族文化得到广泛传承，正在努力加大宣传，提高其知名度。政府通过网络平台介绍了水族文化，这使得更多的人可以了解到水族的文化。水族人民也很重视自己族内的传统文化，每逢端节或卯节等重要的节日，都会盛装出席，参加村寨组织的节日活动，在参与节日活动的同时又能展示水族靓丽的服饰。政府也会在广西壮族自治区人民政府网站上介绍水族的节日，同时广西新闻网每逢水族端节都会有对该节日的报道。但是，在广西水族的端节节庆越来越找不到隆重的场面了，首先是因为每家每户多数人外出打工使得过节的时候颇显冷清，其次是多数水族人家已经没有了古老的铜鼓，使得本来铜鼓声响彻天际的端节几乎听不到铜鼓声。为了保护广西水族文化，不少学者对广西水族的文化进行整理，政府也在水族村寨——朱砂屯，安排了专门人员，对水族村寨的事务进行管理，在更接近水族人的情况下，对其的文化和其他传统文化进行记录并整理，以更好地保留。《广西壮族自治区民族民间传统文化保护条例》也有对传统节日进行保护，使少数民族可以更好地保留民族特色。

第六节　广西彝族民族文化的生存状况

一、广西彝族概况

彝族是中国最古老的少数民族之一，主要分布在云南、广西西部等地区，尤其是云南人数最多。广西彝族多数居住在隆林各族自治县的德峨、克长、者浪、岩茶4个乡的10多个村以及那坡县，少数居住在西林、田林县内。居住在隆林各族自治县和西林县内的彝族属于黑彝，而居住在那坡县的则大部分白彝，少部分是红彝。

二、广西彝族文化种类与分布

(一) 舞蹈

彝族是个热爱舞蹈的民族，铜鼓舞也是彝族人家最喜爱的舞蹈。无论男女老少只要听到铜鼓声，都会随着鼓点起舞，虽然可能舞姿不尽相同，但是都是一样的优美。除了铜鼓舞，彝族人也会随着葫芦笙的演奏声起舞，葫芦笙有十二个调式，不同的调式会有不同的舞姿，同时也会在不同的场合演奏。广西彝族特色的乐器是彝胡，类似于二胡，但是胡筒比二胡的胡筒大，往往都是单独演奏，但是偶尔也会配着葫芦笙一起演奏。除了歌舞的娱乐文化以后，彝族还有"打磨秋"这种体育文化，这类活动可以增强腰、臂等力量以及增强平衡感，同时可以培养彝族人坚韧的性格和毅力。彝族也是个与时俱进的民族，也流行起了属于彝族人自己的健身操，一般都是中老年人在较空旷的地方一起跳着。

(二) 服饰

虽然都是广西的彝族，但是服饰方面仍随着地区的不同有所差异。隆林彝族的服装的颜色较黑，男子是对襟上衣搭配唐装裤，戴着包头巾女子的上衣是黑色或蓝色右衽滚边宽长上衣，下身则穿上窄下宽的简裙或者是唐装裤，戴着黑色包头巾。那坡县内有白彝和红彝，所以县内的男子服饰也有所不同而且年龄不同的男子穿的衣服也不尽相同。老年男士的上衣是深蓝靛色右开襟上衣，下装是黑色及膝宽脚裤，头上则是黑色布帕缠成圆形；中青年的上身是穿白色直右襟的长袖搭配黑色短袖衫，下装是黑色宽脚裤，腰上则系着白腰带，头上是先用黑白格子包头布再将黑布绕着额头缠上几圈；少年则是穿得比较干净，清爽，上衣往往都是白色右直襟，襟边绣花的，有的是不包头，有的则是学中青年的包头方式。等到过年过节，广西那坡彝族的男子多数喜欢穿上十六袋衣即衣服先后有十六个口袋，现在看到的多数是十二个口袋的。

(三) 节日

彝族有着属于自己民族特殊的节日文化，但不同地区过的节日可能就不尽相同，广西彝族的特色节日有护林节、跳公节和火把节，在这些节日里往往都是非常热闹的。热情的彝族人在过节的时候肯定少不了歌舞表演，这些节日也不例外。当然除了歌舞还是有其他活动，如广西隆林的彝族人在火把节的时候会组织给布谷鸟送饭等。

1. 护林节

护林节又被隆林及那坡县的部分地区的彝族人称为"忌欢节"，一般是在农历三月初三时过节，但那坡部分地区则不相同，他们是选农历五月十六日这天来过忌欢。古语云"靠山吃山，靠水吃水。"这使得彝族人特别爱护花草树木，在他们看来树木也是有灵气的，因此在这个节日会为花草树木的灵魂举行祭典，以此祈祷它们茁壮成长。

彝族会在山上的一定位置，立一块写有"山林之位"的石头，当护林节那天到来时，早上会选个空旷的位置，当着全寨人的面杀猪，然后每家派一人领取。中午的时候，就会由一名年长者带领一位青年拿着猪肉、鸡、酒和鞭炮等去到石头前，当青年燃放鞭炮后，村里便会陆续响起鞭炮声，鞭炮声尽，老人便会把酒洒向地上，以此希望草木茁壮成长。当然也有些地方的节日内容有所不同，如那坡县的彝族在节日那天，会有小伙扮演猎人和猎物，玩"打猎"游戏，也是从这个日子开始，彝族人就会把铜鼓、胡芦笙等乐器封藏起来，等到十月初十的时候再开始使用。

2. 火把节

火把节在彝族这个古老的民族中是历史最久的重要节日，这个节日又被称为"东方狂欢节"，一般在六月二十日左右举行，但是地区不同，所以过节的时间也不尽相同。在广西只有在隆林各族自治县、西林县内的彝族人民过这个节日，具有代表性的是隆林的火把节，一般都是在农历六月二十四日举行，隆林彝族的火把节在隆林德娥乡举行，因此那天的德娥会有不少的游客无比热闹。

三、彝族文化的生存环境与保护现状

广西政府对彝族文化方面也做出了一些努力。例如，广西西林县政府为了保护当地的彝族文化，在彝族同胞庆祝火把节等传统节庆时，给予了大力的支持，使彝族能和其他民族更好的交流。除此之外，西林县政府也努力抓住每一个机会，每逢遇到自治县待遇的庆祝活动、句町文化艺术节等重要的时机时，都会在节庆期间看到彝族展示活动。广西西林县政府了能较好地保护彝族文化，大力支持了彝族节日的开办，通过节日平台促使彝族举行传统活动，并给予资金支持。除了政府的保护外还有广西彝学学会等，对彝族节日及传统活动进行调查，收集各方面的资料，在政府的大力支持和广西博物馆的保护下，还创办了彝族民间文化管理科。广西西林县民族局组织人员对彝族的文化进行收集整理并载入县志，使得彝族传统文化得到了重视。随着信息时代的发展，广西政府也借着互联网对彝族的文化进行了介绍，同时也介绍了广西彝族的节日，以及彝族的风土人情。西林县政协为更好地保护彝族文化，也曾深入到彝族地区，了解彝族节日文化，并通过拍摄西林的宣传片推广西林的旅游业，从而以旅游业带动节日文化的传播。在每年的火把节开始前，彝族青年都会借用互联网，进行发帖，表示火把节的开始时间以及附带着历年火把节的照片，并欢迎广大游客来观看参加彝族火把节。

第七节　广西仡佬族民族文化生存状况

一、广西仡佬族概况

仡佬族是个古老的民族，也是越南的少数民族之一，其大部分居住在贵州，

少数以杂居形式分布着，广西的仡佬族在广西各个少数民族中人口最少的民族，主要居住在隆林各族自治县的一些乡里，在西林县也有零星的仡佬族人居住着。广西的仡佬族人要么是因为逃荒要么是因为战争从而从贵州迁移过来，现在广西的仡佬族可分为两个支系，一个支系自称为"牙克"，另一个支系自称"图里"，除了本民族的自称外，其他不同民族对仡佬族的称呼也有所不同，比如仡佬族被苗族人称为"凯"，被壮族人称为"孟"等。

二、广西仡佬族文化种类与分布

仡佬族是个拥有属于自己本民族语言的民族，但是因为呈散居的形式，且与其他民族的交往，所以许多仡佬族人还会说其他民族的语言，如苗语、汉语等，这也使得现在能真正说仡佬语的人少之又少。

豪爽的仡佬族人极其喜爱山歌，无论男女老少，无论是在劳动还是收工后，都会唱着歌，因此也有人这样形容"有劳动就有歌声。"仡佬族演唱的山歌的内容和类型多种多样，但最常唱的还是情歌。当然，爱歌的民族肯定少不了民族乐器，在仡佬族最常见的乐器很多，如琵琶、二胡等，但无论男女老少最熟悉的还是要属箫和笛，最有特色的是仡佬族人都会吹木叶，使之也成为仡佬族的"乐器"。仡佬族的人吹的最多的曲调是"招柳"和"南山北"，有时候是一种乐器单独演奏，有时候是笛子、月琴和吹木叶一起演奏，曲声动听，不仅是仡佬族人民的最爱，还吸引着壮族人民。

仡佬族是个有着许多精彩的民间故事和美丽的传说的民族，如"辣椒的来源""太阳为什么那么刺眼"等。仡佬族的每个故事和传说都有着深层含义，并不是字面上看上去那么简单，就拿"兄弟俩"来说，故事是的结尾是哥哥因为一个"贪"字而悲惨的被终结生命，在揭露为了钱六亲不认的旧社会的真正面貌的同时，也有着对贪心者的嘲讽，引人深思。仡佬族是个多才多艺的民族，除了唱歌还有舞蹈，最具特色的舞蹈是牛筋舞，该舞蹈往往是老人病愈后，家人们为表庆祝由大女婿"领舞"的，以牛筋舞祈祷老人长寿。仡佬族也是个热爱运动的民族，最具特色的要数"打秋千"。

仡佬族像彝族一样，认为花草树木是有灵魂的，因而他们是崇拜的大树神和土地神，这也使得在仡佬族所生活的地区几乎没有寺庙。在丧葬文化上，仡佬族一般办丧事都是选择日期而不是在意地方，如若没有好日期，那么就会放在家中，直到等到好日子。

"吃新节"是广西仡佬族流传至今的一个古老节日，往往这个节日是在夏收前后举行，因为地域的不同，过该节的时间也不同，广西德娥的磨基乡的仡佬族的"吃新节"，一般都在农历八月十五举办，算是举办的较迟了，早的一般是在农历七月。广西仡佬族吃新节具有本民族的特色。等到吃新节那天，广西仡佬族人都会采摘最新鲜的农作物，将其与肉类混合煮熟，在祭拜过祖先后，人们才可以开始吃新米。磨基仡佬族人过吃新节的形式也有所不同，他们是将酒肉和新米拿到田头去祭拜，然后去摘最大最长的稻谷和小米，放到家里的灶上，这样之后就可以开始吃新米了。

三、仡佬族文化的生存环境与保护现状

广西政府在保护仡佬族节日文化方面不断努力着。隆林各族自治县政府每年都会举办吃新节，在这天广西各地的仡佬族都会聚集到隆林，一起过该节，在过节期间还有仡佬族民间文化展，从而通过这种方式记录仡佬族节日活动。每逢仡佬族的传统节日，仡佬族的各家各户都不会忘却，也都会热闹地过着节日，有时更是会邀请其他族的客人来跟他们一起欢度节日。在政府举办吃新节时，仡佬族人也积极响应，不少人运用互联网进行吃新节活动传播，使得更多人对广西仡佬族吃新节的重视。同时，隆林政府设立了专门的部门，对民间文化的保护，同时积极和当地的仡佬族的族长联系，了解仡佬族的节日的具体情况，同时在举办节日上给予资金的支持。此外，为了能更好地保护少数民族的传统体育，广西出台了《广西壮族自治区少数民族传统体育保护规划》，而打秋千作为仡佬族的传统体育也被纳入保护行列。同时，广西百色市则是通过建立少数民族传统体育研究和传承保护基地对传统体育进行保护。

第八节　广西仫佬族民族文化生存状况

一、广西仫佬族概况

仫佬族是中国一个人口相对较少的山地少数民族，也是广西的土著民族，据

2012 年全国第六次全国人口普查来看共有人口 21.6 万人，多数仫佬族居住在广西罗城仫佬族自治县境内，"伶""谨"是仫佬族的自我称谓，"布谨"是壮族人民对他们的称谓，汉族称之为"姆佬"。"仫佬"一词在汉语中可以释义为"妈妈"的意思。仫佬族最早可追溯到"僚人"，《天河县志》《大清一统志》中记载道："伶人又名僚，俗名姆佬。"仫佬族拥有很长的历史，但仫佬族一直以来并未被当成一个民族看待，直到 1953 年民族识别后，仫佬族才真正地成为中华民族被人们认可的中的一员。

二、广西仫佬族民族文化种类与分布

(一)建筑

仫佬族大多住在平底或者斜坡上，主建筑都是由木料做成，墙由泥砖砌成，屋顶上盖有瓦片，多为平房，下设地台，并且由火砖砌基。屋内有楼一层，但是并非用于住人而是当作库房，多用于储藏粮食，人一般居住在地面。民居中最有特点是用地炉取暖做饭。地炉是仫佬人家特有的生活设备。《炎徼纪闻》中对仫佬人家的地炉就有介绍。地炉一般建在堂屋内大门两侧或者是厨房之中。如今是在地上挖出一个坑，在坑中砌好炉子，在炉子的边上放上一只大水坛，坛子口语地炉都略高于地面，可以避免污水流入。地炉一般全天不熄火，人们除了可以在地炉做饭之外，到冬天，地炉还能源源不断地提供热水，产生热气，帮助人们取暖驱寒，烘干衣物。

(二)服饰

仫佬族在服饰上有自己的特殊喜好，据《广西通志》记载："宜山姆姥即僚人，服色尚青……"说的便是仫佬族人民喜爱穿青色的服饰，人们视蓝靛染成的土布为珍贵的布料。在过去，勤劳仫佬族人自己种植棉花，负责棉花采摘，织成布料、染色、缝制衣衫等。仫佬族男子因年龄的不同在服饰上也有不同表现。一般的仫佬族男子穿无领上衣、下着长裤，若该男子年龄稍长年，则穿琵琶襟上衣，长裤。青壮年多戴西瓜皮碗帽或者在头上扎青布头巾，小孩一般戴前沿装饰有小铃铛的"花帽"，活泼有趣。仫佬族妇女一般都穿大襟短上衣，宽身阔袖，下着绣花筒裙或是长裤。老年妇女腰间系着青色的围裙,系带是精美的几何图案。用抽纱拧线编成网状花纹作为裙子的边沿,显得美观大方。妇女们有时还会穿上自己亲手制作的鞋子,上面一般绣有花卉、虫鱼等纹样,栩栩如生,是最能体现仫佬族妇女手艺的物件。

(三)节日文化

1. 依饭节

依饭节是仫佬族特有的节日。因在仫佬语中,"依饭"既有"祭祀先祖"的意思,也有"感恩、庆祝丰收"的含义。过依饭节就是祭祖、祭神、庆祝丰收还有保佑人畜平安的意思。按照传统习俗,仫佬族对"依饭节"是每年一小庆,三年一大庆,一般在每年立冬过后才过这个节日,它在广西北部罗城四把、东门一带尤为盛行,是当地仫佬族人民隆重的节日之一。关于"依饭节"的历史可以追溯到清代。据清代同治年间四把镇新村谢姓立的《谢氏祖碑记》所述,"……远祖颜政,于明朝自闽中播越北部,适基立郊之杨(阳),名曰谢村……创业立籍,顶戴梁吴二帝积尝田,每岁清明以奉祭祀,前辈议定章程,逢丑、辰、未之年,立冬二日末,大会朝武依饭,无论远近公族,莫不赴会焉"。由此推测"依饭节"在仫佬族中的历史至少也有五百多年。这种节日活动对于质朴的仫佬族人民来说是表达渴求平安健康、生活幸福单纯愿望的一种途径,体现的是仫佬族人民朴实的情感。并且,节日中所包含的教育意义,对于仫佬族人民形成较为统一的价值观,形成良好的道德风尚具有重大意义。

2. 走坡节

走坡节是仫佬族男女青年对歌交友的传统节日。"走坡节"是指在绿树成荫的山坡上进行活动,而不是不在龙潭边的平坝上活动,由于在此节日中仫佬族男女青年会以歌会友,寻找终身伴侣,因而该节日也被称为"后生节"。走坡节在广西罗城、柳州等仫佬族聚居地比较盛行。走坡节一般在春、秋的农闲时节进行,其主要特点为以歌结友、对歌传情、歌中定姻缘。走坡活动古有惯例,因而在节日到来时无须张贴布告通知各村寨,人民便心知肚明。节日期间,仫佬族的男女青年会着盛装出席,姑娘们打扮得花枝招展,惹人怜爱,小伙子们个个精神抖擞,容光焕发。在坡场上人们就开始以歌问答、以歌会友。

走坡之时，坡场上人山人海，有来交友的男女青年，也有来看热闹的周边群众，场面积极壮观。节日时在潺潺的溪水旁，在浓浓的绿荫下都可以看见男女青年唱歌聊天的情景，更有优美动人的歌声响彻山谷，细腻含蓄的情意缠绵悱恻。很讲究礼貌，真诚相待是仫佬族人走坡唱歌之时十分注重的，这种精神风貌对促进仫佬族社会关系的稳定，民族文化得到稳定的传承有着深远的意义。

三、仫佬族民族文化的生存环境与保护现状

如今，文化成为各国软实力竞争中重要的一环。民族文化受到了各界高度关注。在仫佬族大量聚居的广西，对仫佬族的民族文化的保护工作正在有序地进行中。以仫佬族文化底蕴深厚的罗城为例，罗城开展民族文化保护工作一直遵循"保护为主、抢救第一、合理利用、传承发展"的方针，使得仫佬族的文化得到了更为全面的保护。在罗城相关政府部门的努力下广西壮族自治区人民政府日前下发的《关于公布第四批自治区级非物质文化遗产代表性项目名录的通知》(桂政发〔2012〕48号)中将罗城自治县申报的《仫佬族婚俗》等3个项目选入自治区第四批非物质文化遗产代表性项目名录，实现了在更好的传承仫佬族婚俗文化上新的跨越。

对仫佬族来说，在保护民族文化的潮流中如何更好地对本民族文化进行切实保护，如何更好地让民族文化在传承中继续发扬光大是一项极富挑战性的工作。2006年，作为仫佬族传统节日之一的依饭节被列入首批国家级非物质文化遗产名录，2007年，在群众的呼声中，仫佬族依饭节、走坡节等七项也成功被列入河池市首批非物质文化遗产名录。罗城地区以仫佬族节日文化为平台，大力弘扬民族文化，通过推出如三姐桃花节、春之韵罗城李花节等一系列民间传统节日，充分展示了其魅力与风采，更是为向外界展示了仫佬族丰富多彩的节日文化。2011年2月河池市建成的县级博物馆——仫佬族博物馆被正式列入"国家重点博物馆名录"，点亮了传承与保护民族文化的接力火炬。当人们在博物馆的橱窗前赞叹神奇的仫佬族文化的时候，仫佬族文化传承的脚步也愈难向前。由于仫佬族人民与外界交往的深入，仫佬族的青年大多被其他民族形式简便、开放新颖的文化所吸引而逐渐摒弃传统的文化形式。所以，保护民族文化更应该重视对文化传承主体的培育，使仫佬族青年在接受外来文化的同时不做盲目淘汰民族文化的接班人。

下篇　广西少数民族文化产权保护

第六章　民族文化及其知识产权
与国家和民族繁荣发展

在过往的历史中，民族文化对于国家具有重要的意义，其承载着深刻的内涵，而这种来自文化的滋养对于整个民族的延续而言同样不可或缺。一般而言，民族文化中所蕴含的种种思辨思维、对道德观念的诠释以及对艺术的追求等，都构成了培育民族优秀品质的重要养分，对民族精神的形成与塑造起到不可替代的作用。虽然从20世纪以来，中国发生了重大的社会转型，而民族文化在此过程中也随着时代的变迁不断被赋予不同的内涵、贴上时代特有的"烙印"，也在经受西方文化洪流的一次次冲击中顽强生存，进茁壮成长。但是，也正是经受住了历史的考验，在一次次的洗礼中褪尽铅华，传统文化才得以用其独特品格培育着民族精神的升华，成为过去与未来重要的承接点。作为包含着优秀民族品质的传统文化，于个体、国家而言都具有不可抗拒的魅力，因其能作为推动国家民族进步的重要力量。也正是由于这个原因，使得民族文化的认可度在不断攀升。从文化自身来看，要想实现民族文化具备世界文化的意义，那么就不应该将其与当下割裂开、与未来割裂开，因为"只有民族的才是世界"并不止于一句口号，它需要民族文化确确实实能够在一个国家发挥应有的作用。

第一节　民族文化及其传统文化的国家与民族意义

民族文化是指各民族在长期的生产活动与社会实践中形成的具有鲜明的地域特色和阶段特征，以一定形式存在，对特定人群有一定精神寄托和价值的文化形式。对于一个国家来说，想要在激烈的全球竞争中实现现代化，来自文化自信的理念支撑与指引是不可或缺的。民族文化是一个民族的灵魂，是国家与民族赖以生存、延续与发展的重要资源与精神财富。保护和传承民族文化，对于漫长的人类文明演进过程中具有不可或缺的作用，只因其是作为文明演进特有的标识符号，同时也是全体人类的共同财富，在世界文化的百花园中绽放独特的光彩。而民族文化的繁荣发展，除了激发民族自信以外，对于整个社会关系的和谐调适也具有极其重要的作用，甚至对于提升民族精气神，凝聚发展正能量，具有不可低估的作用。

文化是一个国家的根基所在，在历史的长河中承载着民族的血脉与灵魂，成为整个民族精神家园的永久寄托。我们要"不忘本来""不忘初心"："不忘本来"，意味着应该实现对民族传统文化的现代诠释，进而追根溯源；"不忘初心"，才能真正踏实前行，更好地实现以传统文化推动社会进步，拓展未来的源头活水。坚定对中华优秀传统文化的自信，这是我们的文化得以繁荣兴盛的根基。① 优秀的传统文化不仅凸显一个国家的软实力，也是成为推动民族创新的重要力量源泉。无论是从历史的维度看，还是从现实的维度看，中华传统文化虽然历经种种坎坷，但依旧焕发着生机与活力，包容性与坚韧性使其成为维护多民族统一的关键力量。放眼世界，中华民族之所以在世界文化的百花园中屹立不倒，也正是由于其独有的品格，让整个民族精神大厦牢固根基，成为全世界人民的重要精神资源。

优秀传统文化承载了厚重的民族奋斗历程，作为推动整个民族奋发向上的加速剂，民族精神的升华有赖于其不断融入新的智慧。民族文化的传承既要"仰望星空"，又要"脚踏实地"。因此，需要不断溯源既有的优秀民族文化，从中汲取鲜活的养分，为当下文化的推陈出新提供坚实的基础。当然，继承并非无原则地吸收，要将民族文化中的"精华"与"糟粕"加以区分，这样才能更好地吸收精华、摒弃糟粕，民族文化也会在此过程中焕发出新的生机与活力。

一、民族文化对于民族精神的塑造具有极其重要的推动作用

一般来说，民族文化里必然会蕴含着优秀的精神品质，在经过系统化解构

---

① 《文化自信的三重内涵》，https：//baijiahao. baidu. com/s？ id＝1589329125370415068&wfr＝spider&for＝pc.

后，那些被筛选下的精华部分，便能够很好地与现代思想相结合，进而为民族精神的塑造提供养分。不管是来自哲学、政治、道德上的观念，还是来自具有感染力的现代音乐、舞蹈等艺术作品，抑或是融入人们意识之中的审美，都可以为民族性格的养成、民族精神的升华提供不竭动力。民族精神随着的时代发展，也必然会在民族文化的滋养下，不断地与时俱进。

二、民族文化的启迪功能不仅不会衰退，反而会随着时代的进步更加彰显其价值

民族文化中的古典绘画、音乐、戏剧等表现形式，不仅蕴含着独有的民族审美观念、审美表现意识，而且其本身就是民族文化对于自然、人生等外在诸多形式的理解。民族文化在启迪我们更好地处理人与人、人与社会、人与自然之间的关系有着极大的激发价值，而这种价值在科技日益发展的今天，不仅不会衰弱，还会伴随着科技文化的进步而更加凸显其功能。

三、对于民族文化的解读过程，本身就是一个重要的心智启迪过程

以民族文化作为教育的一种手段，在此之中需要以现代的角度或者其他角度对民族文化进行解读，这样一种思辨的过程本身对于心智的启迪就能够起到良性的作用。有关于爱国精神、民族精神的教育方式多种多样，但最容易发挥作用的反而是那些以审美的艺术教育为特征的文化教育，在日常的教学过程中也极易对学生发挥作用。这种教育方式可以以艺术形式为表达载体，将学生带入到民族文化的艺术殿堂，通过民族文化的感染培养了优秀的个人精神品质，而原有的不良品质也会在此过程中不断地被剔除。

按照一般理解，民族文化主要指的是那些蕴藏在浩瀚的历史长河中，基于民族自身特色所形成的传统文化。而对民族文化的深刻反思，又是近年来的学术增量，在整个社会中也具有一定的基础。在这一系列的反思过程中，除了对传统的优秀民族文化进行肯定、推崇以外，还会对其他具有负面因素的部分进行系统性革新，以便能够将那些对社会进步具有阻碍因素的部分进行修正。当然，对于既有的民族文化反思，并不都是推倒一切，其中的精华部分必然会得到继承，但是

具有负面因素的部分也会在不断地修正、扬弃过程中，融入其他的现代因素，更好地创新、延续。然而，在全球化成为一种不可逆转趋势的今天，民族文化的传承也面临着诸多的潜在性威胁，与此相关的民族精神的重塑问题也会随着这一趋势而引发忧虑，这在另一方面又促使我们必须作出深刻反思，并在此基础上做出理性的选择。所谓的理性选择，就是说除了要深刻理解民族文化塑造、培育、弘扬民族精神的重要意义所在之外，还要坚定立场，将这种愿景化为行动，真正做到将优秀的民族精神文化加以推崇，使之能够不断地与时俱进、推陈出新，在新的时代背景下被赋予更多的新内涵。并且，对于民族文化的研究还必须不断地深入，使之能够与当下的教育方式相契合，成为培育下一代的优质资源。

在这样的传达过程中，不管是来自宣传的吸收还是来自教育洗礼，与其期待他们被动地接受传统的民族文化，还不如形成一种受众者与民族文化的双向互动机制，让他们在对民族文化不断理解过程中，提升自身的文化自觉与自信，还能够对民族文化的传承发展贡献自身力量。也只有这样，民族文才会在形势不断变幻的今天，永葆青春与活力。

民族文化资源的发展离不开经济发展与思想开放，建立在一定经济基础与上层建筑之中的文化开发也会由此呈现出一定的正相关性。这一论述既指出了文化自信与"三个自信"之间的内在联系，也从另一个侧面反映出文化自信之于"三个自信"的重要内涵。而民族文化的振兴除了有赖于所坚持的"三个自信"以外，更应该凸显民族文化的现代表达。而当下所推崇的文化自信，除了作为国家发展的根基与底蕴的文化自信之外，还包括那些对国家改革、发展与实践有着重大关切的社会主义文化自信。通过这样一种对文化自信与文化自觉的培育，不仅使中华文化焕发活力，也增强了整个民族在面对困难时候战斗力以及向心力。

众所周知，无论是哪个民族，要把握当下，期待未来，必然需要对民族的历史有一定的了解，并根植于既有的优秀传统文化。回顾过去与检视当下，就能够在纷繁复杂的历史发展中把握未来，提升整体民族文化发展的适应性，这也是一个国家、民族的不竭动力之所在。要实现中华民族的伟大复兴，也有赖于文化的创造力，更进一步说是坚定对文化的信心，而优秀的民族文化一般都是面向未来敞开的，在这一点上对于国家民族的发展百利而无一弊。而我们的文化自信，就是在肯定文化包容性、平等性与开放性的基础上，进一步凸显其独特的现代价值。当今时代不同的文化相互碰撞，文化的多远并存不可避免，而世界上大多数的文化也是在不断的交流、碰撞中得以发展。面对这样的趋势，我们一方面要坚守本民族优秀的文化自信，另一方面也要以一种积极开放的心态去面对文化与文化之间的水乳交融，在不断地交流、碰撞中增添更多的现代内涵。这样既推动民族文化的进步，也能向世界贡献出中华民族文化的智慧，促进其他文化的发展。

第二节　国家民族文化知识产权保护法律理论基础

在现代化进程中，民族传统文化正面临巨大冲击，为拯救和弘扬民族传统文化，许多国家和国际组织正积极谋求切实有效的保护途径。其中，学界对"是否能将知识产权保护机制引入民族传统文化保护领域"一直争论不休。我们认为将知识产权保护机制引入民族传统文化保护领域，既有可行性，也有必要性。因为，民族传统文化作为人类智力成果的重要表现形式，其与知识产权的对象具有同质性；又因知识产权制度对文化与科技的发展具有系统的激励功能和利益平衡功能，这对实现保护民族传统文化的基本目标具有积极意义。

民族传统文化资源的开发速度因城镇化的进程而空前加快，这既造成民族文化破坏，也使得对其的保护变得更加紧迫。此外，被过度消耗民族文化也面临着被衍生品替代的威胁，而大量抢注商标、滥用衍生品的现象也就不足为奇。因此，在民族传统文化与知识产权保护之中，就存在着主体缺失和利益局部化、个体化的矛盾，以及民族传统文化的传统性和知识产权的创新性之间的矛盾，民族传统文化的内涵和现有知识产权衔接之间的矛盾。对此，应该进一步研究和明确民族传统文化的知识产权属性，加强对民族传统文化保护客体的细化和分离，把民族传统文化知识产权与旅游资源结合起来共同保护和开发。

一、民族文化知识产权保护的必要性

民族文化作为民族精神的结晶，蕴含着文学艺术创新的源头之水，但由于其民间特性使得在对它的管理和保护之中缺乏明确的权利主体。同时，也由于保护措施的不到位、激励机制的缺失，导致其在不断的发展中慢慢被遗忘，进而面临着灭失的危险。事实上，是否需要通过知识产权法来保护民族文化？这在当前知识产权理论界与实务界还存在争议。

（一）反对用知识产权保护民族文化的主要观点

事实上，并不是所有学者都认同以知识产权的手段来保护民族文化，其理由总结而言有以下几点。

1. 民族文化内容不具有创新性

民族文化通常而言体现的是传统性，是历史智慧的集体创造，而知识产权的核心是在前人智慧基础上的创新，是对新发明、新创造、新智慧的尊重与保护。因此，民族传统文化的传统性和知识产权的创新性之间存在矛盾。① 具体而言，知识产权制度旨在鼓励创新，因此也可以这么说在创新的保护中，知识产权制度更具有倾斜性。民族文化是在漫长的历史长河中逐渐孕育而成的，运用知识产权制度对其进行保护的时候明显与这一制度的倾斜性精神相违背，特别是其中的无形资产部分，难以与现代知识产权制度相契合。如果想通过知识产权制度对民族文化进行保护，那么就需要将民族文化与知识产权制度相融。除了传统文化中医药及其制作工艺属于知识产权制度中范畴外，其他那些非物质方面难以符合知识产权保护的要求。因此，知识产权法保护的创新与民族文化对历史的尊重在目的上背道而驰，因而通过知识产权保护民族文化并不合适。

2. 民族文化利益不具有垄断性

民族文化是公共财产，具有群体性、民族性与地域性，其不允许被少数人垄断与独占。而与此相反，知识产权本身是一种垄断权，知识产权法在制度上设计的目的就是给予智力活动成果的创造者一定程度内与一定期限内的垄断利益，以此来激励社会个体的创新意识，从而推动整个社会科技的进步与文化的繁荣。民族文化采用知识产权保护模式，其在权利主体上无法具体到单独的个体，而集体性的保护模式通常又存在利益不清与权利界限模糊的问题，容易导致在利益分配的过程中出现各种各样的问题，最终削弱知识产权保护机制在利益上的激励作用，无法调动相关主体的主动性与积极性，无法实现民族文化的系统性保护。因此，其认为民族文化保护与知识产权的价值取向不同，自然就无法通过知识产权

---

① 高燕梅、王景：《城镇化进程中云南民族传统文化知识产权保护研究》，载《云南社会科学》2015 年第 2 期。

法进行保护。

3. 民族文化客体不具有新颖性

民族文化不属于知识产权保护的客体，超越了传统知识产权制度的保护范围。显著性、新颖性、实用性、创造性等特点是知识产权对保护客体的要求，而传统文化却是蕴含着历史性、普适性等特征，明显与知识产权制度相违背。民族文化是特定民族基于独特的生产生活环境而自发产生的一种生活习惯、生产方式，技术技能或者是文学艺术。因此，民族文化在法律性质上与知识产权保护的客体所必须包含的条件大相径庭。在现有知识产权法的制度框架下，无论是版权法、专利法、商标法还是商业秘密保护法，如果对知识产权的客体属性不做进一步的拓展或解释，至少在现阶段用知识产权法对民族文化进行保护存在较大障碍。但是，如果为了保护民族文化而直接扩大现有的知识产权客体范围，这就在很大程度上破坏了知识产权法的严肃性与稳定性，给知识产权法的长期发展留下隐患，在实践中也容易引起法律适用上的混乱。因此，通过夸大知识产权客体范围来适应民族文化的保护是不可取的。

4. 民族文化主体不具有确定性

民族文化的主体难以确定，从而导致权利义务无法明确，因而通过知识产权保护民族文化存在障碍。少数民族传统文化知识在主体上面很难确定是将其作为知识产权予以保护首当其冲的难题。① 其认为少数民族文化是经过不断积累而形成的，表现形式可以是习俗或者文学作品，但是这种经过长期形成的民族文化在主体权利归属上一直存在着难以界定的困境。目前，学术界对民族文化的权利主体存在两种观点，第一种认为应该将某个群体或者某个区域内的主体作为民族文化的权利主体，第二种则认为应该将国家作为民族文化的权利主体，认为这在法律上不存在障碍。无论是哪一种观点，民族文化的主体都无法明确到某个具体的组织或者个人。在现行的知识产权保护法律体系中，权利主体必须予以明确，可以是特定的自然人、法人或者组织。但是，由于传统文化产生不具有特定性，可能是基于某个历史时期部分群体通过不断临摹、传承而产生，其主体的群体性就导致对传统文化的知识产权保护难以确定。在此情形下，民族文化知识产权保护

---

① 高国忠、张董董：《论少数民族传统文化知识产权保护》，载《山西农经》2017 年第 4 期。

中主体缺失将会导致利益局部化与个体化之间的矛盾。① 因为在民族文化的开发和保护中涉及多方主体，其真正的权利主体不确定性就容易导致利益分配混乱，因而导致知识产权在制度上无法实现对民族文化的完整保护，从而影响民族文化的开发利用与可持续发展。

5. 民族文化多呈现无形性

很多民族文化的无形性也使得对其的保护存在困难。缺乏一定的保存媒介或者可供参考的文献资料，使得对其的保护工作变得更加困难。而传统文化的传承一般是通过口传心授，缺乏相应的储存媒介，使得其在现代化传承的进程中容易受到冲击。比如，广西少数民族文化中的一些传统技艺，像壮族舞狮，除了极少数老年人能够展示外，年轻一代基本没有习得这一技能，更不谈对其的传承。而现代人一般对于这种传统文化学习本来就不是很感兴趣，一旦缺失保护媒介，传统文化就会面临着泯灭的威胁。因此，民族文化不具有有形性和可衡量性的特点导致诸多民族文化无法用文字载体进行固定，这也使得通过知识产权保护少数民族文化带来诸多困难。

6. 民族文化存在方式较模糊

还有部分学者认为现有知识产权制度对少数民族文化的保护在制度衔接上存在缺陷，从而导致民族文化知识产权保护在适用过程中存在一些问题。其认为知识产权制度在保护形式上有严格的规范，其在形式上要求智力活动成果的存在与产生方式、记载载体、权利持有者、公开性、创新性与时效性必须清晰明确。但是，民族文化的存在与产生方式往往较为模糊、记载载体通常不太明确，而且还存在产生时间不易确定、保护期限较短、缺乏知识产权客体特性等问题。因此，知识产权制度不适合保护民族文化。

(二) 用知识产权保护民族文化的问题分析

我们认为，虽然学术界存在不少反对用知识产权保护民族文化的观点，但是就现阶段而言，民族文化知识产权保护依然是最好的手段与方式。通过知识产权制度保护民族文化存在以下几点理由。

---

① 高燕梅、王景：《城镇化进程中云南民族传统文化知识产权保护研究》，载《云南社会科学》2015年第2期。

1. 关于民族文化是否属于知识产权客体的问题

我们认为，民族文化是民族智慧的总结与升华，是一个民族的灵魂，其在形式上具有"无形性"。因此，民族文化与其他财产形式不同，其在法律性质上具有知识财产的属性，属于知识产权法调整与管理的范畴。民族文化的核心是智力活动成果的体现，只不过这种智力活动成果是某个民族在长期的历史进程中逐渐形成并提炼而成的，而这种民族性的智力活动成果的集体提炼并不会改变民族文化作为知识财产的本质属性。因为，作为知识财产的智力活动成果，其形成时间的期限长短与创作主体的数量多少与其是否具有知识产权特性没有必然的联系。我们不能由于某一种智力活动成果的形成时间过长或者创作主体过多就否认其作为知识产权客体的性质。另外，民族文化同样具有知识产权客体所包含的创造性与实用性，同样能体现出其作为知识财产的活力与功能，满足知识产权保护的基本条件。因为，假如民族文化是缺乏活力或者不具有实用性的，那么其在漫长的历史发展过程中早已被人民淘汰，不可能世代流传，保留至今，任何一种文化能够经受历史与实践的检验，肯定具有其独特的自身魅力与文化价值。因此，民族文化在客体形式上满足现有知识产权的制度特性，无须通过改变知识产权的客体范围来实现对其的保护。

2. 关于民族文化是否具有创新性的问题

我们认为，民族文化本身具有知识产权所要求的原创性。只不过民族文化的原创性不同于我们这个时代知识产权法严格意义上的"原创"，因为民族文化流传至今，其内容与形式已经被部分群体熟悉，但我们不能由于民族文化现在已被世人知晓而否认民族文化在当时产生的原创性。我们对民族文化的保护在本质上是运用现代知识产权法来保护特定群体的历史智慧。这与知识产权保护知识财产的特性并无矛盾。在许多民族文化诞生的那个时代，世界上尚没有知识产权法律制度，甚至还没有产生知识产权保护的基本理论与意识。因此，我们以现代的知识产权法制度去衡量当时的民族文化而得出民族文化没有创新性的结论肯定是有失偏颇的。换句话说，如果知识产权制度与传统文化产生于一个时代，那么以当时的知识产权法去衡量当时的民族文化，就会发现大部分的民族文化在性质上完全符合知识产权保护的要件。另外，知识产权中除了专利权具有明显的创新性要求外，其他民族文化的衍生品同样具有与知识产权相融的地方，只要具备了知识产权保护的法律要件，也可以在现有知识产权体系中得以保护。

3. 关于民族文化的主体难以确定的问题

我们认为，民族文化的主体难以确定，并不代表民族文化在知识产权的保护主体难以确定。一方面，民族文化的地域性决定了其文化的创造者是明确的，只不过与其他智力活动成果形式不同，民族文化的创造者通常不是一个具体的人，而是某个地域或者某个民族的集体智慧。因此，民族文化与其代表的民族特定群体的关系是具体明确的。另一方面，民族文化的传承都需要传承人，传承人虽然不是民族文化的直接创作者，但对传承人的保护直接关系到民族文化的开发利用与发展。如何确定传承人享有的人身权与财产权直接决定了民族文化的传承与保护。因此，通过知识产权对传承人进行有效保护是弘扬与发展民族文化的重要手段。对于传承人而言，其基于对某种民族文化的传承而享有相应的文化认同与社会尊重，这种文化认同与社会尊重通过知识产权法的手段体现出来，就是知识产权制度赋予权利人的人身权与财产权。如前所述，有学者认为民族文化的主体就是国家，民族文化是公有领域的公共资源，甚至认为民族文化是无主物。任何人均可以不经任何主体的许可和批准就可以直接开发使用民族文化，我们认为这是不合理的。即使民族文化的主体难以确定到具体的个人或者组织，民族文化也绝非是无主的。因为民族文化具有明显的地域性和民族性，例如广西壮族的壮锦，确实在法律上很难确定壮锦的权利人是哪一个具体的人或者具体的单位。但是壮锦具有鲜明的地域特点与民族特色，任何看到壮锦的人都会自发地将壮锦与壮族产生联系。因此，民族文化是属于某类特定群体的知识财产，那么在法律上也应该予以其等同于有具体主体的其他知识产权一样给予同样的保护，应当在人身权利和财产权利方面给予其一定的权利，只不过民族文化知识产权的主体不是单个的个人或者法人组织。我们不能因为民族文化的权利主体难以确定到具体的个体就否认民族文化适用知识产权保护的可能性。

有鉴于此，我们认为应该通过知识产权来保护民族文化。世界各国的立法也陆续采用知识产权来保护本民族文化。我国立法也认可了知识产权保护民族文化的功能与价值。《非物质文化遗产保护法》的有关规定便是最好的例证，如"使用非物质文化遗产涉及知识产权的，适用有关法律、行政法规的规定"。然而，当前社会经济的发展导致人民生活方式的变化给民族文化的保护与传承带来挑战。

这主要反映在如下两方面：一是部分民族文化资源和文化生态遭受了严重破坏，而与之相应的文化保护工作进展乏力，无从应对当前窘境。如此之下，必将导致民族传统文化资源的急速流失，乃至消亡的悲剧。二是在对民族文化开发与利用中存在严重滥用的现象。部分人唯利是图、目光短视，对民族文化资源掠夺式开发，过度利用，导致诸多民族文化衍生产品被侵蚀、抢注、掠夺，破坏了原本优良的民族文化生态圈。对此，有必要引入知识产权保护模式强化对民族文化的保护，在识别各类民族文化的知识产权属性的基础上，对民族文化保护的客体细化和分离，进一步区分各类别民族文化的应属保护类型，最后将民族文化保护与社会经济发展相结合，实现经济发展对文化保护的反哺。

综上所述，民族文化本身除了具备一般的文化价值以外，在当下还可能蕴含着巨大的经济价值。而在民族文化产业化或者商业化时，我们认为知识产权制度将成为其发展过程中重要的法律保障武器。虽然知识产权制度是现代法制的产物，但其并不与民族文化保护相冲突，甚至说其本身的制度宗旨与目的正是契合了民族文化保护的特性。运用知识产权制度对民族文化予以保护不仅理论可行，而且还可能带来许多的社会功用。诸如，调动社会成员对民族传统文化传承与保护的参与热情；保障民族文化产业的长期有序发展，促进民族地区社会经济的可持续发展。因而，我们认为对民族文化的知识产权保护应当是有必要的。在对民族文化的继承与发展过程中，运用现代化制度——知识产权制度，传统与现代的结合能激发进一步创新，使得民族文化在当下获得新的生命力。同时，制度化的保护模式使得群体利益、个人利益分配更为明确、公平，让民族文化在保护与利用当中找到平衡点，实现双赢。

二、民族文化知识产权保护的正当性

现代知识产权法在不断发展与变革，一方面随着现代科技的日新月异，知识产权法不断进行自我调整；另一方面，知识产权法也受制于国际政治经济新秩序的形成。现代知识产权发不仅要通过制度创新完成立法现代化，而且要在全球范围内建立新的知识产权保护制度，与此同时，知识产权法的保护客体在不断地发展与扩大。在此背景下，我们认为通过知识产权对民族文化加以保护具有正当性。

（一）民族文化是特定群体人格的集中体现，而知识产权可以说是保护人格利益或者个人人格的一种手段①

众所周知，知识财产是智力活动的成果，知识财产的所有人对自己的财产享有法律上的权利，其主要是基于智力活动成果包含了权利人的人格。知识产权是一种综合性权利，权利人对自己的知识财产享有的权利既包括人身权，也包括财产权。其中的人身权在本质上就是权利人智力活动成果中人格的体现。对于民族文化而言，其所体现的人格利益并非某个个体的人格，而是特定群体集体人格的集中反映。民族文化是特定群体的共同智慧，是特定群体共同的智力活动成果。因此，通过知识产权来保护民族文化特定群体的人格利益是保障民族生存与发展的必然要求。

（二）民族文化与知识产权所保护的客体在法律性质上具有同质性

民族文化的本质是特定群体创造的知识财产，而知识财产的本质是信息。这与知识产权的客体是吻合的。因为知识产权的客体是智力活动成果，而智力活动成果的本质也是信息。与有形财产不同，信息是一种无形的、可复制的资源。信息的利用并不会导致信息资源本身的减少或者消灭，这与知识产权客体的特性也是一致的。信息的使用手段不在于占有，而在于复制与传播。民族文化亦是如此，其一旦形成，不允许也不可能由某个人垄断占有，民族文化的价值在于传承与传播。因而，正是源于民族文化作为一种信息所具备的传承与传播价值而落入了知识产权所保护的客体范畴之中。

综上两点，通过对民族文化的特性进行研判，我们不难看出利用知识产权对其保护具备正当性基础。虽然从严格意义上说，民族文化与传统知识产权的保护对象并非完全相同。但是，知识产权本身作为处于不断变动发展的制度体系，也一直随着社会经济的发展而调整。知识产权制度体系与其诞生之初相比，权利客体不断扩展，权利类型不断丰富。尤其是随着科技日新月异的进步，智力活动成果的形式也随之拓展，知识产权制度的内容也不断出现新的变化。因此，知识产权制度本身并不是一成不变的，民族文化与知识产权所保护的客体在法律性质上

---

① 冯晓青：《知识产权法哲学》，中国人民公安大学出版社 2003 年版，第 143 页。

的契合会进一步引导知识产权制度进行调整，从而使得民族文化知识产权法律保护体系更加完善。

三、民族文化知识产权保护的可行性

对于知识产权保护民族文化的价值，国际社会已经广泛认可。联合国教科文组织、世界知识产权组织也一直不遗余力地推动国际知识产权立法来保护民族文化。知识产权保护民族文化能够充分保障相关权利人、传承人的人身与财产利益，从而有利于进一步推动与促进民族文化的传承与弘扬，增强广大群众的民族认同感与文化自信。当前，通过知识产权保护民族文化具有可行性。

（一）在对民族文化权利主体与其的权益范围加以识别的基础上，借助知识产权法的模式对其立法保护能达到更好的保护效果

首先，民族文化的权利主体虽然不是某个特定的个人，但可以通过相应的机构进行认定。因此，民族文化的所有人与传承人都可以在法律上进行确认。其次，民族文化的权利范围可以依照知识产权的权利内容。例如，民族文化中符合作品性质的，可以适用著作权保护模式；民族文化中符合技术方案、制造工艺性质的，可以适用专利或者商业秘密保护模式；民族文化中涉及特定商业标记的，可以适用商标保护模式，另外传承人在传承与发展民族文化的过程中，可以注册并使用符合自身民族特色的商标；除此之外的其他的民族文化，还可以适用非物质文化遗产保护模式。由此可见，知识产权保护模式在类型上可以满足民族文化的多样性，达到了民族文化保护的基本需要。

（二）在对民族文化保护的客体进一步细化和分离后，其所具备的知识产权属性更为清晰可辨

部分学者认为，民族文化自身所存在的若干难以规范和保护的问题使得欲对其运用知识产权制度进行保护时形成了巨大挑战。民族文化作为一种智力活动成果，其在某种程度上符合知识产权法的很多特征，但在性质上又不属于传统知识产权法严格意义上的客体。知识产权客体的不确定性是民族文化知识产权保护面临的最大问题。我们认为，其实可以通过细化和分离民族文化的客体来明确民族

文化的知识产权属性，从而解决民族文化作为知识产权客体的模糊性问题。例如，将民族文化与在民族文化基础上的衍生产品进行区分，假若民族文化的衍生产品具有了地域和民族的特征，则更容易借助知识产权的方式来加以保护。在此模式下，一是可以对具备知识产权保护要素的民族文化加以发现与挖掘，从而完备现有的民族文化知识产权保护体系；二是在现有知识产权法律体系指引下，提炼和挖掘民族文化中存在的应当保护的元素，并加工制作具备地区特色的民族文化衍生品。例如，运用现有知识产权保护体系对各类型民族文化予以保护：一是民族文化产品的发明专利保护。民族文化中存在着大量具有商业利用价值的劳动成果，可以采用发明专利的模式对其进行保护，比如技能、工艺、配方等。二是民族文化的外观设计保护。对一些具有鲜明特色的器具、服饰、工艺品、乐器等民族文化产品，不仅具有独特的审美价值，同样可以运用外观设计对其进行保护。三是民族文化产品的商标保护。当民族文化产品进行大规模商业开发时，商标法中的证明商标和集体商标制度能有效保护群体共享权利，同时也能大幅降低商业开发中出现的群体利益分配不公的风险。而商标化的形式实际上也能让民族文化的开发、保护、利用融为一体，避免了不必要的保护资源损耗。而对于民族文化中存在商业利用价值的著作权或专利权保护期限的问题，通过商标化的形式也在一定程度上得以解决。

(三) 民族文化的公开性与知识产权制度对持续性的要求并不矛盾①

民族文化的公开性并不会影响民族文化本身的原创性，更不会否定民族文化的知识财产特性，因此，民族文化的公开性并没有妨碍通过知识产权保护民族文化的可能性。民族文化虽然已被部分群众熟知，但是并不表示每一个熟知民族文化的个体都可以通过利用民族文化来分享利益。民族文化属于创造文化的特定群体及其相关的传承人，任何对民族文化产生、传承与发展未有贡献的非本民族、本群体人员都不能任意享有民族文化的开发利益。在此情形下，结合知识产权制度的实质与保护宗旨来看，知识产权保护模式不仅较为妥善地均衡了民族文化的传承与社会工作利益之间的关系，而且在一定程度上达到了制度设计与文化传承

---

① 穆伯详：《少数民族非物质文化遗产的知识产权保护模式研究》，知识产权出版社2016年版，第23页。

中的某种契合。

(四)在民族文化与产业发展的结合中,通过知识产权制度的参与能为两者的保护与开发保驾护航

通过近几年的社会现象可以发现,我国文化产业与旅游业得到了较快的发展,民族文化在其中功不可没。在这一过程中,如何将民族文化的开发与利用和社会经济发展结合起来是我们目前文化保护面临的重要问题。在现有法律制度体系下,知识产权保护模式有利于民族文化与产业发展结合起来共同开发。知识产权制度的核心在于利益平衡,其最大的作用就是能够平衡民族文化在产业化过程中各方主体的利益分配。一是由经济利益的驱动招商引资,对民族文化进行商业化开发,以一种经济性驱动机制促进其发展。二是在市场化的过程中,借助知识产权制度实现民族文化利益共同体的利益平衡。于此能达到两个效果:一方面则是增强了民族文化的活力与竞争力;另一方面则是在继承、发展民族传统文化与社会经济发展之间实现两不误。从关系近几年的实际来看,一些遗落在边角落中的民族文化也在这个过程中得到了重生,并在其中脱颖而出,也是得益于利用知识产权将民族文化中的有利元素市场化。

(五)民族文化知识产权保护获得国际认同

民族文化由知识产权进行保护的独特作用也基本上被国际社会认同。1977年,《非洲知识产权组织班吉协定》签订,这是世界上第一部全面涉及工业产权与著作权的地区协定,同时也是国际上第一次对民族文化进行保护的区域性国际条约。1992年,非洲知识产权组织再次修订《班吉协定》,明确由著作权、邻接权、非物质文化遗产权等知识产权模式建立民族文化的法律保护体系。2000年,世界知识产权组织"知识产权与遗传资源、传统知识和民间文艺政府间委员会"成立,该组织的成立和运行反映了国际社会对利用知识产权保护民族文化的认同,引起国际社会的广泛关注,也当作是一个民族文化知识产权制度保护的标志性事件。[1] 自此以后,这种利用知识产权保护模式对民族文化进行保护的共识已

---

[1] 穆伯详:《少数民族非物质文化遗产的知识产权保护模式研究》,知识产权出版社2016年版,第23页。

基本形成，同时在保护手段上亦是趋于丰富多样。

第三节　国际民族文化知识产权保护的立法与实践

在国际上，各国家对于民族文化知识产权保护也经历了一个较为漫长的制度发展过程。1889 年，突尼斯制定的《文化艺术版权法》通过国内知识产权制度保护民族文化及其遗产，这是民族文化知识产权保护的起点，但这也仅是制度发展史中的幼小婴儿罢了。1950 年，日本颁布《文化财保护法》，其将民族文化进一步分为有形文化财与无形文化财，将相关的民族文化作为文化财纳入知识产权保护的范围。1962 年，韩国政府颁布了《韩国文化财产保护法》。该法将文化遗产分为物质文化遗产和非物质文化遗产，并对非物质文化遗产进行了形式化归类，即表演艺术、社会风俗、礼仪、节庆以及有关历史、自然的知识和实践。同年，韩国成立了文化遗产委员会，其下设八个部门负责对文化遗产进行保护开发，值得注意的是，这些部门的组成人员均由来自文化遗产保护团体、大学、研究机构的专家组成，这大大地提高了对民族文化保护的力度。除此之外，为致力于传统民族、民间文化的搜集、整理与保护，韩国政府还聘请了 180 名各界文化遗产专门委员，极大地充实了保护队伍。《韩国文化财产保护法》及其相关制度的实施奠定了韩国非物质文化遗产保护的基础，为相应的民族文化保护创造了有效的立法和完善的制度保证。半个世纪以来，韩国在民族文化遗产保护与传承上取得了骄人成果。1967 年，世界知识产权组织协助突尼斯制定《突尼斯版权示范法》，进一步将知识产权的触角深入民族文化中。在此背景下，国际社会逐渐认识并开始重视民族文化的知识产权保护。民族文化的知识产权保护在全球范围如火如荼地开展起来。

20 世纪 70 年代，联合国教科文组织开始关注民族文化的保护，在经过反复调研与对比之后，决定通过传统的知识产权来保护民族文化。1978 年，世界知识产权组织在全世界范围内提出民族文化的保护问题，民族文化的知识产权立法保护工作被提到重要位置。1982 年，联合国教科文组织联合世界知识产权组织在借鉴韩国等国的民族文化保护制度的基础上制定了《保护民间文学表达形式，防止不正当利用及其他侵害行为的国内法示范法条》，这是国际组织第一次较为正式地以知识产权手段来保护民族文化的实践，《国内法示范法条》提出将民间故事、诗歌、谚语等口头文学以及民歌、民乐、民族舞蹈、游戏、宗教仪式、民间艺术等民族文化适用知识产权保护制度，同时提出了民族文化的使用者应经过相关部门的许可并缴纳一定的许可费。1989年，联合国教科文组织发布《保护传统文化与民间文化建议案》，再次建议与倡导各个成员国通过知识产权等制度来保护民族文化。1998年，世界知识产权组织召开全球联席会议，召集世界各国的政府官员与民族文化代表共同探讨如何利用知识产权方式保护民族文化。2000年，联合国教科文组织正式启动非物质文化遗产申报与评估工作。同年，世界知识产权组织成立遗传资源、传统文化、知识产权的政府间委员会，首次在机构上将民族文化与知识产权进行结合，探索民族文化知识产权保护的路径。2003年9月联合国教科文组织制定《保护非物质文化遗产国际公约》，包括我国在内的97个国家加入该公约。2006年，《保护非物质文化遗产国际公约》正式生效，这说明加强民族文化知识产权保护已经成为全球各国人民的共识，也标志者全世界范围内民族文化知识产权保护法律体系的基本确立。包括WTO的《与贸易有关的知识产权协议》(Trips)也与民族文化的保护相关，Trips第9条规定："版权的保护应该延及表述方式"，该表述也适用各国对民族文化的知识产权保护。[①] 在此背景下，世界各国在民族文化的知识产权立法中保护中纷纷开始进行更新。

第四节　我国民族文化知识产权保护的现状与问题

2005年，韩国江陵端午祭的申遗成功，与此相对应的则是我国端午祭申遗落败。端午祭申遗事件在国内外引起了广泛的关注，同时也让我国学者陷入了痛苦的反思。如何在今后避免此类事件的再次发生？这就需要我国要加快构建一个健全完善、规范有序、合理适用的民族文化知识产权保护体系。

一、我国民族文化知识产权保护的现状

1980年，我国加入世界知识产权组织，逐渐开始认识到民族文化知识产权

---

① 王景、周黎：《民族文化与遗传资源知识产权保护》，知识产权出版社2012年版，第35页。

保护的重要性。为融入世界知识产权保护趋势，我国也加深了对民族文化知识产权保护的认识，加快了履行知识产权国际条约中关于保护民族文化的步伐。20世纪80年代，我国先后颁布《中华人民共和国专利法》(本书简称《专利法》)，《中华人民共和国著作权法》(本书简称《著作权法》)、《中华人民共和国商标法》(本书简称《商标法》)，掀开了我国民族文化知识产权保护立法的序幕。1993年，我国颁布《中华人民共和国反不正当竞争法》(本书《反不正当竞争法》)，在立法上为民族文化的商业秘密保护提供了正当性前提。1997年，我国颁布《传统工艺美术保护条例》，首次将传统工艺美术纳入到知识产权保护的范围。通过这一系列的立法，我国在形式上初步建立了民族文化知识产权法律保护的基本框架。但是，这个时期的民族文化知识产权保护，主要还是依靠《专利法》《著作权法》《商标法》《反不正当竞争法》等传统知识产权法中的既有制度来对民族文化进行保护，而且保护的对象主要还是集中在著作权领域。

2001年我国加入WTO，在Trips协议的影响下，我国对民族文化的立法保护进一步加强。2001年我国修改《著作权法》，规定，"民间文学艺术作品的著作权保护办法由国务院另行规定"，在立法上将民间文艺作为一项单独的课题。同年，我国修改《商标法》，对民族文化中的"老字号"及其相应的产品文化进行调整与保护。2004年，我国正式加入《保护非物质文化遗产国际公约》，再次将民族文化知识产权保护放在突出的位置。2006年我国颁布《国家级非物质文化遗产保护与管理暂行办法》，首次在立法中提及非物质文化遗产的保护与管理。2009年，第三次修正的《专利法》正式生效，将民族文化中的传统知识、民族服饰、手工工艺等传承发展中的智力成果纳入《专利法》的保护范围里，使得通过发明专利、外观设计专利保护民族文化中相应的智力成果成为可能。2011年2月25日"以继承和弘扬中华民族优秀传统文化，促进社会主义精神文明建设，加强非物质文化遗产保护、保存工作"为目的而制定的《中华人民共和国非物质文化遗产法》(本文简称《非物质文化遗产法》)通过，并于当年6月1日起正式施行，这在我国民族文化知识产权保护中具有重要的意义。

二、我国民族文化知识产权保护的问题

民族文化需要知识产权法律保护，我国民族文化知识产权保护法律体系初步

建立，但是由于多重原因，当前我国民族文化知识产权保护仍有着许多不尽如人意的地方。民族文化是每个民族发展过程中形成的重要文化部分，在全球化的背景下，文化交流日益兴盛，文化产业蓬勃发展，我国各族人民的社会生活方式发生了巨大的改变，很多民族传统文化赖以生存的环境与土壤遭到破坏，与此同时，西方文化的强势入侵必然会造成对于民族传统文化的冲击，导致我国在一定程度上忽视了自身具备的优秀的文化的传播和学习，存在较大的滞后性与局限性。我国对于民族文化的保护越来越加以重视，但是当面临文化、经济的全球化和人类生活方式、生存条件等各种相关因素的变迁和冲击的时候，从法律的视角审视民族文化的保护与发展也存在一些不可避免的问题。

(一) 民族文化知识产权保护的法律体系尚待完善

如前所述，我国自20世纪80年代开始关注民族文化知识产权保护问题，至今初步形成一系列相关的法律法规。不过由于认识上的局限性，相关的立法在形式上较为零散。在对民族文化的知识产权保护中，《著作权法》首次将民间文学艺术作品纳入知识产权法律体系的保护范畴，但具体的实施办法却没有在法律中得以体现，只是由国务院出台相应细则。迄今为止，关于民间文学艺术作品的相关立法尚未出台。《传统工艺美术保护条例》规定了传统工艺美术行业发展、人才保护相关的制度，是我国第一个关于传统工艺美术保护的法规，但是在我国相关机构调整后，立法上并没有根据行政管理机构的变化而调整，从而导致实践中出现一些问题。2011年，我国《非物质文化遗产法》开始实施，对我国非物质文化遗产的保护工作来说，在立法上予以正当性回应无疑是具有标志性意义的。但是同样也会存在一些问题，如对民族文化或者非物质文化遗产权属问题的规定依然不太明确，从而导致民族文化是否属于私法调整的范围在实践中尚有争议。再例如《非物质文化遗产保护法》对相关法律责任的规定也不太明确，对责任承担主体的规定较为模糊，这些问题急需得到修正。

(二) 民族文化知识产权保护的法律手段尚待加强

虽然目前我国知识产权法律制度对民族文化保护的手段与效力较为有限，无论是立法制度还是司法实践，相关的法律制度对民族文化知识产权保护存在一些不足与困难。一方面是当前知识产权制度依然将保护重点限制在具有创新性的智力活动成果上，强调智力活动成果的"新"，对传统的民族文化在保护手段上较为尴尬，如果不能突破现有知识产权狭义客体的创新性要求，传统民族文化的保护落不到实处。另一方面，由于未明确民族文化的权属，因而民族文化知识产权保护在法律责任上落实不到位。例如，广西壮族的一些传统民歌与戏剧，被不少商业机构用于商业演出并获得丰厚利益，但是其并未向壮族人民或者相关机构支付过任何报酬，甚至连基本的署名权都无法得到保障，在此情形下，也没有相关的部门或者组织进行有效的维权与保护。

(三) 民族文化知识产权保护的法律意识尚待提高

由于民族文化的权利主体尚不明确，导致民族文化开发利用的利益共享机制尚未完全建立。民族地区的人民无法从民族文化开发利用的过程中受益，因而其体会不到民族文化的价值与重要性。在此情形下，纯粹依靠政府通过宣传和教育去呼吁群众重视和保护民族文化，其效果并不理想。因此，在很多少数民族地区，群众对民族文化的价值认识不足，对民族文化遭到破坏不以为然，对民族文化的开发与保护不感兴趣，从而导致部分民族文化的严重流失。因此，社会公众对民族文化保护意识不强在很大程度上是由于民族文化自身权属不明与利益共享机制与分配机制不合理造成的。

第七章　广西少数民族文化知识产权
保护的法理基础

特定民族在特定区域生产生活实践中产生特有的民族文化，其是物质文化和精神文化的总和，也是特定民族在民族精神上的实践，民族文化展现一个民族的底蕴。民族文化来源于生活，可以体现民族风采与地域特色。其作为一种艺术表现形式，是各族人民智慧的结晶，具有非常重要的文化价值。然而，随着社会不断前进，民族文化赖以生存的文化生态环境发生改变，人们的生产方式与生活习惯也随之调整，原有的思维观念面临着时代文化的严重冲击，这使得中国少数民族文化逐渐在人们的视野中退却。例如，广西壮族彩调曾以独特的文化魅力风靡全国，现在却在城镇化进程的冲击下面临着传承困难的问题。因此，面对逐渐退化甚至濒临灭绝的严峻形势，建立与完善民族文化知识产权法律保护体系迫在眉睫。

第一节　少数民族文化产权保护的立法协调

如前所述，知识产权制度对于少数民族文化的保存、延续和发展具有非常重要的作用。世界各国纷纷采取措施对少数民族文化进行知识产权保护。国际条约以及其他国家，关于少数民族文化知识产权保护的相关立法并不少见。但是，由于传统知识产权制度与少数民族文化特性之间存在一些隔阂，因而运用传统知识产权保护少数民族文化需要注意相关的立法协调。

一、少数民族文化的特性

(一)少数民族文化的内涵

少数民族文化在立法上的概念如何确定？目前世界范围内并没有统一的界定。在不同的场合、法律或文件中都有不同的表述，其相关的内涵与外延也不尽相同。联合国秘书长在 1994 年第四十四次联合国大会的人权委员会防止歧视及保护少数族群小组会议报告中表明将少数民族的文化知识财产分为民俗和手工艺、生物多样性、原住民族传统知识三部分。1997 年《联合国原住民族权利宣言》第三十一条也列举了少数民族文化知识产权，其将原住民传统资源类型化为原住民传统文学艺术表现形式、传统知识、传统设计、传统名号、遗传资源 5 种。事实上，由于少数民族文化涉及的范围较大，涉及的种类繁多，因而要明确地界定少数民族文化的内涵并不容易。目前，学界大多采用两种广义与狭义两种方式来固定少数民族文化的内涵。广义的少数民族文化则涵盖民俗表演、语言要素、文化动产、文化遗产等。狭义的少数民族文化将其限定为明确的文化知识，少数民族科学知识、农业知识、生态学知识、技术知识以及包含疗法与药学在内的医学等方面的知识。广义的少数民族文化概念更能反映与体现少数民族文化的特性。

(二)少数民族文化的特性

1. 少数民族文化在主体上具有群体性

少数民族文化通常都是特定群体创作的，是整个群体共同智慧的集中与提炼。少数民族与环境互动的日常生活中所产生的思维观念产生了少数民族文化。例如，广西侗族的侗族大歌，其是整个侗族人民在长期生产生活中共同创作共同传承才得以流传至今，并不是某一个侗族人单独创造的。因此，少数民族文化在形式上可说是集体创作的，在法律上是一种民族群体共同共有的关系。无法将少数民族文化的权利主体认定为某一个具体化的创作者。

2. 少数民族文化在内容上具有延续性

少数民族文化的传承方式通常是口耳代代相传的。大部分少数民族文化本质上是一种生产生活的文化习惯，因而并没有以书面文字的形式进行传承，大多数多数情况下是靠口语或肢体语言完成代际继承与演进发展。所以，少数民族文化在传承的过程中很容易会随着社会环境变迁而调整变化。不同时代的少数民族文化，其在内容上也不尽相同。这是由于在环境变迁的情势下，少数民族文化不得不为适应环境的变化而进行动态调整，不断发展与再创造，形成更有活力和更符合社会环境的文化形式，在此过程中，无法适应环境变迁的少数民族文化将逐渐被时代淘汰。

3. 少数民族文化在形式上具有多样性

少数民族文化往往呈现出多种形态，既包括物质形态，也包括非物质形态。少数民族文化在客体类型上有多种表现形式，包括口头的、文字的、动作语言的、音乐美术工艺技能等各种艺术形式的。例如，广西壮族民族文化的表现形式就多种多样，与口头表达相结合的有《布洛陀》等民间传说，与表演技艺相结合的有壮剧等民俗表演，与书面表达相结合的有《百鸟衣》等民族诗歌文学作品，与手工技术相结合的有壮锦等手工艺品，与声乐表达相结合的有《刘三姐》等民歌曲艺，与具体物质相结合的有铜鼓等乐器文物。

4. 少数民族文化在分布上具有地域性

少数民族文化是每个民族特有的精神财富，因而少数民族文化具有鲜明的民族风格与地域特色。不同地域与不同民族的少数民族文化，其在内容上往往有较大差异。例如，广西瑶族的服饰文化，同样是瑶族人民，但是不同地域范围的瑶族支系，其服饰文化并不相同。广西都安瑶族自治县、金秀瑶族自治县、巴马瑶族自治县、富川瑶族自治县、广东连南瑶族自治县的瑶族文化各有特色，人民甚至根据其不同服饰文化特点，还可以将瑶族分为背篓瑶、山瑶、背陇瑶、白裤瑶、黑裤瑶、长衫瑶等支系。再如，广西金秀瑶族就在很长一段时间存在"石牌制"这样一种传统社会治理方式。具体而言，就是在石碑或者木板上刻上关农业生产、维护社会秩序的法则，并当众宣布，以便于全体成员遵守。由石牌头人负责检查石牌条文的执行情况，对违反石碑法的人进行处罚。在金秀瑶族百姓中，"石牌大过天"的思想观念深入人心，并逐渐形成完整的配套制度。但是，在广西其他地区的瑶族中，"石牌制"的文化民俗却并不多见。

二、少数民族文化知识产权保护的域外立法

(一) 国际条约

20 世纪 70 年代开始，国际社会开始重视少数民族文化的知识产权保护。联合国教科文组织与世界知识产权组织等国际组织先后出台多部关于少数民族文化知识产权保护的国际条约。例如，《世界文化多样性宣言》《世界遗产公约》《保护非物质文化遗产公约》及其实施指南等都对少数民族文化进行保护。其中，最具有典型代表的就是 1997 年《联合国土著人民权利宣言》，该宣言第三十一条规定："1. 土著人民有权保持、掌管、保护和发展其文化遗产、传统知识和传统文化体现方式，以及其科学、技术和文化表现形式，包括人类和遗传资源、种子、医药、关于动植物群特性的知识、口述传统、文学作品、设计、体育和传统游戏、视觉和表演艺术。他们还有权保持、掌管、保护和发展自己对这些文化遗产、传统知识和传统文化体现方式的知识产权。2. 各国应与土著人民共同采取有效措施，确认和保护这些权利的行使。"《联合国土著人民权利宣言》第一次较为明确地列出了少数民族文化与享有的知识产权的范围，并强烈要求各国政府采取有效措施承认和保护少数民族的传统知识产权。其次，1989 年国际劳工组织的《土著和部落人民公约》第二条、第四条、第五条、第六条、第七条、第十三条、第十四条、第十一条、第二十三条等也对少数民族文化知识产权保护提出了建议和要求。再次，一些国际公约中也提到对少数民族文化知识产权的保护。此外，《伯尔尼保护文学和艺术品公约》《表演和录音制品条约》《视听表演北京条约》等，一些关于知识产权的专门性国际公约中也涉及对少数民族文化知识产权保护问题。另外，在一些区域性国际条约中，也不同程度地涉及少数民族文化与知识产权保护问题。其中，《非洲人权和人民权利宪章》第十条明确规定保障每个人自由参与其社区文化生活的权利，第二十二条则提出维护所有民族追求文化发展和平等享有人类共同遗产的权利。《美洲关于人的权利和义务宣言》第十三条也规定人人有权参加其社群的文化生活并受到保护，其中当然包括少数民族群体。

(二) 各国立法

在世界各国关于少数民族文化保护的立法中，日本与韩国起步早，保护较为

完善，值得世界各国借鉴，由于在本书后面将单独系统介绍日本与韩国的立法经验，在此不再赘述，除此之外，世界上其他国家对少数民族文化的立法也有可圈可点之处。

1. 美国

在美国，从美国知识产权的标准法律，到保护土著人民遗产的专门法规以及相关项目，少数民族的文化表达享多种保护。例如，1935 年通过并经过 1990 年进一步修订的《印第安人（美国原住民）艺术与工艺法》就是这样一个机制。这部法律要求广告真实，禁止销售冒充美国原住民制作的产品。法案涵盖所有印第安人及印第安风格的传统与现代艺术品和工艺品，如篮子、珠宝、面具、地毯等。个人或企业如果触犯该法律，可被判处民事或刑事处罚，甚至二者并罚。此外，美国专利商标局在 2001 年建立了《美国原住民部落官方徽章标识资料库》，回应了美国原住民对民俗保存的关切。

2. 菲律宾

1995 年菲律宾罗摩斯总统签署的第 247 号行政命令（Executive Order 247，即 EO247），规定"在原住民祖先所留下的土地和社区进行的遗传资源探勘活动，必须根据有关社区的习惯法来取得这些社区的事先知情同意，才可获得批准"。菲律宾的这项宣示已成为国际领域承认少数民族习惯法的重要典范。1997 年菲律宾国会通过了 837 号法案《原住民族权利法》承认、保护与促进少数民族的文化权、成立国家原住民族委员会、制定执行机制是这个法律的主要内容，同时规定了为了达成这些事务或其他少数民族的发展目的，应设置专用基金。

三、少数民族文化知识产权保护的现实问题

（一）少数民族文化概念难以界定，保护边界难以明确

任何一种法律制度在适用上的前提条件是其所调整的客体必须具体明确。例如，物权保护的是法律上的物，知识产权保护的是作品、专利、商标等智力活动成果。现行知识产权制度保护少数民族文化面临一个主要的问题就是少数民族文化客体的多变性。这就回到刚才我们提出的问题：少数民族文化在立法上的概念如何确定？目前世界范围内无论在立法上还是实务中，都并没有统一的界定。对

于少数民族文化这样一个立法上较为模糊的概念，其在实务中进行知识产权保护就容易遇到问题。例如，部分少数民族有一些长期流传至今的生活习俗，包括婚嫁葬礼、礼仪禁忌等各个方面。这些生活习俗是否属于少数民族文化？如何界定这些生活习俗的保护边界？知识产权保护制度对此往往捉襟见肘。以广西壮族传统婚俗为例，壮族人民能歌善舞，存在一种以歌择婚的风俗，这也是壮族人民典型并深受壮族人民热爱的民族文化。壮族不同于古时候我国大部分地区根深蒂固的"婚姻乃父母之命、媒妁之言"思想，壮族男女之间的婚姻相对比较自由。根据当地嘹歌的记载，情投意合的男女定情时，主要是女方以自制的花巾、布鞋为信物赠予男方为标志，表示小伙子已经获得姑娘的芳心。壮族人常说："山歌是第一个媒人"，故这种特别的风俗一直到改革开放前夕还很浓厚。对于此类风俗文化，知识产权保护的边界很难确定。再以壮医壮药中的壮族熏蒸疗法知识产权保护为例，对这样一种壮族传统医疗文化，如何认定客体的知识产权特性？如何评估其知识产权保护的边界？这其实是非常困难的。

（二）少数民族文化的集体性与知识产权制度的排他性之间存在矛盾

传统知识产权制度的目的是激励创新。因此，其将权利赋予具体明确的特定主体。权利主体的范围越明确，权利保护的内容越具体，知识产权制度起到的激励作用越明显。事实上，知识产权制度设计的初衷是是从个体的角度出发，保护的是个体的创作。知识产权制度本质上是一种垄断权，排他性是其主要的特点。知识产权制度反映的是社会精神财产的创造者所享有的排他性利益。但是，少数民族文化一般由集体创作，指明特定作者存在困难。少数民族文化鲜明的群体性与知识产权制度的排他性在法律适用上产生一定程度的隔阂。其中，最重要的问题就是权利主体的集体性往往会在很大程度上降低权利主体维护权利的积极性。现实生活中，人人有份不见得人人有责。这就导致不少民族文化在面临侵害或者逐渐消亡的过程中，除了政府部门很少有相关的组织与机构进行相应的保护与维权。因此，少数民族文化的集体性造成了民族文化保护过程中的低效。

（三）少数民族文化的悠久性与知识产权制度的时效性之间存在矛盾

现代知识产权制度一个重要的任务是通过给予经济利益来激励创新，进而推动社会进步。但是，为了平衡创作者与社会公众的利益，在保护创新的同时又能够推动知识财产的合理共享，知识产权保护都是有严格的期限的。例如，我国著作权法中对作品的保护期限是作者终生及死后 50 年。专利法与商标法也根据不同的客体规定了明确的保护期限。与此相反的是，少数民族文化是具有时间的悠久性和历史的延续性，如果设定一个制度使少数民族文化在一定期限内得到知识产权的保护，一旦过了此期限就成为公共财产，这样对少数民族文化的保护又是不利的。

(四) 少数民族文化内涵的丰富性与知识产权制度保护的局限性存在矛盾

少数民族文化往往具有丰富多彩的内涵，每一种文化形式都有其民族特色与思想多元性。因此，其要求法律保护也应该具有多样性与交叉性。传统知识产权制度保护的重点基本上还是基于创造者的经济利益，至于对文化的传承、延续与发展并没有太细致的规定。这也在很大程度上影响了少数民族文化的持续发展。或者说，由于部分少数民族文化与少数民族的日常生活和精神生活紧密相关，所以他们更加希望民族文化是可以"单独存在"的，而不是由他人进行利用与开发。但是，知识产权制度往往从经济利益的角度出发，在这过程中很难兼顾少数民族的群体需求。这也是当前民族文化知识产权保护过程中相当重要的问题。

四、少数民族文化知识产权保护的立法协调

如前所述，少数民族文化与现有知识产权制度在衔接上存在部分问题。因此，少数民族文化知识产权保护在立法制度上有必要进行相应的调整与协调，从而使得知识产权制度在保护方式上可以给予少数民族文化更加全面和有效的保护。我们认为，少数民族文化知识产权在立法上的协调包含下列内容。

(一) 在立法上扩大知识产权的客体范围，建立"非物质文化遗产与传统知识产权的二元知识产权保护模式"

扩大知识产权的客体范围是指在法律上明确将民族文化的重要表现形式——非物质文化遗产纳入知识产权的客体范围。一方面，传统知识产权的客体主要局限于作品、专利、对非物质文化遗产进行知识产权保护。而商标与商业秘密，其

153

客体范围较为狭窄，无法对类型丰富多彩的少数民族文化进行全面的保护。由于少数民族文化的范围本身就很难界定，部分少数民族文化在类型上很难用传统的知识产权制度去划分，与其费尽心思地去框定少数民族文化的具体范围和具体类型，不如直接将知识产权的客体范围进行扩展，将民族文化直接作为一个单独的客体类型进行相应的知识产权保护。在现有的立法模式下，最合适的方式就是将非物质文化遗产进行知识产权客体化；另一方面，如果仅是通过传统知识产权的著作权法、专利法、商标法与商业秘密法进行保护，而不将民族文化作为一个整体看待，势必会导致传统知识产权在保护少数民族文化上力不从心。因为，部分民族文化的保护无法严格套用传统知识产权法的要件，或者即便是强行套用传统知识产权的制度，由于少数民族文化内涵的丰富性与传统知识产权制度保护的局限性存在矛盾，也会导致传统知识产权制度在保护少数民族文化上捉襟见肘。例如，广西壮族传统文化中的壮锦工艺。倘若以传统知识产权法进行保护，在制度上很难进行全面而有效的调整。壮锦申报专利存在较大的困难，因为在审核的过程中无法评估相关工艺的创造性与新颖性。倘若仅仅作为美术作品进行保护，又不能真正实现壮锦工艺文化保护的目的。在此情形下，不如直接将壮锦工艺作为非物质文化遗产进行知识产权保护，这样就能绕开传统专利制度中的"三性"要求，并且又可以将壮锦工艺作为一个整体进行全面保护。与以前通过传统知识产权根据民族文化的客体进行零碎性保护模式相比，更加符合少数民族传承与保护的要求。事实上，将民族文化作为一个整体纳入进知识产权的客体范围，并不仅仅是简单地通过非物质文化遗产的模式来保护少数民族文化，而是建立了整体性与分散性相互结合的"二元知识产权保护模式"。一方面通过非物质文化遗产法对少数民族文化进行整体性保护，另一方面如果某种少数民族文化在具体类型上满足传统知识产权客体的法律特征，又可以将其相关的部分通过传统知识产权进行保护。例如，广西壮族的壮锦，一方面直接通过非物质文化遗产法进行整体性保护；另一方面，壮锦的编织图案，可以通过传统著作权中的美术作品进行保护，壮锦生产过程中的新工艺，可以通过传统专利法中的发明或者实用新型进行保护，或者通过传统商业秘密法进行保护，壮锦的创新样式类型，又可以通过传统专利法中外观设计进行保护，壮锦产品上衍生的商业标记，还可以通过传统商标法进行保护。因此，"二元知识产权保护模式"是根据少数民族文化的特性对传统知识产权制度框架进行调整而形成的新型民族文化知识产权保护制度。

(二)在立法上明确少数民族文化的权利主体,建立少数民族文化"所有权与使用权相分离的知识产权利用模式"

权利主体不明确是少数民族文化知识产权保护过程中最大的制度障碍。由于少数民族文化无法像传统知识产权那样将权利主体限定到具体的个体或者组织上,因而在立法上可以借鉴国有土地使用权的管理经验,将少数民族文化的所有人与使用人进行剥离,在所有人、传承人与使用人之间建立合理有效的利益共享机制。虽然立法上无法将少数民族文化的所有者确定给具体的个体与组织,但却可以将少数民族文化的管理责任落实到具体的个体与组织。通过构筑起"所有—使用"相分离的二元结构管理模式,科学而充分地实现对少数民族文化的管理和保护。在立法中进一步明确少数民族文化所有人、传承人与使用人的权利义务与法律责任。在确定少数民族文化开发与利用过程中各方主体的利益分成的同时,也要明确各方主体在少数民族文化保护与维权过程中的法律责任。让真正管理少数民族文化的个体或组织,既可以通过少数民族文化的开发与利用获得合法利益,又可以通过法律责任来强化其传承与保护少数民族文化不受侵害的义务。除此之外,在立法上还可以对相关的权利主体进行特殊知识产权制度的限定。例如,规定少数民族文化的权利申请只能由少数民族群体或由其授权他人进行申请,排除未经授权之第三人取得少数民族文化在知识产权上的特权;第三人欲适用少数民族文化时必须向权利主体申请并取得其授权方可使用,通过此种方式使少数民族文化知识产权权利人享有排他性权利;少数民族有权否认与遗传资源相关的少数民族文化的取得;对于利用少数民族文化而获得的经济利益需要共享;承认少数民族文化的集体所有及当地传统的习惯法规范体系。

(三)在立法上进一步强化侵害少数民族文化的法律责任,同时丰富和完善少数民族文化的纠纷解决机制与救济途径

我们之前的少数民族文化保护立法一直存在"重保护,轻责任"的特点,这使得部分少数民族文化在实践中遭到大量破坏,侵害者没有承担相应的赔偿责任,从而使得少数民族文化侵权案件不断发生。

第二节　民族文化知识产权保护的基本原则

随着社会进程向前推进，少数民族文化的现实价值逐渐被人民认识。如何有效保护少数民族文化并对其进行合理公平地开发与利用成为国际社会的重要课题。少数民族文化具有传承性、地域性与活态性的特点，尊重该文化的文化价值，重视该文化价值的本身规律，有利于少数民族文化的传承、保护与可持续发展。少数民族文化的知识产权保护应当遵循一定的原则。

一、活态保护原则

活态保护原则，又叫活态传承原则，是指少数民族文化知识产权保护应当遵循民族文化的"活态性"，应根据少数民族文化的活态特征对其进行活态保护，建立相应的活态保护机制。对于少数民族文化的保护，其关键是民族文化的传承与发展，而传承的核心是建立民族文化的活态保护体系。如前所述，少数民族文化在存在形式上具有活态性。这是民族文化区别于其他物质财产最显著的特征。少数民族文化的活态性使得其能够根据社会环境的变化而不断创新，最终形成适应于新的社会环境的民族文化。国务院《关于加强文化遗产保护的通知》中规定中有提到，非物质文化遗产保护要把保护放在主要地位，同时要大力抢救之前所有的，并且要求合理规划好，让传承能继续走下去。这里面的传承发展即我们所说的活态保护，保护的目的不是为了拯救少数民族文化，保护的目的是为了让其能够不断适应社会进展的前行并持久延续下去。少数民族文化知识产权保护中的活态保护原则主要包括以下几个层次的内容。

(一)活态保护原则的核心是建立完善和有效的活态传承制度

这就要求少数民族文化在知识产权保护过程中建立文化传承法律制度体系。其在内容上包括完善传承人认定制度，提高传承人社会地位与经济待遇，鼓励并帮助少数民族文化传承活动，明确传承人的权利义务等。

(二)活态保护原则的关键是提高对民族文化的文化自觉

高度的文化自觉是少数民族文化得以持续发展的强大动力。少数民族文化的传承与发展的前提是本民族人民对自身的民族文化的价值有着深刻的认识与充分的肯定，只有在这样的基础上，本民族人民才会积极参加到民族文化的保护与维权工作中，而不是作为一个冷眼旁观的看客对民族文化遭受破坏的情形熟视无睹。

(三)活态保护原则的根本是保护少数民族文化赖以生存的社会生活环境

民族文化有着自己的生存土壤，如果生存土壤遭受破坏，民族文化不可能健康发展。因此，保护少数民族文化需要从整体上进行保护，而不是保护某个具体的工艺品、某个具体的民间故事，某个具体的生产技能。民族文化的知识产权保护不能把民族文化中的某一个文化形式单独孤立起来，脱离这个民族的历史背景与生活环境进行保护。活态保护原则是将少数民族整体作为一个客体进行保护，尊重和保护少数民族文化的生存土壤与发展空间。

二、利益平衡原则

利益平衡原则，又称为利益共享原则，是指少数民族文化知识产权保护与开发利用的过程中应尊重与兼顾各方主体的合法利益，通过知识产权制度来缓解各类利益间的对撞，让相关各类利益主体实现互利共赢的理想局面。此外，利益平衡原则还包括协调少数民族文化的所有人与社会公共利益之间的关系。

少数民族文化在开发利用过程中，各方主体容易发生利益碰撞。这种碰撞通常无法全部依靠社会的调节性功能来治愈。尤其在利益的多元价值追求及需求大幅增加，让利益碰撞远超社会自发调节的承受范围。因此，知识产权制度作为解决利益碰撞的"良药"，能够对各类碰撞的利益进行调节，使得每一个为民族文化的传承与保护作出贡献的主体都能享受到利益的分配，最终实现文化保护与文化开发利用之间的良性循环。利益平衡的作用包括以下两大方面。

(一)利益平衡是实现少数民族文化传承与保护的基础，是构建少数民族文化开发利用良好秩序的保障

在该平衡体系下，囊括了对权利和义务平衡追求、衡量私人利益与公共利益的取舍及维持个人之间的权利义务平衡。法律的价值所在体现于取得最大收益而又能避免浪费。民族文化开发利用的过程中，应该利用知识产权制度为各方主体

的需求争取利益最大化，同时应避免由冲突所造成的资源浪费。利益分配的均衡能够使得各方主体都能从民族文化的开发中获益，从而让各方主体热衷于保护与传承民族文化。反过来，当民族文化得以弘扬光大健康发展之后，相关主体又能从该民族文化的开发与利用中获取更多的利益，由此形成一个关于少数民族文化的保护—传承—开发—利用的良性循环。

（二）利益平衡原则是协调和平衡各方主体利益冲突的有效手段

少数民族文化的开发往往具有一定的盲目性，基于人类追求利益的特性，开发过程中各方主体的利益不平衡甚至利益冲突在现实生活中不可避免。得不到利益或者受损害的一方将会心灰意冷，失去保护或者开发民族文化的动力。获得过多利益的一方并不会满足止步，只会陷入永无止境的利益攫取的泥潭中，从而对少数民族文化的正常开发带来不可消除的负面影响。由此可见，既然民族文化开发过程中的利益冲突难以幸免，那么应当学会利用知识产权制度对该问题进行调整。知识产权制度具有调整利益的功能，天生就是为协调和平衡利益冲突而诞生的，是确保少数民族文化开发利用的过程中利益平衡的长效机制。

三、可持续发展原则

可持续发展，是指既实现当代人的需求，又保留着后代人需求实现的能力的发展。可持续发展原则是指少数民族文化知识产权保护与开发利用过程中，应遵循民族文化的发展规律，尊重民族文化的生存环境，确保民族文化的持续性发展。可持续发展原则包括以下五大方面的内容。

（一）共同发展

少数民族文化的传承于保护是一个复杂的系统工程，民族文化活态传承的特性使得民族文化的保护具有整体性的特点，少数民族文化的保护不仅仅指一个具体的文化形式，而是把整个民族文化作根基与底蕴进行保护。因此，可持续发展的目的是追求整体发展和协调发展，即共同发展。

（二）协调发展

协调发展要求少数民族文化在保护与开发利用的过程中应协调好各方面的关

系，包含民族文化的发展，民族地区人文资源、社会资源等方面的整体和谐，还有各方主体之间、国家和民族地区之间的利益协调。

(三)公平发展

协调发展要求少数民族文化在保护与开发利用的过程中确保公平合理。这种公平既包括利益分配的公平合理，也包括权利义务上的公平合理，还包括法律责任上的公平合理。只有确保少数民族文化在发展过程中各方主体的公平合理，才能实现民族文化的可持续发展。

(四)高效发展

可持续发展的效率既包括少数民族文化保护与传承中的效率，也包含少数民族文化开发与利用中的效率。公平和效率是可持续发展的助力器。可持续发展中的高效发展是民族文化发展与经济、社会、资源、环境、人口等协调下的高效率发展。

(五)多维发展

多维发展是指少数民族文化知识产权保护应从不同的维度，采用不同的手段与方式。例如，我们之前所说的关于少数民族文化的"非物质文化遗产—传统知识产权的二元知识产权模式"，即通过非物质文化遗产保护法与传统知识产权法这两种不同的维度实现少数民族文化保护与传承。

四、保护与开发并重原则

保护与开发并重原则是指少数民族文化知识产权保护的过程中应将文化保护与文化开发结合起来，将文化优势转化为发展优势。少数民族文化保护与开发并重原则主要体现在两个方面：第一，确保少数民族文化资源在开发过程中不被破坏，正确处理好少数民族文化开发与保护的关系，通过开发促进保护，通过保护支持开发；第二，少数民族文化资源在开发发展中应该严格把控，要符合民族文化的发展需求，要尊重民族文化的生存环境，不能掠夺式开发，也不能破坏式开发，对这类文化的开发要维护好生态平衡与利益平衡。

第三节　民族文化知识产权保护的实现机制

当下，民族文化在现代化的影响下衰退，而传统知识产权法对民族文化的调整也存在着弊端。传统知识产权法之外，针对民族文化保护的特别立法主要有《文物保护法》《非物质文化遗产法》以及 2017 年 1 月 1 日开始实施的《广西壮族自治区非物质文化遗产保护条例》。放眼全局，广西少数民族文化保护在法律制定形式上是相对完整的。但是，对于涉及民族文化保护的具体实现机制的内容，无论是传统知识产权立法，还是特别立法，其相关的规定较为笼统。我们认为，民族文化知识产权保护的实现机制至关重要，其是少数民族文化在实践中法律保障，因而应完善关于民族文化知识产权保护的实现机制，立法进程须紧跟时代脚步，出台的法律文件应当具备远见性。关于广西民族文化知识产权保护的实现机制须依据广西的发展情况来制定，结合民族特色、地理环境、人文资源等因素，制定适合本自治地方的法律规范。另外，制定民族文化保护法律还应当充分考虑两个因素，即注重传统知识产权法与非物质文化遗产保护法等特别法之间的制度衔接，以形成一个完整的法律保护体系。具体而言，我们认为广西少数民族文化知识产权保护的实现机制主要包括以下几个方面：集体管理机制、传承保护机制、授权许可机制与利益共享机制。

一、集体管理机制

集体管理机制是指经权利人授权，由集体管理组织集中行使权利人的有关权利的制度。在传统知识产权法中，著作权集体管理较为典型。著作权集体管理组织，如中国音乐著作权协会，其经音乐作品著作权人授权，以自己的名义集中行使权利人的有关权利。其职能是通过与使用者订立著作权或者与著作权有关的权利许可使用合同并且收取使用费后向权利人转付使用费及应付日后出现的仲裁或诉讼。从法律性质上看，著作权集体管理制度是一种类似于权利信托的制度，在此制度下，著作权人将原本应当属于自己的一部分或全部的权利通过自主授权或者法定授权的方式给集体管理组织，由集体管理组织代为行使著作权与处理相关的维权活动。同时，著作权集体管理组织还担负着向民众传播版权文化、普及有关版权法律法规的责任。由此可见，集体管理制度是一种在知识产权保护过程中市场自发形成的一种非常有效的机制。

(一) 民族文化集体管理机制的现实意义

众所周知，民族文化的创作者是集体。一个民族或一个区域居民有权享有并行使他们的民族文化的权利。在法律性质上，民族文化的集体所有是共同共有的关系，群体中的任何人都可以主张权利，但又无权单独享有权利。如前所述，权利主体的群体性、不确定性在权利主体行使的过程中产生阻碍。因此，我们认为，民族文化的创作群体作为权利的主张者是不合适的，尤其是当前很多民族文化的权利主体不明确，有些民族文化的权利主体虽然明确，但是由于权利主体的集体性导致相关主体行使与保护权利的积极性不高。实践中，民族文化的保护有必要借鉴著作权集体管理制度，设立民族文化保护协会或者非物质文化遗产保护协会代表特定群体行使与维护权利。

借助集体管理制度，少数民族文化的开发与利用既可以保证权利主体实现合法利益，又可以实现社会公众对少数民族文化的需求愿望。同时，由于少数民族群体的人员基数大且难以确定，民族文化集体管理制度可以设立相应的文化基金会，将少数民族文化开发利用取得的许可使用费进行集中管理。一部分通过合理的利益分配机制返还给相应的权利人，另一部分通过设置民族文化基金用于民族文化的整理与保护。如果特定的群体基于保护与发展本民族文化的目的，并且符合相关条件手续的，可由集体管理组织经过审查后，从民族文化基金中拨付必要的资金用于民族文化保护与发展事业。通过民族文化集体管理制度，一方面可以保障民族文化在开发与利用的过程中相关许可使用费的收取，另一方面则可以保证民族文化的许可使用费的合理使用。另外，集体管理组织还可以对保护民族文化做出一定贡献的个人或者组织给予他们一定的物质奖励和精神奖励，以对他们在这过程中所付出辛劳表示感谢，并且这也会大大地鼓舞民众的积极性，使之拥有归属感和荣誉感，从而让民族文化保护行动得以持续下去。相同的，民族文化的集体管理机制应与民族文化的利益分享机制相互衔接，通过建立高效明确的利益管理与利益分配制度，有利于使用人向确定的权利主体支付使用费，形成民族文化开发与利用的良性循环，从而激活民族文化的内在价值，让民族文化内在的文化价值和商业价值得以体现，以达到促进社会财富的效果。

(二)民族文化集体管理机制的职能机构

我国于 1992 年创立了中国音乐著作权协会，著作权集体管理制度在我国已经发展了二十多年。在这二十年间，我国还陆续成立了 5 家著作权集体管理组织。可以说，我国著作权集体管理的制度框架已然"跃于纸上"，制度构建经验也较为丰富。当然，随着社会的发展与进步，集体管理制度中存在的缺陷也逐渐地凸显出来。我们认为，民族文化的集体管理应该借鉴著作权集体管理的制度经验，同时也要注意避免著作权集体管理中的问题。当前，著作权集体管理制度存在以下几个方面的问题：第一，收费标准存在矛盾。第二，监管不到位，从目前的趋势看，著作权集体管理组织作为一个社会团体法人，依法享有权利和承担义务。但是，相关的监督机制却没有完善，例如 2009 年《东方早报》就报道过一起"音集协"向 KTV 经营者收取 8000 万元使用费，却没有按时分配给著作权人的事件，由此可见，民族文化集体管理机制中，完善监督尤为重要。第三，缺少专门的纠纷解决机构。即使中国音乐著作权协会与中国版权保护中心的相继成立，加上国家版权局又多次指示并帮助组建多方领域的著作权集体管理组织，集体管理组织较为完善，但实践中缺少相应的纠纷解决机构。

基于著作权集体管理组织面临的问题与民族文化保护的特殊性，我们认为，集体管理制度可以更好地解决民族文化保护和合理使用的问题，但是绝不能直接照搬著作权集体管理制度，应当形成适合民族文化保护工作的集体管理机制，其在职能机构上包括：一是设立民族文化保护协会，对民族文化统一行使集体管理权；二是设立民族文化基金，对民族文化的保护、抢救等工作统筹安排资金；三是设立民族文化监督机构，对民族文化的使用与管理进行监督；四是设立民族文化纠纷解决机制，对民族文化开发利用过程中产生的纠纷进行协调。

1. 民族文化保护协会

根据我国《非物质文化遗产法》与《广西壮族自治区非物质文化遗产保护条例》的规定，都是由县级以上人民政府文化主管部门对本行政区域内的非物质文化遗产保护、保存等工作进行规划。实践中，由于编制等原因，县级以上人民政府文化主管部门往往存在人手不够、经费不足等问题。因此，通过专门设立民族文化保护协会进行民族文化的集体管理更能起到有效保护的效果。

实践中，民族文化保护协会主要行使以下职权：一是组织开展调查、收集工作，对民族文化进行整理、分类、登记建档，保存民族文化的相关资料。二是代表的特定群体与民族文化的使用人签订许可使用合同，并收取许可使用费。根据国家版权局《关于制作数字化制品的著作权规定》第三条和第四条的规定，对民族文化进行数字化也应当事先取得相关权利人的许可。在实践中，可以通过民族文化保护协会根据传统知识产权法中的使用许可制度来对相关许可进行管理。三是制定民族文化集体管理的相关章程，规定该管理机构的宗旨、业务范围、组织机构、财产的管理和使用等内容。四是设立民族文化保护基金，将民族文化的许可使用收入，在扣除必要的管理费用与利益分成后，以民族文化保护基金的方式进行管理。民族文化保护基金也可以避免目前以财政资金作为民族文化保护资金所带来的不足，又可以实现民族文化开发利用收入的合理利用。五是保护民族文化权利人的合法权利，保护民族文化不受歪曲、篡改的权利。当上述权利受到侵害时，有权以自己的名义提起诉讼。六是开展其他社会活动。

2. 民族文化保护基金

民族文化保护基金在法律性质上属于财团法人。民族文化保护基金是"为保护、继承和弘扬民族优秀传统文化"而特别设立的专项基金，其在来源上包括：一是社会公众捐赠的资金；二是民族文化开发利用过程中产生的收益；三是相关民族文化产业与旅游产业的利益反馈；四是其他资金。民族文化保护基金的章程是由民族文化保护协会根据履行职能的需要而制定。民族文化保护基金的职能具体包括：一是对民族文化进行抢救性保护提供资金支持；二是基于发展民族文化的目的，对在民族文化保护工作中作出显著贡献的组织和个人，按照国家有关规定予以表彰、奖励；三是对民族文化中非物质文化遗产的代表性传承人开展传承、传播活动提供资金支持；四是对与民族文化有关的科学技术研究工作提供资金支持；五是对其他符合民族文化保护目的的活动提供资金支持。

3. 监督机构

国外的著作权集体管理组织通常都有比较完善的监督机构，如美国的著作权集体管理组织中，一般从著作权的权利人与使用者中遴选出相关人员成立监事会。监事会作为监管机关对其日常管理与财务状况进行监督，对其出现的内部违规行为与会员投诉进行及时处理,对理事会的选举活动进行合法审查。此外,在我国的台湾地区,著作权集体管理机构也有较为完善的监督机构。其设置专门的总会,由专人负责监督事项,监督人员不得兼任著作权集体管理团体的董事、申诉委员和工作人员。监督人员独立进行监督工作,包括财务状况和著作权集体管理组织中各项事务的监督。监察人员出现因个人玩忽职守给著作权集体管理组织造成损害的情形,那么相关责任人应承担赔偿后果。由此可见,集体管理组织拥有良好的监督机构是确保其发挥管理作用的关键所在。

我国目前的著作权集体管理组织,通常由国务院著作权管理部门和民政部门对集体管理组织的财务状况进行监督,同时规定权利人和使用者以及与权利相关的人员发现违规行为可以向国务院著作权管理部门举报。由此可见,我国著作权集体管理组织的监督是通过外部监督来进行的,集体管理组织内部并没有建立较好的监督制度,外部监督往往具有滞后性,容易在监管上出现漏洞,因而在运营活动方面监管效果有限。另外,由于我国著作权集体管理组织往往带有垄断的色彩,在交易过程中,处于垄断地位的集体管理组织如果提出不合理的要求,交易相对人往往无从选择只能妥协,从而影响相关权利的合理使用。因此,民族文化集体管理应该借鉴与吸收著作权集体管理的经验,在我国民族文化集体管理组织中建立与完善内外监督体制很有必要。

通过建立监管部门,完善监督制度,监管部门加强对民族文化集体管理组织从成立到运行的各项事务的监督,做到严于律己,不越权、不渎职,保证民族文化集体管理制度能够正常有序运行,保障民族文化保护基金能够合法合理开支。例如,可以要求民族文化保护基金定期公开财务报表,让它的财务状况公开透明。再如,可以借鉴美国著作权集体管理制度与公司法的监督管理办法,成立一个民族文化集体管理组织的监事会。监事会人员由相关权利人与使用者共同选出,担任监事会的人员不得兼任民族文化保护协会的董事和工作人员。监事会对财务状况和运营状况独立监督,如果监事会人员出现玩忽职守的行为,那么所造成的损失由相关责任人承担,由此实现民族文化集体管理机制的良好运行。

4. 纠纷解决机构

民族文化开发利用过程中容易产生各种纠纷。我国《非物质文化遗产法》与《广西壮族自治区非物质文化遗产保护条例》对纠纷解决机构以及相应的机制都没有特别的规定。由于民族文化具有特殊性与差异性，民族文化的纠纷直接通过司法程序进行救济的效果并不好。因此，在传统救济模式的基础上专门设立一个民族文化纠纷解决机构能够丰富民族文化保护的救济手段，能更好地实现民族文化的开发与利用。

实践中，我们认为民族文化纠纷解决机构可以借鉴劳动争议仲裁机构的工作模式，在国家文化主管部门里设立一个专门解决民族文化纠纷的仲裁机构。对于民族文化开发利用过程中的许可使用问题、收费问题、侵权问题、集体管理问题，当事人可以自行选择或仲裁或诉讼的方式。例如，针对民族文化使用收费标准的问题，当事人应当先向仲裁机构申请调解，而且这种调解应当是强制性的。双方在进行调解之后不能得到解决的，任何一方可以要求仲裁，对仲裁不服再进行起诉。民族文化纠纷解决机构的设立，能够更有效地更专业地解决当事人之间的利益冲突，避免由于司法程序的冗长与烦琐而造成民族文化纠纷久拖不决。

(三) 民族文化集体管理机制的制度功能

1. 强制性保护的功能

与传统的著作权集体管理组织不同，民族文化的集体管理在客体保护上具有强制性。传统的著作权集体管理组织在性质上是非营利性的社会自治组织，是否加入集体管理组织基于权利人的主观意愿，每一个权利人都有加入与退出集体管理组织的自由，不受集体管理组织的强迫，不存在保护上的强迫性或者限制。民族文化的集体管理则不同，这是由于民族文化不仅是特定民族或区域群体的财富，更关系到整个中华民族的利益，因而对属于民族文化的内容，民族文化集体管理组织都应该将其纳入管理范围来。当然，民族文化集体管理组织对相关权利的取得需要经过特定群体或者特定代表的许可与授权，国家在立法上也应该以保护和发展民族文化为目的，授权集体管理组织行使相应的职权。因此，与著作权集体管理相比，民族文化的集体管理在客体保护上具有强制性。

2. 高效性保护的功能

如前所述，民族文化由于权利主体存在不确定性的特点，在立法上很难将民族文化的权利主体明确到具体的个体或组织上，因而在很大程度上造成民族文化在保护上的主体缺失。实践中，少数民族文化面临流失或者遭受侵害，很少有具体的组织与机构出面进行挽救或者维权，往往都是由政府机构进行保护。但是，政府机构的保护通常具有一定的滞后性，所以将民族文化的保护与维权工作全部交给政府，在实践中也容易造成政府对部分民族文化的保护与传承力不从心。民族文化集体管理组织通过建立相应的集体管理机制与利益分配渠道，通过明确相关人员的职责，将民族文化保护工作的具体权利义务与法律责任明确到具体的组织与个人，从而实现民族文化保护的过程化管理，避免民族文化保护工作中维权主体缺失的现象。由此可见，民族文化集体管理制度不仅维护特定权利群体的人身性权利，更在于促进民族文化的保护和丰富，其维护社会公共利益的效果更为明显。

3. 平衡性保护的功能

民族文化集体管理机制能够更好地协调各方利益：一是民族文化集体管理通过设立民族文化保护协会，通过集体管理进行收费，收费的渠道清晰明确，收费的过程透明完整，避免民族文化的开发利用过程中使用者找不到相关权利人或者管理人而免费使用的情形。二是民族文化集体管理通过设立民族文化保护基金，对相关收费进行集中管理，收费的一部分用于支付民族文化开发利用过程中各方主体的费用。通过相关的章程与制度明确收费与支付的标准与程序，更好地协调开发者、使用者与权利人之间的利益关系。三是民族文化集体管理组织在民族文化遭受侵害的时候得以自己的名义依据权利人的授权进行维权，通过专业的组织与人员，能更好协调各方的关系，以实现保护和发展民族文化的目的。

4. 开发性保护的功能

民族文化的集体管理的作用之一，就是为民族文化的权利人与使用者之间搭建一个合法合理开发使用民族文化的平台，其通过收集、整理相关的民族文化，将民族文化进行数字化，形成我国关于民族文化的开发利用平台，整合我国民族文化的相关资源，理顺民族文化开发利用的利益分成，最终实现我国民族文化开发利用与传承保护的良性循环。民族文化的集体管理规范了文化的使用方式，扩大了文化的使用范围，平衡了文化使用过程中的各方利益，将文化使用与文化开发、文化保护相结合，加大了文化的传播力度，降低了文化产业的交易成本，合理控制了权利人的权利空间，所以总的来说是对于社会公共利益的照顾，这对民族文化而言是百利而无害的。

二、传承保护机制

民族文化是中华优秀传统文化的瑰宝，传承人是民族文化的重要承载者和传递者，他们掌握并承载着民族文化的知识和技艺，既是行走在民间的移动宝库，又是民族文化世代相传的代表性人物。因此，加大对传承人的保护是民族文化保护的关键环节。实践中建立与完善民族文化传承保护机制具有重要意义。传承保护制度是指通过建立民族文化的传承人制度与活态传承制度，对民族文化的传承人与传承活动进行规范与保护。民族文化的传承及传承人保护是民族文化工作的重中之重，因而民族文化传承要抓住活态传承的特点，做好传承人的科学认定和管理工作，通过搭建平台、提供政策和资金支持等方式，建立完善的传承机制，激发传承人的积极性，在社会力量的支持和参与下，培养更多观众和传习者，共同为民族文化保护和传承贡献力量。

(一)传承人制度

民族文化的传承人制度在体系上包括传承人认定制度、传承人管理制度、传承人奖励制度与传承人退出制度。

1. 传承人认定制度

传承人在民族文化中担任着重要的角色，认定工作是对传承人实施保护的关键环节，倘若认定工作做得不到位，将会影响着对传承人保护的效果，甚至会阻碍到民族文化保护前进的脚步。因此，民族文化传承人的认定要根据文化结合具体情况，联系当地实际，开展具有可操作性和便捷的申报与认定工作。传承人的遴选和认定应该严格符合认定程序和准则。民族文化的概念和范围复杂，因而传承人的遴选和认定最好经个人或他人的申请，政府部门来审查批准，推送至同行专家审议，最后经过公示监督后认定公布。传承人的遴选与认定要严格把控质量、数量，防止滥竽充数，切实符合项目的实际需要。

2. 传承人管理制度

传承人不仅仅象征着一种荣誉，其还承载着历史的见证。因此，传承人选择和认定之后，实施科学的管理机制至关重要。实践中，民族文化的传承人制度必须有健全的管理原则和完善的管理条例，通过合理的管理手段，不断提高管理水平来从而促进少数民族文化不断推陈出新，让少数民族文化的传承人做到身体力行，充分发挥其作用，通过发掘民族文化的传承工作实现自我的价值。

3. 传承人奖励制度

传承人奖励制度是指通过相关政策对传承人进行资助，包括抢救濒危技艺、培养现有技艺、扩大特色技艺，设立专项资金来改善、提高传承人的传承环境与传承条件等，使拥有一技之长的传承人能深切感受到其技艺不但具有娱乐消遣作用还能创造出经济价值，从而促进我国民族文化的传承、保护工作的有序发展。通过建立相关法规制度完善对传承人的补偿，维护传承人的利益。例如，对壮锦等民族文化产品的公开展示或者演示，可以给予传承人一定的表演补偿；对壮医壮药等进行生产性保护的民族医药企业，可以实行税收优惠和贷款贴息政策，对侗族大歌等民族艺术作品，可以建立保护传承人的专项资金，通过生活补贴、立项资助、政府配套、以奖代补等方式，实施有差别的资金补助；对瑶族油茶制作等民族技艺传承人的带徒传艺给予专门的传习、培训经费支持。此外，还可以通过收购、征集等渠道，寻找优秀传承人的经典作品，当地政府可以作为自身名片用于对外交流以及展馆展示，以支持传承人的工作。传承人奖励制度中，对于同一文化中不同传承人的补助也应有所区别，要将奖励从资助性转化为激励性，并根据传承人管理制度，按照传承教学的实际效果发放相应的补贴和奖励。

4. 传承人退出制度

我国《非物质文化遗产法》第三十一条规定："非物质文化遗产代表性项目的代表性传承人无正当理由不履行前款规定义务的，文化主管部门可以取消其代表性传承人资格，重新认定该项目的代表性传承人；丧失传承能力的，文化主管部门可以重新认定该项目的代表性传承人。"因此，在传承人管理过程中，要坚持有进有出，建立传承人竞争和淘汰制，避免传承人制度一劳永逸而形同虚设。传承人管理中应引入考核机制，对一定时间段内未履行传承人职责和传习义务，不适应民族文化保护工作的，可以考虑取消传承人资格。

(二) 活态传承制度

活态传承，又叫动态传承，是指少数民族文化知识产权保护应当遵循民族文化的"活态性"，应根据少数民族文化的活态特征对其进行活态保护，建立相应的活态保护机制。民族文化在传承上通常具有群体传承和个人传承两种类型。无论是群体传承还是个人传承，民族文化都应该遵守活态传承的原则。活态传承中的再创造是实现民族文化生存与发展的希望，因而民族文化传承与保护不仅要重视静态固化的记录记载，更应重视民族文化的再创新，重视民族文化的可持续发展。坚持活态传承是民族文化生命得以延续的保障。在此情形下，民族文化的传承既要做好文化的收集、记录、封存与整理，更要做好开放式活态传承发展。例如，做好文化传承的动态追踪，及时收集与统计民族文化与传承人的最新状况，建立动态跟踪管理机制，对其传承的内容、方式、成效和社会影响等进行量化分析并纳入一体化测评体系，及时根据民族文化的传承结果调整民族文化的传承人与传承活动形式。

除此之外，民族文化的传承保护制度还应与集体管理制度相互衔接，厘清传承人与集体管理组织之间的职责，明确传承人与集体管理组织的权利义务，畅通传承人与集体管理组织之间的对话机制，确保民族文化的保护传承与集体管理能够同步进行。

三、授权许可机制

授权许可即使用许可，是指民族文化的使用者需要经过法定程序征得民族文化权利人同意后方可使用。在集体管理形式下，民族文化的使用许可则经过集体管理组织来进行。通常是以订立使用许可合同的方式，类型有普通、排他、独占等许可。其中，授权许可是传统知识产权最为典型的制度。这是由知识产权独特的客体性质决定的。与传统的有形财产不同，智力活动成果能够被广泛地复制，并且可以由多数人共同占有。知识财产的使用也不需要像物权一样以使用人对客体的占有作为前提条件。知识财产的使用者使用知识财产的基础不在于占有知识财产本身，而在于能否"复制"知识财产。因此，知识产权本质上是一种复制权。使用者能否"复制"或者以"复制"的方式使用知识财产才是权利人与使用者最关心的问题。民族文化的本质是一种智力活动成果，在法律性质上是知识财产，属于知识产权的客体。所以，民族文化使用的关键就在于权利人是否同意使用者"复制"或者以"复制"的方式使用民族文化。这里的复制既包括狭义的技术上的复制，也包括模仿、表演、数字化等方式形成的广义的复制。在此情形下，在权利人与使用者之间建立合理的授权许可机制是确保民族文化得以正常利用的基础。

我们首先通过民族文化集体管理机制简化授权许可的程序，降低授权许可的交易成本，将权利人与使用者之间的关系简化为集体管理组织与使用者的关系，从形式上确保民族文化授权许可的顺利进行。其次，我们通过构建民族文化的利益共享机制，明确民族文化开发利用过程中各方的权利义务，平衡民族文化开发利用过程中各方的利益，制订各方主体都能接受的利益标准，从而在实质上保障民族文化授权许可的顺利进行。

四、利益共享机制

民族文化知识产权利益共享机制是指凡是其所有人、使用人、持有人及其他利害关系人等就利用该权利所产生的经济或精神利益，不同主体之间通过法定或者约定的形式进行共同分享的制度。在生活中民族文化知识产权面临着严峻的形势，即许多公司、组织或个人对少数民族文化中蕴含的商业价值进行压榨，利用低成本从中赚取巨额的利润，而相关权利人却只能获得少有甚至是没有回报。因此，我们有必要构建利益分享机制，为的就是在不同权利主体之间让利益得到均衡发展，而利益均衡作为核心方向，可以从分配机制和市场机制两个方面来思考。

1. 分配机制方面体现在对权利进行合理限定

少数民族文化知识产权权利人的经济权利指的是权利人对其智力成果享有使用、处分并获得享有收益的权利。虽然知识产权对权利人的鼓舞须由经济权利体现的，但范围远远比普通知识产权所保护的客体要小很多。就使用权保护范围来说，如果权利人可以过度地使用，则不利于少数民族文化的发展；在获得报酬权方面，少数民族文化知识产权许可使用的报酬一般用于传承、发展等公共利益，而非个体成员获取。

因此，少数民族文化知识产权应当从合理使用和法定许可着手限制。对合理使用的限制体现在，其主要作用在于平衡知识产权权利人与社会公共利益之间的关系。对知识产权的保护不应妨碍公众特别是少数民族集体成员依据传统或者习惯对少数民族文化知识产权进行使用、交流以及传播。而对法定许可的限制体现在其意义是通过法定形式对知识产权权利垄断者进行必要的限制，知识产权利用人可以依据法律法规的直接规定，可以在不经权利人同意的情况下使用该知识产权，但是应当支付相应的报酬。当然，法定许可不能侵害权利人的人身权利和合理的财产权利。

2. 利益平衡的市场机制在于公众可以通过授权许可进行有效利用

立法者可以通过授权许可制度为少数民族知识产权保护规划出合理的市场机制，确保不同的社会主体可以在公开、合法下利用知识产权。授权许可制度的内含在于：使用人在使用少数民族知识产权前应事先经过申请获得知识产权权利人或者集体管理组织的授权；或者是权利人或集体管理组织发现侵权者后，双方达成和解，由侵权人补偿权利人经济损失后，授权其在一定范围内使用其知识产权。授权许可制度的建立，主要为了保护少数民族文化知识产权权利人的经济权利，是其对知识产权享有排他性垄断权利的市场化调整，以达到权利人与使用人之间利益的共赢。授权许可制度的建立，既保护了少数民族智力劳动者对智力劳动产物的权利，同时又在一定程度上削弱了其权利的垄断性，促使权利人的利益、知识产权使用者的利益与社会的整体利益得到进一步的提升，为最大限度地利用知识产权的经济价值，增进整个社会文化知识资源提供制度基础。

民族文化的保护和发展离不开制度的保障，在保护少数民族文化知识时不仅要建立起科学合理的知识产权保护体系，积极运用现有的知识产权保护法律、法规对其进行保护，也要从知识产权利益分享的角度出发对少数民族文化知识在不同主体之间的利用加以衡平。少数民族特色文化知识产权利益分享机制的构建，无论是对于权利人，还是对于少数民族文化的实际利用者而言都将起到重要的指引作用，其有效实施不仅将有效保护和刺激民族文化事业的发展，又能够进一步扩大整个社会对少数民族文化知识资源合理运用。

总而言之，民族文化是各民族在长期的社会实践中创造和发展起来的智慧财富，其作为中华文明的重要组成部分，不仅具有重要的文化价值，也具有极大的经济价值，能给特定地区带来直接或间接的经济效益。就广西少数民族文化而言，民族文化商业价值的开发与保护需要相互结合，通过在实践中建立与完善集体管理、传承保护、授权许可与利益共享等知识产权保护的实现机制，将先进的产业意识贯穿于传统民族文化特色中，既能达到促进民族文化的传承和发展的目的，也能带动当地社会经济的发展，顺应市场经济的时代特征。

第四节　民族文化知识产权保护的利益平衡

知识产权本质上是一种垄断权。垄断，一方面通过激励机制促进文化艺术科技进步；另一方面也在一定程度上阻碍了文化艺术科技的传播与交流。因此，知识产权的立法宗旨就是在平衡创作者的利益和社会公众的利益，使二者之间达到和谐，以促进社会进步。民族文化知识产权保护同样需要考虑各方主体之间的利益冲突，民族文化的知识产权保护也以实现各方主体利益平衡为目标。民族文化知识产权保护机制从本质上讲应当就是一种利益平衡机制。

一、民族文化知识产权冲突与利益平衡问题

知识产权的特性在民族文化中也有强有力的表现，然而民族文化与传统知识产权的制度框架又不尽符合。我们直接通过传统知识产权法来调整民族文化确实面临一定的困难，但是也不能因此对传统知识产权制度能否适应民族文化的保护持否定态度。因此，从这个意义上说，我们认为应该将传统知识产权的一般规定与非物质文化遗产保护的特别规定相结合，通过两者互补性地保护民族文化。在此情形下，民族文化知识产权保护的利益平衡确实不能简单套用传统知识产权的平衡手段，因为民族文化是一种地域性文化，其通常不同于传统知识产权法调整的智力活动成果。民族文化通常是由民族信仰和知识结合成的一个整体，而不是由一些相对独立的分支所构成。民族文化的每一个文化细节与文化片段，都只是这个民族文化的一个部分。民族文化在漫长的历史中形成了其独特的性质、创造、传承与权属等，是特定的族群适应特定的社会生态环境而发展起来的文化形态，相对于其他知识财产的普遍性，民族文化则体现出别致的多样性、复杂性。因此，民族文化，特别是少数民族文化在保护与开发利用过程中面临的利益冲突尤为激烈，其引发的社会反反响也是非常大的。例如，贵州十八管芦笙专利纠纷案就出现了这种激烈的碰撞："2003年4月，省歌舞团一级演员苗族芦笙演奏家东丹甘起诉雷山县丹江镇芦笙制作人莫厌学侵犯十八管芦笙专利权，在文化界、知识产权保护界、法学界引起了震动，各界人士表现出了各种不同的关注：有的

认为芦笙作为民族文化的一部分，不能成为个人独有，芦笙的专利注册本身就是一种错误。有的认为民族文化注册专利等于被关了起来，是对其判死刑。有的认为只要成为专利，并履行相关义务，就应该受到国家法律的保护。也有的认为应该完善专利审查，理性对待民族文化的知识产权保护。"①

　　十八管芦笙纠纷的背后其实就是少数民族文化在保护与开发利用过程中各方主体之间的文化和利益冲突。一方面是民族文化通过知识产权制度使得部分群体对民族文化实现一定程度上的"独占"，甚至很多人对民族文化知识产权保护产生误解，认为知识产权制度成为垄断利益者的工具。另一方面，传统知识产权的利益平衡手段确实不足以调整民族文化的特殊性。众所周知，民族文化是整个传统社区共同创造的，民族文化属于特定民族群体而非个人的，其在性质上是群体共同共有而非个人独有，传统知识产权制度保障创造者个体利益的宗旨与传统民族社区崇尚集体共享的社会模型、文化结构、价值体系等都是完全不一样。因此，在民族文化的开发利用过程中，如何平衡民族文化相关的各方主体的利益关系是至关重要的。如何运用知识产权制度保障为民族文化做出贡献的各方主体的合法利益，同时又如何保证民族文化及其开发利益不被少数持有者利用知识产权制度进行控制与垄断？这是摆在我们面前最直观与最迫切的问题。广西是一个后发展的少数民族自治区，少数民族众多，民族文化积淀丰硕，许多社区传统的民间文学艺术、传统医药、遗传、非遗传等文化生态资源完整。如何保证这些民族文化不受现代社会发展的颠覆与冲击，这一方面需要我们将传统知识产权法结合非物质文化遗产法对其进行双重保护，另一方面就需要我们在保护的过程中协调与平衡好相关的文化冲突与利益冲突。

二、民族文化知识产权保护与利益平衡的层次

　　利益平衡机制是指能够确保处于利害关系中的每一方主体都同时实现最大目标而趋于持久存在的相互作用的制度体系。传统知识产权制度是一种分配权利与利益的平衡机制，在智力活动成果的生产、创造、传播、控制和使用之间达成平衡。民族文化知识产权保护的核心目标也是实现文化产品创造与使用之间的利益平衡，因此，利益平衡也是民族文化知识产权保护的理论基础。从根本上讲，民

---

① 《18管芦笙纠纷的背后》，http：//news. huain. com/suonasheng/2003/0617/9499. shtml.

族文化知识产权保护通常涉及个人利益、集体利益与社会公共利益之间的协调。我们以广西少数民族特色文化知识产权保护为例，民族文化的保护与平衡包括以下几个层次：

(一) 少数民族文化的创造与传承之间的平衡

少数民族文化是由富有智慧的少数民族人民集体创造的知识产品，是整个民族智力活动成果的最终体现。这些知识产品在漫长的历史长河之中被特定民族个人或族群所利用，促进了少数民族社会的繁荣与进步。但是，少数民族文化得以发挥作用的前提条件是文化的顺利传承。无论是文化价值还是经济价值的体现，少数民族文化的价值实现，取决于知识产品的创造成本、潜在使用的需要、市场结构以及允许其所有人控制其使用的法律权利。这就必然涉及民族文化所有人的权利实现与对民族文化创造的制度激励，两者的共同结合才能确保民族文化在社会中产生效用。同时，为使少数民族文化的创造与传承达成平衡，仅靠激励民族文化创造是不够的，民族文化的传承同样重要。这就如同著作权中的邻接权，邻接权人本身并不是智力活动成果的创造者，但是其客观上对智力活动成果的传播做了巨大贡献，因而其同样能够得到知识产权制度的保护。因此，民族文化知识产权保护在制度上的设计，如果对文化传承者没有相适应的激励机制，那么反过来也会影响整个文化的传播与发展，民族文化的价值实现就难以达到最佳状态。因此，在建立民族文化的知识产权的规则时，必须重视创作与传承之间的平衡。

(二) 少数民族文化的创造与使用之间的平衡

少数民族文化的创造群体是民族文化权利的所有人，其根据民族文化的社会性、传承性以及民族自身发展对知识的合理需求，对相应的民族文化享有合法权益。但是，任何一种知识财产发挥效用都离不开现实社会的使用。任何一种文化产品的永久传承也离不开使用者的复制与传播。传统著作权法建立了著作权人与邻接权人和睦相处的利益分配机制，既保证著作权人能够得到制度上的奖励，也能肯定邻接权人基于传播行为的客观贡献。这也是传统著作权法为了平衡各方利益而进行制度设计的基本思路。同理，民族文化知识产权保护中，同样应该协调与平衡民族文化专有权与使用权之间的利益平衡。在市场经济条件下，如果一味追求的是权利人利益最大化，就会忽视社会对其合法使用的需求；在客观上民族文化的使用者同样对民族文化的传播甚至传承作出了一定贡献。因此，民族文化的知识产权保护在制度上应该充分考虑创造与使用之间的平衡。

(三)民族文化传承者、族群集体利益与社会公共利益之间的平衡

知识产权制度重要性可以表现在多方面，但是在保护民族文化的传承者与族群利益方面应该具有正当性。知识产权制度立法宗旨之一，就是要保护权利所有人的合法权益。但是，这种对民族文化的专有保护如果不断扩张，那么这种扩张极其容易造成知识产权私人利益的过度膨胀。反过来也有可能反过来损害全社会的公共利益。因此，从利益平衡的角度看，少数民族文化的知识产权制度，也需要在民族文化个人利益、集体利益与全社会公共利益之间确立一个平衡。因为民族文化在开发使用过程中涉及的社会公共利益也应充分重视。一则应合法保障民族文化创作者、传承者及相关族群的利益，二则应树立民族文化正确的态度，"合理利用，继承发展"，只有这样才能促使其健康发展。

三、民族文化知识产权利益平衡的内容

建立健全少数民族文化知识产权的保护制度，要着眼于保护民族文化相关权利人的知识产权，同时也要兼顾其在社会上的共享和使用。事实上，如果没有对社会公共利益的保障，知识产权的立法宗旨也将无从实现。在此情形下，实现民族文化知识产权保护的利益平衡具有以下几方面内容。

(一)少数民族文化的署名权保护

少数民族文化的署名权，是民族文化权利中最基本的权利。一般而言，署名权是人身权中的最重要内涵之一，指的是作者在自己创作的作品及其复制件上标记姓名的权利，用以证明身份。除此之外，署名权还包含另一层面的意思，作者有权禁止他人——一般指未参加作品创作的人在作品上署名。民族文化的署名权可以理解为，在民族文化的表演、传承、制造活动中及基于此活动所产生的作品中，以适当的方式注明民族文化的来源或出处，有具体创作人员的应该注明具体的创作人，涉及具体传承人演示的还应该注明具体的传承人。以著名的"侗族大

歌"为例，其民族文化的来源或出处，例如"小黄侗族大歌""肇兴侗族大歌""三江侗族大歌""茅贡侗族大歌"等歌曲的命名，就充分体现了相关民族村寨或地名之权利维护；其民族文化的传承人，如吴光祖、吴春月(广西三江县人，侗族大歌的国家级传承人)，其署名充分体现了对民族文化传承人的权利维护。

(二)少数民族文化改编权的保护

改编就是在原作品的基础上，以改变作品的表现形式或改变作品用途等方式，改编成具有独创性的新作品。改编作品在我国著作权法上被划分为演绎作品。由于改编势必涉及原权利人与改编人两者之间的利益关系，因而立法上对改编行为进行一定的限制。首先，民族文化的改编应征得原权利人或者原权利人授权的集体管理组织的许可；其次，改编不得侵犯原权利人的其他著作权，如改编作品要严格注明原权利人的署名，改编的作品还要明确注明改编的民族文化来源。以广西壮族嘹歌为例，以壮族嘹歌为素材的音乐曲调，假设仅仅经过艺术加工处理的成为新的作品，应该加以"改编自壮族嘹歌×××，由×××创作"的标注；而倘若没有具体的歌曲原形，只是采用了壮族嘹歌的元素，则应该加以"作曲选自壮族嘹歌，由×××改编或整理，×××作词"的标注。再次，改编不得恶意歪曲或者篡改原来的民族文化，不能进行夸张的恶搞和胡编乱造。在实践中，一些商家为了吸引眼球，将一些少数民族文化篡改成低俗的段子，调整民族文化的心里底线，误导青少年，违背了弘扬民族文化的精神，伤害了少数民族群体的集体感情。另外，改编者就改编作品的经济收入还应向原权利人支付一定的报酬。

(三)少数民族文化相关邻接权的保护

民族文化是本民族区别于其他民族最基本的识别标志，也是民族存在和民族发展的活力与根源。因此，民族文化的族群与传承人都享有该民族文化的表演权以及相关的邻接权。例如，侗族大歌的族群与传承人，拥有着侗族大歌合法的演唱权与相关的邻接权不受侵犯的权利。为了保持民族文化的纯正，本民族独特的知识产权不被仿造和恶意歪曲，其表演权以及相关的邻接权也应由相应的民族享有。例如，侗族大歌只能由侗族人民享有表演权，只要凡未经侗族人民允许便使用就是侵权行为。同时，很多少数民族文化可以通过各种表演形式呈现出来，并衍生出各种民族文化产品，在此情形下民族文化的表演者还可以主张相关的邻接权。

(四) 少数民族文化利益分享权

利益分享权是少数民族文化知识产权保护过程中进行利益平衡的最重要与最根本的权利。保障少数民族文化利益分享权也是民族文化保护与传承的关键所在。通过行使少数民族文化利益分享权，建立少数民族文化开发利用的利益分享机制，平衡民族文化开发利用过程中各方主体的利益，才能真正实现少数民族文化保护与传承的良性秩序。否则，任何利益失衡的文化开发都会带来意想不到的负面后果。还是以侗族大歌为例，其他机构或者个人使用侗族大歌，由此所获得的经济收益应按照约定或者按照一定比例反馈给侗族大歌的所有人，这样的利益分享机制能够确保民族文化逐渐能够依靠自身的开发利用来实现文化的传承与保护。在当今社会，文化已然成为一种商品，若不制定民族文化的使用规则与产生的利益分配规则，就难以解决其创造者或保有者与利用者和获利者之间的关系问题，将引发创造者或保有者的严重不满，不仅不利于民族文化保护事业的发展，而且有悖于法律规定的公平原则。特别在《非物质文化遗产法》实施后的今天，保护非物质文化遗产日渐受到重视，将民族文化视为免费资源的局面与漠视民族文化传承者利益的意识终将被社会所淘汰，需要我们与时俱进的作出改变与更新观念了。

第八章　广西少数民族文化知识产权
保护的制度体系

随着社会工业化、城市化的变革及经济全球化的发展，文化冲突现象日益增多。因此，少数民族文化所赖以生存的社会环境也在发生着巨大改变。部分少数民族文化受到冲击，部分少数民族文化在开发利用过程中其合法权益遭到了不同程度的侵害。例如，有的少数民族文化被歪曲、篡改、异化等，甚至部分少数民族文化被无偿使用甚至盗用和未获得公平的利益等，使少数民族文化所有人的合法权益遭受了严重损害。对此，如何对少数民族文化进行知识产权立法保护，如何构建少数民族文化知识产权保护的制度体系成为国际焦点。

第一节　民族文化知识产权保护的主体

权利主体是法律关系中权利享有者，决定法律利益的归属。多元性的少数民族文化知识产权利益主体分为外部与内部两个方面，外部包含着人类利益与国家之间的利益；内部包含着国家利益、传统群体利益、民族利益、族群利益、社会利益与个人利益的大融合。因此，在立法上确认少数民族文化知识产权的主体就显得尤其重要。

一、少数民族文化的所有人

少数民族是一个群体的概念，在少数民族文化保护法律关系中单独构成了群体型权利主体类型。我国现行相关法律规范中尚缺乏对该类型主体法律地位的明确认定。实践中，如果对民族文化的所有人界定不清晰，不厘清民族文化的所有人究竟是个人、种族还是国家？其法律保护就容易出现问题。

2003 年中国大陆作出终审判决的《乌苏里船歌》一案的核心焦点是少数民族文化遗产的权属争议。在我国台湾地区也有类似典型案例：1993 年，德国某乐团为制作一首歌而撷取了《饮酒欢乐歌》的一段原音（其旋律来自台湾阿美族人郭英男），1996 年这首歌成为亚特兰大奥运会的倡导片主题曲。同年，郭英男夫妇以其侵权为由对国际奥委会、EMI 公司等提起诉讼。1999 年 7 月，直至 EMI 公司颁赠白金唱片给郭英男夫妇，奥委会主席萨玛兰奇也写信致歉给向郭氏夫妇，这件事才结束。但是，此后在台湾阿美族内部却产生了新的纷争，争论的焦点在于《饮酒欢乐歌》相关权利的归属问题，其究竟是属于郭英男夫妇还是属于整个台湾阿美族？

我们认为，少数民族文化的权利主体应归属于其源生的少数民族群体。这是因为少数民族群体是该民族文化的创造者。现在被传承的少数民族文化是该民族世代相传下来的文化财产，而现实生存在这种独特文化环境中的少数民族群体正是这种民族文化历代先辈创造者的后辈集体继承者。无论这种民族文化遗产以何种形态存在，又以何种方式向后辈传承，毫无争议的结论是被传承的这种民族文化是该民族共同祖先创造并活态遗留的具有文化信息或资源价值的以物质为载体的文化财富。对该少数民族而言，这种民族文化应属于该民族共同共有的财产。以传承人个人而言，不管以祖传方式还是以师传方式传承，得到传承的文化不应属于继承法范畴内的个人财产，而是属于某一民族内部世代相传的共同共有的财产，这类财产的所有者为民族群体而非受传承者个人。

在法律关系上权利主体地位的确定是其权益可受保护的前提。"因地区差异导致资源分布不同，不同地区对传统文化保护和开发也存在着很大差异，但不能忽视的是当地人的权益，因为他们才是传统文化真正的主人和传统知识的实际拥有者。"①

首先，少数民族群体作为该民族文化的权利主体有国际上的立法例可循："1998 年非统组织发布的《承认和保护地方社区、农民和育种者权利及生物资源获取规则示范法》，其中引入了'群体知识产权'的概念。在非统示范法上，非统组织就已经把地方性社区当作传统知识的权利主体了。例如，2000 年 6 月巴拿马

① 国际行动援助中国办公室：《保障弱势群体的公平受益——云南 6 个少数民族自治县文化产业化过程的利益分配问题研究报告集》，知识产权出版社 2009 年版，第 5 页。

颁布的《关于为原住民注册群体性权利以保护和防卫其文化身份和传统知识以及实施其他条款的特别制度的法律》，就采纳了群体性权利主体这项制度。这部法律第 1 条释明了立法目的，即'保护原住民社区的创造……的群体权利'。第二条则规定了群体性权利的客体，即各种传统知识及其载体、表达形式等，明确了未经原住民通过知识产权制度的授权，不得成为任何排他权利的客体。'原住民群体权利'一词在这部法律中屡次出现，如第二十一条就有提及。无独有偶，菲律宾的 1987 年《宪法》中，第一十七章明确规定，'承认、尊敬、保护原住民文化社区和原住民部族的权利'。1997 年，菲律宾颁布《原住民权利法》，旨在保护原住民对其传统知识和其他文化财产的'社区知识产权'，将原住民文化社区和原住民部族视为权利主体。""2002 年《秘鲁原住民生物资源群体知识保护制度引入法》也引入了相关概念，在权利主体上采纳了原住民群体一词。"①

其次，少数民族群体作为该民族文化的本源权利主体具有客观现实社会基础。在相关社会调查数据中显示：传统医药方面的选国比重为 11.9%，其中选民间共有财产的为 74.3%，选家庭或个人私有财产的为 23.85%；民间传统文化表现形式方面的选国比重为 16.14%，其中选民间共有财产的为 85.6%，选家庭或个人私有财产的占 10.7%。可以发现，绝大多数社会民众将民族文化的民间性作为认定其权利主体归属的主要依据。

再次，司法实践中，《乌苏里船歌》案的判决将《乌苏里船歌》确定为赫哲族民歌也开创了将少数民族群体作为民族文化权利主体的司法先例。因此，"现行国际标准中少数人权利保护的群体向度不容忽视，国家不仅应对整体人民权利负责，还应对整体中的少数人群体的生存及其文化、宗教和语言特征的维护承担义不容辞的责任"。民族文化的少数民族群体作为该民族文化的本源主体，理当成为少数民族民族文化法律关系的主体，是各项精神权利和财产权利的集体所有者。

二、少数民族文化传承人

(一)少数民族民族文化传承人的概念

学术界对民族文化传承人的概念大体有狭义和广义之分。狭义的民族文化传

---

① 严永和：《论传统知识的知识产权保护》，法律出版社 2006 年版，第 197~198 页。

承人是指："民族文化传承过程中，特别是具有重要价值的民族文化传承，因其掌握着独特而杰出的技术或技艺、技能，能代表某一项或某几项民族民间文化传统，能被社区、群体或族群公认为具有影响力的人物。"①

广义的民族文化传承人则认为，传承人的限定范围更广，不单单包括"人物"这一概念，从主体的类型作区分，可以将传承人分为个人、家庭、社会组织和国家四个类型。个人传承人即指个人；家庭祖传绝艺的传承人即指家庭或某个家庭成员；社会组织也可以作传承人；至于进入公有领域的民间文学艺术作品，因其权利已被公有化，则传承人是国家。当然，国家也可以通过主动收集具有价值且濒临失传的民间文学艺术材料，以此方式成为传承人。在外交或国际交往中，国家为了本国的利益还可以依法宣称自己是某项民间文学艺术的传承人，以此保护本国的重大利益不受侵犯。②

当前，我国相关的法律条文中对"传承人"没有非常明确的界定，我国《非物质文化遗产保护法》第二十九条规定。③ 但是，对传承人是否包括群体并没有明确规定，根据现有其他立法的相关规定来看，主要有两种类型。

1. 狭义概念的"传承人"立法模式

《云南省民族民间传统文化保护条例》第十五条规定，对于经过推荐批准，并符合以下三项条件之一的公民，就可以被命名为本省民族民间传统文化的传承人：一是通晓本民族、本地区的民间传统文化活动内涵、形式及组织规程，是公认的代表人物；二是能够熟练掌握本民族、本地区民族民间传统文化技艺的人；三是，能够大量掌握原始文献资料或其他文化实物，保存着本民族、本地区的民族民间传统文化的原始资料的人。很明显，传承人只能由公民构成，不包含其

---

① 祁庆富：《论民族文化保护中的传承与传承人》，载《抢救·保护非物质文化遗产西北各民族在行动》，民族出版社 2006 年版，第 93~210 页。

② 田文英：《民间文学艺术传承人的法律地位》，载《中国知识产权报》2001 年 11 月 1 日。

③ "国务院文化主管部门和省、自治区、直辖市人民政府文化主管部门对本级人民政府批准公布的非物质文化遗产代表性项目，可以认定代表性传承人。非物质文化遗产代表性项目的代表性传承人应当符合下列条件：（一）熟练掌握其传承的非物质文化遗产；（二）在特定领域内具有代表性，并在一定区域内具有较大影响；（三）积极开展传承活动。认定非物质文化遗产代表性项目的代表性传承人，应当参照执行本法有关非物质文化遗产代表性项目评审的规定，并将所认定的代表性传承人名单予以公布。"

他。与此同时,《云南省维西傈僳族自治县民族民间传统文化保护条例》第十条也同样将传承人限定在"公民"范畴。

2. 广义概念的"传承人"立法模式

2005 年 3 月,国务院发布了《关于加强我国民族文化保护工作的意见》,其中明确指出:"要建立科学有效的民族文化传承机制。"凡是被列入各级名录的民族文化代表作,为支持传承人(团体)进行宣传表演活动,可以采取命名、授予称号、表彰奖励、资助扶持等方式进行鼓励和支持,也可以通过社会教育和学校教育的方式进行宣传,使我国非物质文化遗产代表作后继有人。由此可见,其对"传承人(团体)"的法律表达就是广义上概念:一是括号中的术语含义等同于位于其前的术语,我国最为典型的立法例"著作权(版权)"即为如此;二是括号中的术语与位于其前的术语是种属关系,括号中的术语是其前面术语的下位概念。在此立法模式下,我们认为,其对传承人对界定在范围上既包括自然人,也包括团体,因此是一个广义的概念。

3. 广西少数民族文化保护中的立法模式

2005 年《广西壮族自治区民族民间传统文化保护条例》的第三章为"传承与命名",其是对"传承"的专章规定。在立法技术上采取了"传承人"与"传承单位"并列的立法模式。① 由此可见,立法在定义上区分"传承人"与"传承单位",主要是由两种传承主体的自然状态决定的。"传承人"与"传承单位"的划分相当于民事法律关系主体中的自然人与法人的划分。但是,就实质层面我们看到了在民族文化保护法律关系中作为自然人的"传承人"和作为单位的"传承单位"具有完全相

---

① 该条例第十八条规定:"命名民族民间传统文化传承人、传承单位,由符合条件的公民、单位向其所在地县级人民政府提出申请,经设区的市人民政府组织专家评审后,自治区人民政府文化行政部门对评审结果进行确认并予以公告,公告期为六十日。公告期内无异议或者经审核异议不成立的,由自治区人民政府文化行政部门报自治区人民政府核定公布。"同时,分别用两个条文对"传承人"和"传承单位"的条件作出了规定。第 16 条规定"传承人":"对符合下列条件之一的公民,可以命名为民族民间传统文化传承人:(一)通晓本民族或者本区域某种民族民间传统文化形式、内涵、活动程序;(二)熟练掌握某种民族民间传统技艺,在本区域内有较大影响;(三)掌握和保存重要的民族民间传统文化原始文献和其他资料、实物,并对其有一定研究。"第 17 条规定"传承单位":"对符合下列条件的单位,可以命名为民族民间传统文化传承单位:(一)以弘扬民族民间传统文化为宗旨,经常开展民族民间传统文化活动;(二)掌握某种民族民间传统文化形式,并在研究、传播方面取得显著成绩;(三)有效保存该民族民间传统文化形式的资料或者实物。"

同的权利与义务，从这个意义上讲，我们也认为"传承人"与"传承单位"并无差异，作为传承主体的"传承人"与"传承单位"具有同等的法律地位。国内目前已实施的其他几个地方性法规，例如贵州、福建、长阳土家族自治县关于本地区的民族民间文化保护条例，在法律的具体规范语言或章节条款构成上有所差异，但在"传承人"与"传承单位"关系的处理上大体属于此类。

2017年实施的《广西壮族自治区非物质文化遗产保护条例》对传承人又进行了特别规定，其中第21条规定："县级以上人民政府的文化主管部门可以对本级人民政府批准和公布的非物质文化遗产代表性项目认定其代表性传承人。代表性传承人包括个人和团体。"由此可见，广西少数民族文化保护立法中，基本上采取的上广义的概念模式。我们认为，传承人应该采用广义的解释，并据以归纳少数民族民族文化"传承人"的概念如下：少数民族的文化传承人应该是被依法确定和命名的，并且是公认的完整掌握某项具有代表性的少数民族非物质文化遗产的表现形式或技艺，在社会中对此项少数民族民族文化有权威性和影响力的个人和团体。因此，采取广义模式的立法才能最全面地界定传承人的类型与范围。

(二)传承人在少数民族文化保护法律关系中的地位

我国《非物质文化遗产保护法》规定要从场所、经费等方面为非物质文化传承提供支持，给予传承人相应的政策倾斜。① 由此可见，传承人在少数民族文化保护中具有重要的意义。

在少数民族民族文化保护的各种法律关系中，传承法律关系中的传承人是最为典型的个人主体表现类型。除传承环节以外，自然人参加到少数民族民族文化保护各环节中的情形并不在多数。例如，在对少数民族民族文化的开发和利用等营利性环节不排除一些自然人的参与，在确认、研究、保存、保护、宣传等其他

---

① 第30条规定："县级以上人民政府文化主管部门根据需要，采取下列措施，支持非物质文化遗产代表性项目的代表性传承人开展传承、传播活动：(一)提供必要的传承场所；(二)提供必要的经费资助其开展授徒、传艺、交流等活动；(三)支持其参与社会公益性活动；(四)支持其开展传承、传播活动的其他措施。"第31条规定："非物质文化遗产代表性项目的代表性传承人应当履行下列义务：(一)开展传承活动，培养后继人才；(二)妥善保存相关的实物、资料；(三)配合文化主管部门和其他有关部门进行非物质文化遗产调查；(四)参与非物质文化遗产公益性宣传。"

非营利环节也不排除一些自然人的参与，但是都不构成主流力量，占主导地位的始终是集体主体。只有在传承环节，作为传承人的自然人参与才是主流。

就传承环节本身而言，作为传承人的自然人仍是主导力量。在广义概念中虽然包含了不同类型的传承主体，但是它们并不能撼动、替代自然人传承人的地位。首先，按照民法的相关规定，家庭传承中的家庭仍属于民法范畴的"自然人"大类；其次，传承单位不仅实际的量不大，并且从前文论述中已看到法律还要求其必须以包含传承人为命名条件。我国目前已先后命名的五批"国家级民族文化项目代表性传承人名单"所列也均为个人。以广西为例，在已公布的五批广西国家级非物质文化遗产项目代表性传承人中，广西少数民族传承人占绝大多数。

传承人是少数民族民族文化保护的重点和关键作为少数民族民族文化保护法律关系中的个人主体，其法律地位是由于"传承"在少数民族民族文化保护中的核心地位决定的。全国人大教科文卫委员会文化室主任朱兵在中国民族文化保护苏州论坛开幕式时表示"民族文化是依赖特定的人群和特定的环境而存在的。因此，保护民族文化不仅是要保护其文化形态，更重要的是要对其进行'传承'"。没有了传承人的口传身授，民族文化就无法传承；没有了传承，民族文化将不复存在。

三、少数民族文化的邻接权人

作为少数民族文化的传播者之一，少数民族文化的领接权人在客观上为少数民族文化的传播贡献了很大力量。因为传播者承载着少数民族文化不断延续、发展以及更新的功能，少数民族文化的传播需要不同的社会主体通过语言、文字等不同符号相互交流，使得文化本身得以继承与发展。这些传播主体可以是少数民族文化的开创者、传承者，也可以是本民族以外的其他社会主体，如少数民族文化的领接权人。这些领接权人将少数民族文化通过各种形式传播开来，并在传播过程中不断与社会发展相融合，客观上也承担着与传播者相同的职能。

四、少数民族文化的使用者和持有者

少数民族文化的使用者并非单指个人，可以是组织也可以是个人，是指出于

各种目的而对少数民族文化的实用或经济价值加以利用的社会主体。使用者基于不同目的利用少数民族文化，根据社会需求不同可以分为经济性使用与非经济性使用。同样，少数民族文化的持有者可以是个人也可以是组织，基于所有权人授权后可以在一定范围内合法使用少数民族文化知识产权。显然，从这一点上看持有者与开创者、传承者不完全重合。

第二节 民族文化知识产权保护的客体

在国际立法上，《保护非物质文化遗产公约》作为民族文化的纲领性权威性法律文件，世界范围内的大部分国家以此为依据，结合本国国内法进行立法保护。但是，民族文化开发利用过程中产生的各种法律关系较为复杂，如何将少数民族文化作为知识产权上的客体，如何在权利客体上厘清民族文化知识产权保护中的法律关系，仍需我们进行深入推敲与研究。

一、少数民族文化的客体

对于少数民族文化保护中的客体，学术界主要有以下四种分类：

第一是直接援用《保护民族文化公约》中的六种类型，即将非物质文化遗产分为六大类：(1)民族语言类，即口头传说和表述，包括本民族语言；(2)表演艺术类；(3)民族节庆类，包括社会风俗、礼仪、节庆等；(4)民族文化类，包括有关自然界和宇宙的知识和实践；(5)民族工艺类，如本民族传统的手工制品或工艺技能；(6)物品及场所类，与上述各项相关的实物和场所。

第二是直接援用《国家级民族文化代表作申报评定暂行办法》第三条所作的两大类六小类的划分。两大类包括：(1)如民俗活动、表演艺术、传统知识和技能等在内的传统的文化表现形式；(2)定期举行传统文化活动的场所或集中展现传统文化表现形式的空间。六小类是指非物质文化遗产的范围包括：①民族语言；②传统表演艺术；③民俗节庆活动、民俗礼仪；④有关自然界和宇宙的民间传统知识和实践；⑤民族传统手工艺技能；⑥与上述表现形式相关的文化空间。

第三是直接援用2006年国务院发布的第一批《国家级民族文化名录》中的十种类型：民间音乐；民间文学；民间美术；民间舞蹈；传统戏剧；曲艺；传统手

工技艺；杂技与竞技；传统医药；民俗。

第四是由中国艺术研究院院长王文章教授提出的十三种类别的民族文化分类体系：（1）语言（民族语言、方言）；（2）民间文学；（3）传统音乐；（4）传统舞蹈；（5）传统戏剧；（6）曲艺；（7）杂技；（8）传统武术、体育与竞技；（9）民间美术、工艺美术；（10）传统手工艺及其他工艺技术；（11）传统医学和药学；（12）民俗；（13）文化空间。

其中，现有研究文献中对少数民族民族文化的代表性分类主要有两种：

一种是《中国少数民族民族文化教程》提出的九大类 18 小类划分：（1）少数民族口头文化遗产，其中包括少数民族语言、少数民族口头文学；（2）少数民族烹调技艺文化遗产；（3）少数民族民俗文化遗产，其中包括少数民族的经济民俗文化、节庆民俗文化和人生礼仪民俗文化；（4）少数民族技艺文化遗产，其中包括少数民族建筑技艺与建筑物、建筑的造型艺术、特色工艺品、技艺与艺匠文化；（5）少数民族传统戏剧和说唱艺术，其中包括少数民族的传统戏剧、歌舞艺术、说唱艺术、对歌和歌圩文化艺术；（6）少数民族茶文化遗产；（7）少数民族体态文化遗产，其中包括少数民族的体型文化、形体艺术和行为艺术；（8）少数民族医药文化遗产；（9）中国少数民族酒文化遗产，包括中国少数民族用酒习俗、中国少数民族特色酒文化。①

第二是云南民族大学安学斌教授在其专著《少数民族民族文化研究——以云南巍山彝族打歌为例》中套用《保护民族文化公约》和《国家级非物质文化遗产代表作申报评定暂行办法》所作的六大类 6 小类划分：（1）少数民族的口头传说和语言表述，可以分为少数民族的语言、少数民族民间文学；（2）少数民族传统的手工艺技能；（3）少数民族对有关自然界和宇宙的知识和实践；（4）少数民族的节庆与社会风俗；（5）少数民族传统的手工艺技能；（6）少数民族文化空间。②

联合国教科文组织文化部国际标准司司长林德尔·普罗特在解读非物质文化遗产的外延时说："一个完整的'无形文化遗产'应该涵盖着很宽泛的范围。例如，音乐、诗歌、传统宗教和礼仪；传统语言和口传遗产；工艺设计和艺术作品

---

① 贾银忠：《中国少数民族民族文化教程》，民族出版社 2008 年版，第 7~15 页。

② 安学斌：《少数民族民族文化研究——以云南巍山彝族打歌为例》，民族出版社 2008 年版，第 44~49 页。

的主题(其中一部分也许是神圣或隐秘的)、戏剧、舞蹈、服饰、园艺、纺织、手工艺品和技艺(在建筑、织造和雕刻等领域),厨艺、狩猎、医疗、处理冲突的方法等。"①

少数民族文化知识产权保护已经成为全球性的问题,也引起了我国学术界对少数民族文化研究的重视,随着研究的日渐深入,我们发现少数民族文化因其具有特殊性与复杂性,而如何准确界定少数民族文化的客体范围,如何在立法上将表现形式众多而又博大精深的少数民族民族文化做较为科学的分类并非轻而易举之事。从法学角度而言,上述脱离法律规范对少数民族民族文化所作的纯学术性划分存在分类标准与分类目的不够明晰的局限。

我们认为,当前对少数民族文化保护中的客体界定可以通过下列两个方面展开:

1. 依赖传统知识产权的客体类型对少数民族文化进行分类

作为法律保护客体的少数民族文化的基本形态划分应当以传统知识产权法的客体类型为依据。虽然少数民族传统文化的表现类型多种多样,但依然可以依照现行知识产权法的客体类型进行分类。我们认为,少数民族传统文化可以《保护民族文化公约》规定的六大类型为基本框架,同时结合国际国内相关法律规范对我国少数民族民族文化的具体表现形式加以具象说明,以明确我国少数民族可进入法律保护的客体范围。《保护民族文化公约》是目前世界范围内最广泛被认可的国际法规范,其对民族文化的客体分类较为符合知识产权保护的客观规律。我国《非物质文化遗产保护法》对非物质文化遗产所作的基本分类也与《保护民族文化公约》一致,我国现行的几部相关地方性法规的基本分类除个别类型涉及物质文化遗产的以外,大体也与《保护民族文化公约》一致。在这些传统知识产权法律规范的立法基础上探讨少数民族文化保护的客体范围,更容易找到少数民族文化知识产权保护中的落脚点。

2. 少数民族文化的客体分类应当具有可操作性,其分类的法律目的应当清晰明确

法学研究中的各种类型划分,必须是具有实体法或程序法上意义的划分。我

---

① 潘年英:《全球化语境中的少数民族民族文化:保护和利用》,载《中国民族文化保护研究》,北京师范大学出版社 2007 年版,第 864~873 页。

们认为，目前研究少数民族文化客体分类的主要目的应是在对相关国际国内法律规范正确解读基础上，将我国少数民族文化的大量具象表现形态准确归位到国际国内法律规范的抽象保护范围中，使少数民族文化在法律实施范畴内受到最大限度的保护，做到无论是在国际层面申报世界"人类民族文化代表作名录"或"急需保护的民族文化名录"，还是享有在国内层面的各种保护措施都避免被遗漏。

总之，利用现有知识产权的立法模式从法律保护客体的视角对少数民族文化表现形态进行研究，能在较大程度上避免将法律保护范围作有碍实践操作的扩大或缩小的解读，同时有利于少数民族文化保护与知识产权制度之间的衔接与贯通。

第三节　民族文化知识产权保护的内容

权利性质决定利益保护程度，权利内容决定利益实现程度。少数民族文化知识产权保护的实质是权利人对民族文化治埋活动成果的获取、使用与利益分享的控制程度。因此，如何确定少数民族文化知识产权保护的权利内容直接决定少数民族文化开发利用过程中各方主体的利益实现的范围与程度。

一、权利类型与权利范围

(一)权利类型

少数民族文化具有知识产权客体属性，其作为一种特殊的知识财产，同样具有人身与财产的双重属性。因此，少数民族文化的权利类型有以下三类：单一人身权利、单一财产权利、双重经济权利。

1. 单一人身权利立法类型

当前，少数国家如墨西哥、阿塞拜疆、马其顿等对少数民族文化采用了单一人身权利的立法保护模式。其一般规定了少数民族文化的保护作品完整权和表明来源权，但对少数民族文化的财产利益并没有明确的保护，在此立法模式下，少数民族文化只要使用者尊重相关的人身利益，在法律上可以自由使用。1997年《墨西哥联邦版权法》第一百五十条、第一百五十九条规定除玷污大众文化作品或为了损害其所属的社群、族群的声誉、行为而歪曲大众作品之外，公众对大众文化作品的适用是无限制的。而其第一百六十条规定①在使用大众文化相关作品时，如固定、表达、出版、传播等，应当标明该作品所属的社群、族群或地区。② 2003 年《阿塞拜疆民间文艺表达保护法》亦作了类似规定。

2. 单一财产权利立法类型

少数国家如突尼斯、加纳、喀麦隆、莫桑比亚、巴拿马等和部分区域性组织对少数民族文化采用了单一财产权利的立法保护模式，如 1994 年《喀麦隆版权与邻接权法》第五条，2000 年《巴拿马土著社群权利的特别知识产权法》第十五条，1999 年修订后的《班吉协定》中版权保护部分。

3. 双重精神权利和经济权利类型

多数国家和区域性组织及国际性组织对少数民族文化采用了双重精神权利和经济权利的立法保护模式。

(二)权利范围

权利人对知识产权控制的广度受制于权利范围。通常而言，对少数民族文化的使用包括复制(录制、出版)、演绎(改编、翻译、制片)、传播(公演、广播、朗诵、发行、放映、有线转播、出租、展览)等类型。对少数民族文化中知识产品在开发利用行为上包括制造、销售、许诺销售、进口等。现有少数民族文化知识产权保护立法因积极许可权和消极许可权而划定了不同的权利范围。

1. 积极许可权的权利范围

积极许可权的权利范围可分为以下三类：部分控制行为，全部控制行为和折中控制行为。少数国家如突尼斯、喀麦隆、科特迪瓦等为部分控制行为立法模式，具体包括复制、转让、传播、固定化、复制、公开表演等行为。还有少数国家如马拉维、坦桑尼亚与部分协会组织等采用折中控制行为立法模式，如 1982 年 WIPO—UNESCO 示范法、1999 年新《班吉协定》文化遗产保护部分。但大多数

---

①　1997 年《墨西哥联邦版权法》第一百五十条："禁止为玷污以上(大众文化)作品或损害其所属的社群或族群的声誉或形象而对其进行歪曲。"

②　1997 年《墨西哥联邦版权法》一百六十条："在对大众文化相关作品的固定、表达、出版、传播或其他任何使用行为中，应提及此类作品所属的社群、族群或地区(在适当的情形下)。"

国家采用了全部控制行为立法模式，基本涵盖理论上所有的复制、演绎、传播等使用行为。

2. 消极防御权的权利范围

在现有法律规范中，消极防御权的权利范围基本包含全部使用行为。但是，越南法律条例规定消极防御权的权利范围仅限于研究、汇编与介绍行为。

现有少数民族文化知识产权保护立法权利类型存在差异性。单一人身权利类型仅保护人身利益，忽视财产利益；双重权利类型兼顾人身利益和财产利益，符合少数民族文化智力活动成果人身利益与财产利益的双重性。目前，在权利范围方面少数民族文化知识产权保护立法也存在区别，消极防御权模式无法有效防范对少数民族文化的不正当利用行为，积极许可权中全部控制复制、演绎、传播等行为的模式能有效防范不正当利用或歪曲滥用少数民族文化的行为，但其采用的部分控制行为和折中控制行为的立法模式却无法控制不正当利用或歪曲滥用少数民族文化的行为。故此，少数民族文化知识产权保护应采用积极许可权中全部控制复制、演绎、传播等行为的立法模式。

二、权利内容的理论基础

(一)少数民族文化权利的权利内容来源于现有知识产权制度与现有民事法律制度的借鉴与整合

有部分学者认为，当前知识产权制度无法满足文化遗产保护的需求，且原住民的合理权利诉求也无法与现行文化权利特征完全吻合，因而建议将原住民的诉求在知识产权制度外解决，而西方传统法律理论如合同隐私、商业秘密、商标等均可用于文化遗产权利的保护。[1]

对此，我们认为，少数民族文化权利是一种新型的权利，但它是一种特殊类型的知识产权，具有明显的知识产权属性。事实上，传统知识产权制度对于调整少数民族文化的多样性与特殊性确实存在不尽人意的地方，但在权利类型与权利

---

[1]　Robert K. Paterson, Dennis S. Karjala, looking beyond intellectual property in resolving protection of the intangible cultural heritage of indigenous peoples, Cardozo Journal of International and Comparative Law, Summer 2003.

内容上，传统知识产权法在制度上具有得天独厚与无可比拟的优势。因此，我们认为少数民族文化权利并不需要离开知识产权制度体系而在权利内容上独树一帜，对于相关的权利内容完全可以通过借鉴与整合知识产权制度中的权利内容予以调整。当然，如果机械地套用著作权法或者其他知识产权法直接划定少数民族文化的权利内容确实不妥，但运用知识产权在制度体系中对权利内容的立法手段来调整少数民族文化是具有可操作性的。

（二）少数民族文化权利在内容上的划分与认定还需要考虑民族文化的原生性

所谓原生性权利是指少数民族群体作为民族文化创造者对其民族文化所享有的人身权利和财产权利，原生性权利是相对于其他主体基于对少数民族文化的传播和利用所产生的衍生权利而言的基础性权利。此处的"原生权利"所强调的是少数民族群体对作为其民事权利客体的民族文化所拥有的完整的民事权利，包含人身权利和财产权利两个方面。原生性权利的立法考虑已经被国际社会广泛认可，这也是对少数民族文化知识产权保护的主要目标。正如世界知识产权组织和联合国教科文组织《保护传统文化表现形式/民间文学艺术的政策目标和核心原则草案摘要》中规定其目标为"增进人们对传统文化和民间文学艺术以及对保存并维持这些文化和民间文学艺术表现形式的各族人民和各社区的尊严、文化完整、思想和精神价值的尊重。""这种保护应受到智力创造与创新所受保护的启发，在方式上做到公平兼顾各方利益并对土著人民和传统及其他文化社区赋予权力，使其能根据自己的意愿，对其自身的传统文化表现形式/民间文学艺术行使适当的权力，其中包括适当的精神权利和经济权利。"①

三、人身权利

少数民族文化与现存的传统知识产权客体同属于人类智力活动成果范畴，其在法律性质上都属于知识财产，其在权利基本类型上具有共性。因此，少数民族文化权中的人身权利可以借鉴传统知识产权制度来划分具体类型。以著作权的人

---

① Robert K. Paterson, Dennis S. Karjala, looking beyond intellectual property in resolving protection of the intangible cultural heritage of indigenous peoples, Cardozo Journal of International and Comparative Law, Summer 2003.

身权利为例，著作权中的人身权利即著作人格权，是为维护作者人格尊严而产生的权利，其内容主要为与作者人身有关而无直接财产内容的权利。以此而言，少数民族文化权中的人身权利即是为维护与某种民族文化遗产相联系的少数民族群体品格而拥有的权利。

部分学者认为，少数民族文化权中的人身权利还应当包括公开权，并根据对民间文学艺术版权的公开权定义，将少数民族文化权中的公开权表述为"民族文化权主体中的少数民族文化的所有人自主决定是否将其文化公之于众以及如何公之于众的权利"，并援引《联合国土著人民权利的宣言》第十二条规定"土著人民有权展示、奉行、发展和传授其精神和宗教传统、习俗和礼仪，有权保持和保护其宗教和文化场所，并在保障私隐之下进出这些场所……"其认为少数民族因其宗教信仰本身的文化特征使其文化活动场所具有某种神秘色彩，或某些宗教信仰因素影响所形成的习俗具有隐私性，这部分非物质文化遗产是否向群体以外的人公开，或何时公开、以何种方式公开，都应当由该民族群体或其代表人决定。他人未经许可而予以公开的，属侵权行为。同时，世界知识产权组织的《民间文学艺术报告》中指出："宗教信仰性和秘密性的材料常遭到未经许可的使用、公开和复制。"其认为非法公开往往造成对某一民族情感的伤害。我们认为，民族文化的公开权在实际中意义不大。这是因为：第一，少数民族文化普遍都是公开的，少数民族文化在认定的过程中就需要考虑文化的影响力与区域范围，如果一种民族文化的社会知晓度过低，文化影响力有限，文化发挥的价值就无从谈起，甚至在认定的过程中就不符合少数民族文化的立法保护条件。第二，文化的不公开与文化的法律保护在逻辑上存在矛盾，虽然在知识产权法中商业秘密的内容也不公开，但是商业秘密的表现形式上公开的。例如可口可乐的配方不予公开，但是利用可口可乐配方制作的可口可乐产品却是公开的。第三，民族文化具有一定的社会性，其在权利上可以由某一个体或者群体所以，但是其在文化意义上不是属于某一个体或群体的，而是属于全社会的。如果将民族文化金屋藏娇敝帚自珍，那就失去了通过法律来保护它的根本意义。因此，公开权不适合成为少数民族文化权中的权利内容。

综上所述，我们认为，少数民族文化权中的人身权利应当包括署名权、保护文化完整权以及参与决策权等。

(一) 署名权

该项权利在民族文化中的表现即表明文化的具体来源于出处，其来源于著作权中的署名权，即作者有权在自己的作品上署名以表明自己的"作者"身份，这类似于专利发明人在专利发明文件如专利申请案、专利证书上署名以示发明人身份。著作权中的署名权是作者以标注姓名的行为向社会公众展示作品与其之间的"血缘"关系，同时也是对作者辛勤创作行为的尊重。[①] 由此可知，署名权或者表明来源权是表明非物质文化遗产出处，旨在昭示民族文化的原生境及其来源群体或主体身份，是少数民族文化权的重要权利，可称为主体身份表示权。

少数民族文化的署名权，是民族文化权利中最基本的权利。一般而言，署名权是人身权中的最重要内涵之一，指的是作者在自己创作的作品及其复制件上标记姓名的权利，以表明自己的身份。此外，署名权还有很重要的另一层意思，即作者有权禁止未参加作品创作之人署名。民族文化的署名权可以理解为，在民族文化的表演、传承、制造活动中及基于此活动所产生的作品中，以适当的方式注明民族文化的来源或出处，有具体创作人员的应该注明具体的创作人，涉及具体传承人演示的还应该注明具体的传承人。以著名的"侗族大歌"为例，其民族文化的来源或出处，充分体现在民族文化产品名称中，维护了相关民族村寨或地名、民族文化的原创人员、民族文化艺人或首唱者个人、民族文化传承人的权利。例如以相关民族村寨或地名而署名的"小黄侗族大歌""茅贡侗族大歌""肇兴侗族大歌""三江侗族大歌"等；以民族文化的原创人员而署名的"嘎大用""嘎万麻"；以民族文化艺人或首唱者个人而署名"九洞"曹滴洞的吴金随创作的大歌等。

署名权得以保护通过创新、创造来源的表明或披露昭示再创造成果与民族文化的渊源关系，也正是通过标明这种渊源关系，显示再创造成果的权利主体对其创新、创造所依赖的民族文化权利主体的人身权利的必要尊重。缺少这种原始权利主体身份的标示，即构成侵权行为。

2002 年《乌苏里船歌》诉讼案就涉及该项权利。《乌苏里船歌》是编曲人在赫

---

① 刘春田：《知识产权法》(第三版)，高等教育出版社、北京大学出版社 2007 年版，第66 页。

哲族民间音乐《想情郎》《狩猎的哥哥回来了》曲调的基础上改编完成的，但编曲人在使用其作品时却没有予以注明，属于典型的侵犯民族文化所有权人表明其文化遗产来源权利的行为。法院所作的"被告以任何方式再使用歌曲作品《乌苏里船歌》时，应当注明'根据赫哲族民间曲调改编'"的判决开创了我国对少数民族文化"署名权"保护的司法先例。

(二) 保护文化完整权

保护文化完整权是对著作权法中"保护作品完整权"的借鉴。根据《著作权法》第十条的规定，保护作品完整权即保护作品不受歪曲、篡改的权利，保护文化完整权可以表述为：保护民族文化遗产不受歪曲、篡改的权利。这是保护少数民族文化使用中"同一性"或"原真性"，即维护少数民族文化的真实性和原生面貌的权利。

少数民族文化遗产是其民族精神的反映和体现，与该民族的"声誉、荣誉息息相关，"不容对其"贬损性使用、诋毁性使用、损害名誉的使用或者令人产生误解的使用"，意味着应该按照少数民族文化特有的世界观、价值观并在特定文化或宗教背景中去诠释、理解和利用，否则将造成对该少数民族感情和尊严的侵犯。现实生活中对民族文化的改编较为普遍。改编在著作权法上属于演绎作品，由于改编势必涉及原权利人与改编人两者之间的利益关系，因而立法上对改编行为进行一定的限制。首先，民族文化的改编应征得原权利人或者原权利人授权的集体管理组织的许可；其次，改编不得侵犯原权利人的其他著作权，如改编作品要严格注明原权利人的署名，改编的作品还要明确注明改编的民族文化来源。

现实中，我国不乏侵犯少数民族文化完整权的事例。还有实践中还有许多少数民族文化在商业化过程中被用于不适当的时间和地点，客观上都构成了对保护其民族文化完整权的侵犯。1982年世界知识产权组织与联合国教科文组织通过的《关于保护民间文学艺术、防止不正当利用和其他不法行为的国内法示范条款》的基本出发点就是"防止对民间文学艺术的不适当利用和其他损害性行为"的发生，其理论基础是对保护民间文学艺术作品完整权的承认。我国台湾《原住民族传统智慧创作保护条例》也作了对上述人身权利的类似保护规定。"传统智慧创作人格权主要有如下内容：第一，公开发表权；第二，标示专用权人名称的权利；第三，禁止他人以歪曲、割裂、窜改或其他方法改变传统智慧创作的内容、形式或名目致损害其名誉的权利。"

(三) 参与决策权

参与决策权是指少数民族群体对政府实施的涉及其权利客体的各项保护措施决策过程中的意见参与权。少数民族文化在性质上具有"私权"和"公权"的二元属性。少数民族文化不仅仅是特定民族群体享有的精神财富，同时也是全人类与全社会的文化遗产。许多民族文化中的民间传说、歌谣、舞蹈、节庆等作为祖先世代相传保留下来的文化形式都已经融入了人们的日常生活中和意识中，成为人们喜闻热见的文化产品。不仅如此，少数民族文化同时也具有国家文化遗产地位，涉及人类文化多样性保护等公共利益的范畴，这意味着其兼具私权属性和公共文化产品的属性。因少数民族文化的公共文化产品属性，国家可以也应当从保护公共利益的角度而加大其保护力度。

因此，国家与政府就少数民族文化采取各项保护措施作出决策的时候，不能将少数民族群体的意见排斥在外，应以各种方式就决策事项倾听相关少数民族群体的意见。特别是地方政府在对少数民族文化做开发性保护时候应更加注重权利主体的利益。

四、财产权利

少数民族文化权利中的财产权是指权利主体基于对其文化的使用和处分所获得的财产收益权。我们认为，少数民族文化权利中的财产权应当包括专有使用及收益权、使用许可权、利益分享权等。

(一) 专有使用及收益权

专有使用及收益权是指少数民族群体自身对其民族文化所享有的使用权以及通过对其商业性使用而获得收益的权利。专有使用及收益权既是少数民族群体对其民族文化遗产所拥有的基本权利，该权利的行使也是对其民族文化进行活态传承的基本方式。

(二)使用许可权

使用许可权是指少数民族群体文化权利人许可他人对其民族文化进行商业性使用并获得报酬的权利。这类财产权的设定是赋予权利人以控制少数民族文化商业性使用行为的权利，同时权利人可以从他人的商业性利用中获得相应报酬的权利。除法律另有规定外，当权利人以外的其他使用人以任何方式营利性地使用民族文化时，都应取得权利人或者集体管理组织的许可并支付使用费。

一般情况下，少数民族文化的使用者需要经过法定程序征得民族文化权利人同意后方可使用。在集体管理形式下，民族文化的使用许可则经过集体管理组织来进行。通常是以订立使用许可合同的方式，类型有普通许可、排他许可、独占许可。授权许可是传统知识产权最为典型的制度。这是由知识产权独特的客体性质决定的。与传统的有形财产不同，智力活动成果能够被广泛地复制，并且可以由多数人共同占有。知识财产的使用也不需要像物权一样以使用人对客体的占有作为前提条件。知识财产的使用者使用知识财产的基础不在于占有知识财产本身，而在于能否"复制"知识财产。因此，知识产权本质上是一种复制权。使用者能否"复制"或者以"复制"的方式使用知识财产才是权利人与使用者最关心的问题。民族文化的本质是一种智力活动成果，在法律性质上是知识财产，属于知识产权的客体。所以，民族文化使用的关键就在于权利人是否同意使用者"复制"或者以"复制"的方式使用民族文化。这里的复制既包括狭义的技术上的复制，也包括模仿、表演、数字化等方式形成的广义的复制。在此情形下，在权利人与使用者之间建立合理的授权许可机制是确保民族文化得以正常利用的基础。

(三)利益分享权

利益分享权是少数民族文化知识产权保护过程中进行利益平衡的最重要与最根本的权利。保障少数民族文化利益分享权也是民族文化保护与传承的关键所在。通过行使少数民族文化利益分享权，建立少数民族文化开发利用的利益分享机制，平衡民族文化开发利用过程中各方主体的利益，才能真正实现少数民族文化保护与传承的良性秩序。否则，任何利益失衡的文化开发都会带来意想不到的负面后果。还是以侗族大歌为例，其他机构或者个人使用侗族大歌，由此所获得的经济收益应按照约定或者按照一定比例反馈给侗族大歌的所有人，这样的利益分享机制能够确保民族文化逐渐能够依靠自身的开发利用来实现文化的传承与保护。

利益分享权是对他人对少数民族文化再创造后所获财产利益的分享权利。具体说来，是指少数民族群体作为权利人有权对他人基于其少数民族文化进行创新、创造所产生的成果的利用所获财产利益的分享。美国威廉·伊文教授和爱德华·弗里曼教授提出的著名经济伦理理论——惠益分享原则，是指应由利益创造者和相关的贡献者共享利益。1992 年《生物多样性公约》将惠益分享原则确定为保护遗传资源的三大原则之一，并认为许多以传统方式生活的土著和地方社区与当地的生物资源具有密不可分的依存关系，因此应当公平分享因利用、保护生物资源及其组成部分有关的传统知识而产生的利益，并要求缔约国采取一切可行措施以帮助、促进提供遗传资源利益的缔约国，尤其是发展中国家可在公平范围内，从其提供的生物资源技术成果利益中获得优先权。

由于少数民族文化的知识产权属性以及其公共产品的属性，使他人极易直接使用或作为创新之源使用。从现实情况来看，少数民族文化作为一种重要的文化资源，被权利人以外的人们作为创新之源来使用并产生巨大经济利益，但原始权利人却没有得到任何经济利益的情形并不少见。为了保护原始权利人的合法利益，少数民族文化所有人有权分享他人使用文化取得收益的主张现已在世界范围内成为一种普世价值和原则。少数民族文化知识产权保护中，利益分享权是协调与平衡民族文化创造者的专有权与民族文化产品合法正当使用者的使用权之间的利益平衡的重要手段。

第九章　广西少数民族文化知识产权
保护的模式选择

少数民族文化是一国文化遗产的重要组成部分，是民族精神的重要支柱。少数民族文化作为特定民族智力活动成果，已经逐渐成为一种资源财产。在少数民族文化开发利用的过程中，利益冲突不可避免。当前，少数民族文化经济价值逐渐被人们所认识。尤其是通过知识产权这一途径，能够更好地促进少数民族文化实现产业化，使其成为拉动社会经济发展的特殊生产力。

第一节　少数民族文化保护现实基础

随着世界经济的全球化发展和文化的商品化、利益化倾向，许多自生自息的少数民族文化都开始面临着消亡的危险，主要表现在：（1）少数民族传统文化被过度地商业化滥用，相关文化资源流失严重；（2）部分少数民族独特的民族语言、文字和民族习俗正在消亡，少数民族文化逐渐失去存在根基；（3）部分少数民族文化的代表性实物与相关资料难以得到妥善保护；（4）许多少数民族独特的传统技能与民间艺术后继乏人，面临着年久失传的危险；（5）少数民族传统文化的理论研究不够，相关研究人员短缺，出现青黄不接的断层。在此情形下，如何保护少数民族文化已成为国际社会关注的焦点之一。

一、少数民族文化与知识产权客体具有同质性

知识产权制度的保护目的与少数民族文化的发展内涵具有契合性。知识产权制度的保护范围与少数民族文化的保护对象存在一致性。知识产权制度形成的原

因是人们在智力活动成果上形成的物质财富的利益分配。少数民族文化是一个复杂的、跨多领域的整体，其范围包括语言、文字、戏剧、曲艺、音乐、舞蹈、绘画、雕塑、杂技、木偶、皮影、剪纸、传统工艺美术制作技艺、传统习俗以及与上述有关的代表性的原始资料、实物、建筑和场所等。① 作为知识产品之一，少数民族文化是特定群体的智慧结晶，这与现代知识产品没有什么区别。少数民族文化保护的目标，不仅仅在于维护国家与民族的文化财富、保存民族文化记忆与文化多样性，其更重要与更实际的目的是要促进文化资源转变为经济效益。因此，对于少数民族文化，其公益性的保护应该逐渐向产业性的保护转变。只有实现少数民族文化在文化价值与经济价值的双赢，才能达到民族文化传承与保护的良性循环。因此，如何正确认识少数民族文化的内涵，将其与产业化发展相互结合，通过合理的法律制度为其明确利益主体、利益客体以及利益共享机制是当前民族文化保护工作中的重点。当我们重新审视民族文化保护目标的时候，我们会发现知识产权制度具有得天独厚的优势。

二、知识产权保护的制度设计与少数民族文化的产业化高度关联

知识产权制度以国家立法的形式赋予知识产品的创造者或者所有者在一定期限内对知识产权排他的权利，赋予知识产权的创造者或者所有者以"产权"的形式来激发其创新，通过对"产权"的保护实现其经济价值。对于少数民族文化中的知识产品，其与市场的结合更加紧密。例如广西壮族的壮锦，目前已经基本上形成规模化的市场化运作模式。产品的样式与类型能够根据市场的需求而变化。知识产权制度能够较好地调整知识产权与知识产品的利益关系。同时，对于少数民族文化的产业化，通过传统知识产权的著作权、商标权、专利权与商业秘密等制度，能够促使少数民族文化与相关的文化产品更好地获取产权利益，从而实现民族文化的经济价值。从知识产权角度审视少数民族文化的产业化，能更好地传承民族文化信息、维系民族文化基因、维护民族文化的多样性。少数民族文化能够通过知识产权制度利用市场得到利益回报，从而让濒临消失的少数民族文化资源以全新的方式焕发光彩。

---

① 杨萍：《民族民间传统文化的知识产权保护模式新探》，载《广西民族研究》2007 年第12 期。

三、知识产权制度还可以兼顾少数民族文化权利主体的人身利益

知识产权制度保障和激励技术创新，除了促进知识财产的产业化，还可以给少数民族文化权利主体以精神权利而保护其人格利益。这是物权等其他财产权制度无法实现的功能。例如著作权法中的署名权、保护作品完整权等人身权利，同样适合对少数民族文化权利人的保护。通过知识产权制度保护少数民族文化，能够更好地体现对权利主体精神权利的尊重，这是因为知识产权制度更好地关注了权利主体的精神权益诉求。

当然，传统知识产权保护少数民族文化在实践中也存在一些现实问题。事实上，由于少数民族传统文化复杂化、多样化、跨领域等特点，其需要多个政府部门、多种法律手段的兼行并蓄才能获得充分保护。而立足于我国当下的知识产权框架体系，如何将知识财产之一的少数民族传统文化进行更完善的开发、利用和保护是我们研究的重点。我们认为，在现有的知识产权立法模式下，以传统知识产权法的一般保护与非物质文化遗产法的特殊保护的二元知识产权保护模式是最有利于少数民族文化保护的现实路径。本章节的研究重点是少数民族文化的传统知识产权保护，具体而言，就是在传统知识产权保护模式下，如何借助于著作权、商标权、专利权等传统知识产权制度来保护濒危的少数传统民族文化、如何借此来合理开发与利用少数民族文化传统知识产权等相关重要问题。讨论少数民族文化的知识产权保护，我们不仅需要分析知识产权制度与少数民族文化的契合点，而且还要探索传统知识产权制度对于少数民族文化保护过程中的冲突与障碍。

第二节 民族文化的著作权保护模式

著作权保护模式主要适用于少数民族文化中的民族民间文艺形式。《保护非物质文化遗产公约》中的第 1 类"口头传统和表现形式，包括作为非物质文化遗产媒介的语言"与第 2 类"表演艺术"都适合著作权保护模式。其中，第 1 类主要包括少数民族文化中口头文学、诗歌、神话、故事、传说等文化表现形式；第 2 类主要包括音乐、戏剧、歌舞等表现形式。截至目前，世界上已经有 40 多个国家

或地区性条约以著作权法来保护少数民族文化中的民间文艺。现有的国际条约中虽然没有直接以著作权法对少数民族文化进行保护，但其通过保护少数民族文化衍生出的知识产品的方式进行间接保护。

我国《著作权法》确认了民间文学艺术作品享有著作权并受到法律保护，该条款是我国以著作权保护民族文化的重要依据。《著作权法》第三条规定的著作权所涵盖的作品类型极为广泛，涉及文学、艺术、自然科学、社会科学、工程技术等多个领域，表现形式除传统文学著作外，还包括口述作品、以音乐、戏剧、曲艺、舞蹈、杂技等为内容的艺术作品、建筑作品、摄影作品、电影制品等。因此，从著作权法规定的范围来看，著作权所涵盖的作品形式上囊括了少数民族文化的诸多类型。由此可见，我国著作权法为少数民族文化保护预留了较大的空间。实践中，少数民族文化著作权保护的案例也逐渐增多，如引起较大反响的《乌苏里船歌》《白秀娥》《千里走单骑》案件。我国司法界对少数民族文化著作权保护是持肯定态度的。目前，我国少数民族文化著作权保护的对象主要以民间文艺为主，其在形式上包括文学作品、音乐、戏剧、舞蹈作品、口述作品等。

以传统著作权模式保护少数民族文化具有以下几点理由：第一，少数民族文化中的民间文艺，具有鲜明的知识产权属性，其与著作权客体之间存在同质性，少数民族文化在表现形式上符合著作权客体的特征，其具有独创性并属于能够以某种有形形式复制的创造性智力成果，第二，少数民族文化保护与著作权保护在目的上存在契合性，少数民族文化保护的目的之一就是避免文化与文化产品的滥用，实现文化产业化过程中的利益平衡。著作权的目的就是为防止未经授权即被复制或使用，而对具有创造性的作品给予保护的制度。著作权法保护的目的刚好契合了少数民族文化权利人的利益诉求。

著作权的保护模式鼓励了对少数民族文化的收集、整理，有利于对少数民族文化相关产品的保护。但是，著作权保护模式的弊端也开始凸显。例如，最典型的就是保护期限问题。根据著作权法相关规定，除署名权、修改权和保护作品完整权不受时间限制外，其他权利的保护期限一般为 50 年，期限届满即不受著作权保护。在此情形下，现有著作权保护的时间性使得少数民族文化保护不具有永久性，如果按照我国著作权法的规定，经过 50 年后少数民族文化就进入公有领域而成为公共财产，这对少数民族群体与少数民族文化的保护与传承都是不利的。另外，世界上绝大多数国家的著作权法规定著作权伴随着作品的完成而自动生成，不需要进行注册登记。少数民族文化是一个长期的发展和传承过程，很难认定其创作完成的具体时间，所以更加无法确定著作权法中的保护时间。对此，我们认为，对传统著作权法进行必要的调整有助于克服著作权制度在保护少数民族文化方面的弊端。例如，我们可以规定某些作品的"公有领域付费制度"。具体而言，就是少数民族文化具有特殊性，其虽然也具有作品的特征与属性，但少数民族文化不同于普通的作品，其负有传承与弘扬广大的历史使命。普通的作品，其是否能够流传于世，主要依赖于其是否具有相应的文化价值，能够经受市场的检验，对普通作品保护的目的主要是激励创新。但是，少数民族文化不一样，它需要保证权利人获得相应的稳定的利益回报从而推动文化的传承。因此，对其规定一定的利益分享期限不利于该民族文化的传承与保护。在此情形下，我们可以针对著作权的不同客体规定不同的利益分享制度，对少数民族文化这一具有特殊性的客体，可以创设"公有领域付费制度"来加强少数民族文化的保护。也就是说，其他普通作品的著作权保护有时效性，一旦超过既定期限就进入公有领域，其他人都可以自由免费使用。但是对于少数民族文化，其即使进入公有领域，其他人可以自由使用其文化，但是需要从使用该文化或者文化产品中获得的收益里按照一定比例提取费用，支付给少数民族文化的权利人。这样的调整既能保证少数民族文化接受传统著作权保护，又能在不用大动干戈的情况下维护相关主体的经济利益。

第三节　民族文化的商标权保护模式

商标权保护模式适用于少数民族文化商业开发中形成的具有代表性的民族文化符号或者特殊标记。少数民族文化产品的生产者，如民族工艺品的工匠、技师、艺人、传承人等利用民族文化或者在民族文化的基础上制造的产品可以通过注册商品商标而进行保护。再如，少数民族文化中的一些民族表演、民俗演示也可以通过注册服务商标获得商标权保护。世界各国也在积极探索少数民族文化的商标权保护模式。1990 年美国《印第安人艺术和手工艺保护法》通过设立印第安艺术和手工艺委员会来确保印第安艺术和手工艺产品的真实性，防止其他人假冒和伪造印第安艺术和手工艺产品。除此之外，澳大利亚、新西兰、越南等国家也逐渐开始通过商标权来保护民族文化与相关的民族文化产品。

商标权的保护模式不仅能为民族传统文化提供充分保护，如注册商标的续展制度就可为其提供长期有效保护，还有利于少数民族传统文化的开发和经济效益的实现，促使少数民族文化的经济效益得到最大程度的挖掘。总的来说，少数民族文化商标权保护模式主要集中在两个方面。

一、少数民族文化通过注册证明商标或者集体商标进行保护

我国现行立法并没有直接明文规定少数民族文化的商标权保护问题，但实践中少数民族文化的保护经常以集体商标或证明商标等方式实现的。集体商标是指以团体、协会或者其他组织名义注册，专供该组织成员在商事活动中使用，以表明使用者在该组织中的成员资格的标志。集体组织既可以申请注册集体商标，也可以申请注册普通商标。证明商标是指由对某种商品或服务具有检测和监督能力的组织所控制，而由其以外的人使用在商品或服务上，以证明商品或服务的产地、原料、制造方法、质量、精确度或其他特定品质的商标。根据我国《商标法》和《中华人民共和国商标法实施条例》的规定，少数民族文化的相关权利人可就特定的民族文化产品申请证明商标或者集体商标来标示其产品和服务的名称标记或民族符号。少数文化产品注册商标的申请也可以类推适用我国商标法有关地理标志的规定。总而言之，少数民族传统文化申请证明商标或者集体商标，可以在一定程度上防止文化仿冒和侵害，保护该民族传统文化权利人实现民族文化的独占性经济权利，也可以有效平衡少数民族文化权利人在传统文化开发与利用过程中的利益关系，进一步促进少数民族文化的传承与发展。

二、少数民族文化注册商标使用的在先权利保护

根据《商标法》第九条、第十三条规定商标所使用的具有识别作用的特征性文字、图形或者其组合等不得与他人先前取得的合法权利相冲突，也禁止以不正当手段恶意抢注他人使用在先的具有影响力的商标。这两条都是对在先权利的规定。在先权利在法律性质上包括知识产权在内的各类民事权利，即著作权、商标权、专利权等。我国目前立法并没有将少数民族文化归入"在先权

利"。但是，实践中一般认为少数民族文化属于"在先权利"的范畴，可以作为在先权利受到保护。这也是商业竞争领域内保护少数民族文化及其文化产品的一种方式。在此模式下，少数民族传统文化的表达形式也足以形成《商标法》所指的"在先权利"，因此《商标法》中的"在先权利"规则同样适用于少数民族传统文化的保护。

事实上，少数民族文化的商标权保护模式在延续民族文化生命的同时，也促使其民族文化经济价值得以实现。但是，商标权保护模式也存在局限性，其中最主要的问题在于少数民族文化意欲受到该模式的保护，必须先申请注册成为商标，但部分少数民族文化恰恰因无法归于任一商品类别而被拒绝注册商标，无法得到充分保护。商标作为商品识别性标志，其表现形式多样，如有文字、字母、数字、三维标志、声音、颜色等各类要素或其组合而成，并无时间或新颖性的限制，但其根本特征是其可识别性，即只要具有与其他产品或服务区分开来的易辨识性，就可申请商标保护。然而，部分少数民族文化如传统手工艺技能或知识，乃至是少数民族文化制作过程本身有时很难被定义是否已完全满足商标的"可辨识性"要求，只有制作出来的文化产品或者服务才能申请商标注册。从这个意义上说，商标作为用于区分各类商品或服务的识别性标志，只能间接地对民族文化起保护作用。

第四节　民族文化的专利权保护模式

专利权保护模式主要适用于《保护非物质文化遗产公约》中的第 4 类"有关自然界和宇宙的知识和实践"与第 5 类"传统手工艺"，其中，第 4 类是有关大自然的认识与实践如农业实践、医药实践、养殖实践、生态认识与实践等，第 5 类主要包括各种少数民族文化的传统生产与制作工艺等。我国《非物质文化遗产保护法》第 2 条第(三)类规定了"传统技艺与医药"，在一定程度上也涵盖了少数民族文化的专利权保护范围。

专利权是知识产权重要客体之一，研究专利权的保护模式并适用于少数民族文化保护，不仅能拓宽现有专利法律制度的适用范围，高效利用法律资源，更能进一步保护少数民族文化，从而对其达到有效地传承、合理地开发和高价值化利用的目的。少数民族文化专利权保护模式主要集中在几个方面。

一、少数民族文化的"在先技术化"

若要以专利法保护少数民族传统文化，则对可申请为外观设计、发明或实用新型的少数民族文化，以"在先技术化"消除其新颖性，以避免被他人恶意抢注，具体方法包括将少数民族传统文化数字化、文献化、网络化储存，并建立相关知识产权数据库以便于检索查看。但是"在先技术化"主要目的是阻止他人恶意抢注，并适当保存传统文化，即只是一个预先的、较为简单的防范性措施，是最低限度的保护，且这种具有公开性质的技术化行为，会给少数民族文化带来很大风险。因此，建议在进行"在先技术化"时应当注重核心技术或权利的保留，同时在进行"在先技术化"之前，应当取得少数民族传统文化"所属权人"或权利人的许可，并做好相关的技术保密工作。

二、修改现有的事先知情同意机制，将少数民族文化专利权授权的形式要件严格化

首先，应将少数民族文化纳入必须申请事前同意或知情的范畴。例如，当少数民族文化权利主体以外的人或组织意欲将传统文化申请专利化或以该文化为基础进行开发利用时，都需要取得少数民族文化"所属权人"或权利人的同意。其次，将少数民族文化专利权授权的形式要件严格化，少数民族文化不仅涉及该文化发源地居民的利益，也具有一定的公共利益属性。因此，应当将少数民族文化专利权授权的形式要件严格化，当少数民族文化权利主体以外的人申请传统文化专利时，应当严格审查，除通常的申请文书之外，还应要求其提供书面的或其他可鉴定的证明以证实其权利获得了该传统文化权利人的许可。

三、适当调整现有的专利法规则，设定适合少数民族文化专利化的实质要件

现行的专利法规定无论是外观设计、发明或实用新型，都需要满足"三性"规则，即实用性、新颖性、创造性。若少数民族文化要获得专利权保护模式，理论上同样需要满足以上条件，然而实践中诸多少数民族文化的技能、艺术并不符

合以上要件。因此，为全面保护少数民族文化，建议适当调整现有的专利法实质要件规则，即将少数民族文化纳入专利法可申请范围的同时，适当为其特殊性而设置特殊的适用规则，在此范围内重新界定实用性、新颖性、创造性的标准。

第十章　广西少数民族文化知识产权
保护的路径探索

少数民族文化之所以在空间中得以延续、时间中得以有序发展依赖于其能够传承和保护。对新时代中能够更好构建社会主义文化，维系群众民族精神，增强群众认同感，促进中华文化传承具有重大意义。因此，少数民族特色文化的传承与保护是一项需要长期坚持和平衡发展的工程，在少数民族特色文化的学习、设计、创新、再设计、再创新等发展中需要汇聚更多人力、物力等资源，不断将少数民族文化资产转化为整个中华民族的精神食粮。在如今的发展潮流趋势下，少数民族文化研究仍需独辟蹊径，将一些创新理念和思想与少数民族文化融合起来，使其在保护和传承上能够充分发挥作用，而不仅是谈论在保护中实现开发和在开发中实现保护等问题。将保护和传承目光围绕少数民族特色文化构建传承人保护制度的问题，从少数民族特色文化的自我规范伦理出发，建立与完善相应的传承人保护制度体系。

第一节　民族文化及其非物质文化

非物质文化遗产作为运用声音、形象和技艺作为表现手法，依靠人本身通过心口相传方式将文化延续的宝贵财富，少数民族特色文化在非物质文化遗产中占据重要位置。众所周知，在民族文化保护中传承人是关键一环，对文化传承人的保护也就是在对民族文化进行保护。但是，如今潮流更迭交换迅速，我国文化传承人在保护制度上存在诸多缺陷，面临许多困难和挑战，直接导致在民族文化的传承中出现一些漏洞。2011 年 2 月 25 日十一届人大常委会 19 次会议通过的《非物质文化遗产法》作为我国民族文化保护上浓墨重彩的一笔，在非物质文化遗产保护中具有重要立法实践意义，但是其是否能根本解决民族文化保护中的传承人问题值得进一步研究。

少数民族文化属于文化遗产中的有机组成部分，它们承载了厚重的民族历史，也见证了整个民族文化的传承过程。在其中蕴藏少数民族经历历史沉淀形成独特的精神和文化，将少数民族自身的活力和创造力凝聚、迸发。可以这么说，民族根基之所在、智慧之源泉，乃民族在浩瀚历史长河中所孕育的民族文化，也是整个中华民族共有的精神财富。在全球化的今天，更加凸显其内在的价值。经济全球化使得经贸往来变得频繁，各种文化交织并存，民族文化也必须忍受外来文化的冲击。在现今形式看，我国民族文化在发展、保护、传承上遇到各种荆棘困难，口传心授为主的非物质文化遗产正在逐渐消亡，民族文化独有的气质与精神品格也面临着挑战。因此，加强民族文化的保护，强化非物质文化遗产的传承体系，对于整个国家、民族来说都是不能忽视的时代使命。

传承人在传承和保护非物质文化遗产中起着关键作用，对传承人加强政策支持与帮助也是对非物质文化遗产的一种保护措施。传承人在对非物质文化遗产传承上实行一系列连续和灵活的传授，传承活动灵活自由，因而对于非物质文化遗产保护更具有优势。而本文也正是抓住了非物质文化遗产保护中的关键——以知识产权为主体，通过探讨传承人的核心作用，运用法律手段对非物质文化遗产进行保护和救济的机制进行探析。

第二节　国外民族文化保护的借鉴

联合国教科文组织首先认识到全世界民族文化遗产的保护意义和作用，率先提出倡议和组织，通过在 2003 年公布《保护非物质文化遗产公约》对传统、手工技能、节庆礼仪、口头表述、音乐、舞蹈等为代表的非物质文化遗产进行保护。2006 年 4 月底生效的《公约》成为世界范围内对民族文化遗产进行保护的范本。在《公约》中对各国和各地区提出了明确的要求，需要它们清点本国本地区现存的非物质文化遗产，尤其是针对继续保护的重点、具有重要意义的遗产要重点列清，在本国本地区内建立由专家和各会员代表组成的非物质文化遗产保护委员

会，开展协调关于文化遗产的各项工作。同时，《公约》积极鼓励通过各种形式
对相关的文化遗产进行保护，针对非物质文化遗产传承人这一块制定了相关制
度，在此情形下，世界各国在民族文化传承人制度方面逐渐发展得有声有色。当
然，在此之前，国际上部分国家的相关做法也值得借鉴。

一、日本"人间国宝"制度

日本非常重视民族文化的传承与保护，拥有一整套较为成熟的文化传承与保
护制度。其中，专门针对民族文化保护的"人间国宝"指定制度发挥了巨大的作
用。指定制度是指由政府机关对国家重要的文化财产进行强制性指定，从而实现
文化遗产永久性保存的目的。指定包括两方面，一方面，日本通过立法将各种有
形文化财产指定为"重要文化财"或"国宝"严加保护。1950 年日本颁布发行共七
章 130 条组成的《文化财保护法》，这部法律从此成为日本在保护文化方面的重要
法律。在另一方面，在悠长历史长河中民族文化日积月累形成各种宝贵的文化财
产，日本通过"人间国宝"这一制度将其价值、重要性等确立下来，加以保护和
传承。在《文化财保护法》首章中对于无形文化财产进行明确，规定"表演、音
乐、工艺技术及其他无形的文化类生产中，那些对于日本具有历史或艺术价值的
部分"才能称作为无形文化财产。同时在该法第三章第五十六条中将日本文部科
学大臣对于无形文化财产中重要无形文化财产也就是指"人间国宝"在认定和不
予认定的程序和权限进行限制规定，并且明确"人间国宝"存续期间拥有的权利
和承担的义务责任。《文化财保护法》中对于重要无形文化财产认定方式主要是
"个项认定""综合认定"和"持有团体认定"三种方式。"人间国宝"属于三种认定
方式的"个项认定"中提到的"身怀绝技者"。① 也就是说，与各种有形文化财产被
指定为"国宝"相对应，在无形财产指定过程中，政府可以将该无形财产的传承
人认定为"人间国宝"，从而备受社会尊重。1955 年，首批认定的"人间国宝"公
布，但是当时并未使用"人间国宝"的字眼，而是叫作"无形态国宝"或"活文物"。
第二批重要无形文化财产的传承人认定中，人们定性思维认为"国宝"这一称谓
远比"重要文化财"更加容易理解和切合生活，并且能够彰显出"身怀绝技者"的
社会地位，因此将重要无形文化财产的传承人直接称呼为"人间国宝"。由于"人

---

① 《"人间国宝"认定制度》，http://www.people.com.cn/GB/paper39/7979/757005.html.

间国宝"不仅仅反映了传承人的高超技艺，体现其具有的是值得世代传承的"艺之精华"，而且也是对传承人本身具有高尚人格的一种肯定。因此，"人间国宝"一词广为传播，这一认定制度在日本传统文化和工艺的保护和传承中产生了积极影响更加深远。

在日本，各级政府都有权在相应的行政区域内指定"人间国宝"，日本文部科学省下属文化厅为"人间国宝"的审核机关。通常而言，在一般审核认定中，文化厅首先是在文化财专门调查会成员的基础上选择名单，将名单提交到文化审议会进行审议，经文艺审议会认真审议后，文部科学大臣最终批准名单上的"人间国宝"并为其颁发认定书。文化厅长官对认定为"人间国宝"在传承和保护过程和效果等方面进行监督，保证在监督过程中将各项内容进行记录、保存并且大众公开，督促其在文化传承和保护中肩负起相应责任，实现自身的艺术价值。"人间国宝"在进行活动时能够从国家那里得到 200 万日元补助金，主要是用在磨炼传承技艺，培养继承人等合理用途。在使用期间必须将补助金的每一笔清清楚楚向国家汇报。日本每年认定的"人间国宝"细致且认真，国家现存"人间国宝"达114 人。① 日本法律还进一步明确规定"人间国宝"即该文化财产的传承人，其负有传承"技艺"的责任，如果该传承人不愿意向他人传承这种"技艺"，国家不会将"人间国宝"称号颁发给他。

日本《文化艺术振兴基本法》2001 年 12 月颁布实施以来，发展和振兴文化艺术在日本全面开花，形成既定方针和策略，促进日本文化事业繁荣昌盛。日本政府加大了每年向"人间国宝"的拨款预算，据统计，日本每年用于"人间国宝"的预算超过 100 亿日元。通过上述制度的实施，日本传统文化得到很好的保护，并通过传承"技艺"流传与发展。

二、韩国"金字塔"制度

韩国对民族文化的保护也走在国际前列，一直以来高度重视文化遗产的保护与历史文化的传承。韩国在 1962 年颁布《韩国文化财产保护法》，从此韩国文化的立法保护正式登上历史舞台。根据《韩国文化财产保护法》的相关规定，文化遗产被分成物质文化遗产和非物质文化遗产两部分，将表现形式为表演民间艺

---

① 《"人间国宝"认定制度》，http：//www.people.com.cn/GB/paper39/7979/757005.html.

术、民间风俗、社会礼仪、国家节庆以及有关历史、自然的知识的文化遗产归到非物质文化遗产这一方面。同年，韩国成立了文化遗产委员会。文化遗产委员会在下面分别设置了有形文化遗产、无形文化遗产等具体8个部门，在各个部门中安排了关于文化保护和传承方面具有造诣的专家学者的专家，专业水平高，业务能力强，开展工作更加得心应手。除此之外，韩国政府还聘请了180名各界文化遗产专门委员，致力于传统民族、民间文化的搜集、整理与保护。文化遗产专门委员在社会上只要发现值得保护的文化项目就会将项目推选出来，无形文化遗产委员或专家委员与其他有关学者进行实地走访了解调研，反复确定项目的技艺传承的历史由来、具体内容、保护状态以及具有相关技能的人等多项内容，并将该考察结果进行多方面审议，最终综合考虑决定是否将其认定为重要无形文化遗产或者是认定为具有相关技能者，进而确定其是否成为国家重点保护项目。①

　　在传承人制度方面，韩国政府除了借鉴日本"人间国宝"指定制度之外，还逐渐建立和完善了"金字塔"式的文化传承人制度。在经费保障制度这一方面，韩国有自己的划分和评定标准，他们根据物质文化遗产价值不尽相同从而划分不同等级，经过国家确认为具有重要价值的非物质文化遗产将获得全额的经费保障；在各省市中确认的非物质文化遗产国家给予二分之一的经费保障；剩余其他地区的非物质文化遗产则是由该项目所在地区自主筹集保障资金。除此之外，韩国在文化传承人上也建立完善了一个配套各个等级非物质文化遗产的保护制度。并根据《韩国文化财产保护法》对不同等级的传承人规定了相应的权利义务与法律责任。例如，顶级的传承人被称为"保有者"。"保有者"是韩国国家级非物质文化遗产最优秀的传承人。国家不仅为其传承、表演、研究等活动提供全部经费，而且每月还提供一定数额的生活补助与医疗保障。根据《韩国文化财产保护法》，文化传承人都能够得到中央和地方政府的大力支持与财政保障。总之，"金字塔"制度的制定与实施在一定基础上促进了韩国非物质文化遗产保护和传承，提供了相应有效的立法保护和制度保护。半个世纪以来，韩国在民族文化遗产保护与传承上取得了骄人成果，韩国政府已经陆续公布了100多项非物质文化遗产，同时还申请了16项世界非物质文化遗产。其中，2005年，韩国将"江陵端午祭"成功申遗，曾在中国社会掀起了抵制韩国入侵民族文化的轩然大波。

---

① 《韩国文化遗产保护的启示》，http：//bbs.haier.com/forum/tattle/1101093.shtml.

总而言之，韩国"金字塔"的传承制度总结起来具有以下几个优点：第一，认证过程标准化；第二，认定具有竞争性，在各类比赛中体现文化项目的亮点和特色，通过各种项目比赛后胜出的优秀项目列为重要无形文化遗产；第三，重视市场机制，将文化遗产与传承人认定项目与旅游产业相结合，最大限度地发挥文化产业的功能；第四，对传承人的扶持保护力度加大，对传承人的权利义务要求更加明确。综上所述，韩国在民族文化保护及其传承人制度方面值得国际社会学习与借鉴。1983年，联合国教科文组织在制定相关政策规定时也在很大程度上借鉴了韩国经验。

第三节　广西民族文化保护的发展

民族文化是人类智慧的结晶，也是各民族在交往中、传承中所表现的形式和发展的空间，提升对于民族文化的保护工作无疑会对民族的发展、文化内涵的重新解读都起到不可替代的作用。而民族文化所具有的"活态性"特征，使其能够以口传心授这一方式延续其传承，使得文化的发展不会出现断层，这当中的关键所在还是对于传承者的培养与保护。在中国民间文艺家协会主席冯骥才的研究中能够得知，在现今民间文化处于濒危的形式无非离不开两种形式，一种是因为其属于少数民族文化，而另一种主要是传承人自身问题。在少数民族地区传承人濒危现象更加严重，两种形式叠加出现产生的各种问题难以协调解决，需要得到各界重视。在现阶段对少数民族非物质文化遗产进行保护和传承要通过强化对传承人的保护和培养，不断将保护机制和培养体系完善起来，才能进一步让民族文化焕发新的生机与活力，抓住了这一点也就抓住了民族文化保护的关键。

一、广西民族文化保护的现状

广西是一个多民族聚居的地方，少数民族特色文化在广西的非物质文化遗产中占有绝对重要的地位。广西少数民族特色文化资源蕴藏丰富，舞台表演艺术品种繁多，在漫长的历史发展长河中，广西各民族创造与积累了丰富多彩、风格独特的特色文化，文化的交流和融合滋养了各种身怀绝技的文化技艺者。在漫漫历史发展中，如何在迅速地城镇化发展中把经济、社会发展变革与民族文化的保护和传承相互融合促进，如何建立与完善相应的传承人制度？其中，日本政府的"人间国宝"制度与韩国政府的"金字塔"制度都值得我们借鉴。

广西在 2005 年 4 月颁布《广西壮族自治区民族民间传统文化保护条例》作为中国第四个颁布实施保护和弘扬传统优秀民族文化的省区，对整个广西精神文明建设、文化繁荣发展起到了积极促进作用。但是，随着社会变革与时代发展，原有的条例逐渐不能满足实践工作的需要，在实践生活中带来了一系列的问题。尤其是 2011 年《非物质文化遗产法》的颁布实施，《广西壮族自治区非物质文化遗产保护条例》的制定工作被提到议程上来。广西壮族自治区人大常委会在历经多次深入的调查研究、考察学习、吸纳广泛意见的基础上，委托立法论证，多次修改内容，形成草案上报。草案几经讨论、论证和修改完善，在 2016 年 11 月 30 日自治区第十二届人民代表大会常务委员会第二十六次会议上通过，2017 年 1 月 1 日《广西壮族自治区非物质文化遗产保护条例》开始实施。这一条例成为广西少数民族特色文化遗产法律保护和传承的有力支撑，进一步将广西少数民族特色文化遗产的保护和传承工作制度化、规范化，不断提升工作往科学化发展，对弘扬广西传统优秀文化发挥不可言喻的作用。

广西开展少数民族特色文化遗产的传承人保护工作已有十余年，取得一定工作成效。到目前为止，广西圆满完成第一次全区非物质文化遗产资源普查工作，在工作中收集到项目资源线索超过十三万条，并将各地普查结果汇编成册共计 450 册。在文化普查中不断将非物质文化遗产名录体系逐渐完善，其中联合国人类非物质文化遗产代表作名录扩展项目 3 项、国家级代表性项目 70 项、自治区级非物质文化遗产代表性项目 1115 项。在多年工作中，非物质文化遗产项目代表性的传承人熟练在不断增加，到 2021 年自治区存在的国家级非物质文化遗产代表性传承人共 5 批 49 人；自治区级非物质文化遗产代表性传承人 936 人。①

广西文化保护和传承工作持续推进，稳中向好。目前，自治区内建立的国家级文化生态保护试验区 1 个，自治区级文化生态保护区 6 个。非物质文化遗产保护工作平台从建设至今得到了肯定认可，建设成果稍有显著，其中建有国家级非物质文化遗产生产性保护示范基地 2 个，自治区级非物质文化遗产传承基地、展

---

① 广西非物质文化遗产网 http://www.gxfybhw.cn//.

示中心、研究中心、生产性保护示范基地(示范户)和传承示范户 159 个。

除此之外，广西在"非遗"保护机构建设这一方面产生的效益十分可观，尤其是在保护机构编制方面取得一定成绩。2011 年在自治区文化厅内设置非遗处，专门性承担非物质文化遗产保护传承工作，设定编制 2 人，到 2012 年编制突破增加至 22 人，提高了工作效率，进而也能够在一定程度上保证开展工作的成效。相应的各市县区基本建立起保护机构，方便各自地区因地制宜开展保护传承工作，确保开展工作取得实效。广西对非物质文化遗产保护机构持续加大资金保障，各项保护经费不断增长，2003 年以来自治区本级财政累计已投入保护经费 6000 万元。① 2016 年一年的保护经费已经达到 950 万元。在人力资源和财政资源等方面，广西备足"粮草"，加快对非物质文化遗产的保护和传承进程。

二、广西民族文化传承人简况

截至 2018 年 9 月，原文化部五批次分别公布了国家级非物质文化遗产项目代表性传承，五批次中广西共有 49 人。其中，第一批 1 人，第二批 10 人，第三批 5 人，第四批 13 人，第五批 23 人。49 名传承人中，其中属于少数民族的为 34 人。由此可见，少数民族特色文化成为广西非物质文化遗产中的中流砥柱。

第四节　广西民族文化保护的问题

传承人身上承载了优秀文化，在非物质文化遗产保护和传承过程中发挥着重要作用，加强对传承人的培养为促使文化迸发活力、持久繁荣提供了重要引擎。广西在少数民族非物质文化传承人的工作中取得值得肯定的成绩，但在对传承人实现有效的培养体制机制上或多或少都还存在着一定的问题。

一、政府对传承人培养的重视程度不够

非物质文化遗产的保护关键还在于强化传承人的培养工作，如果缺乏相应的

---

① 《〈广西壮族自治区非物质文化遗产保护条例〉实施》，http：//www.cssn.cn/ddzg/ddzg
_ldjs/df/201701/t20170118_3389879.shtml。

培养机制,从何谈起对文化进行保护和传承?广西在对非物质文化遗产的抢救和整理工作中投入大量心血,确实也达到了一定的成就,广西大量的非物质文化遗产在一定程度上得到了有效保护,被列入了保护序列中,并且得到了与之发展相配套的保护程序和方式。但是由于忽略了对文化传承人存在的意义,对其重视仍达不到保护程度,导致在资金和政策上对于传承人的割裂帮助和支持不够,传承人自身无法对非物质文化遗产进行保护和传承。作为保护和传承非物质文化遗产工作中关键人物,传承人无法实现存在价值和意义,各种工作产生的偏差对于非物质文化遗产来说有百害而无一利,更甚者将对保护工作给予致命一击,毁掉之前开展各类保护工作产生的效果。

二、传承人队伍青黄不接,面临断层困境

囿于广西少数民族的生活环境,大多数民族文化传承者处于经济发展程度不高的偏远山区,而这些外在条件无疑会对文化的传承加重一定的负担。作为老一辈的传承人,他们大多数文化程度较低,且年纪也比较大,没有多余的时间与动力去学习非物质文化遗产的系统知识,在传承工作上依然坚持原有的方法,与现代的文化传承、保护理念不相适应。而作为新一代的年轻人,大多数经历了新潮文化的洗礼,特别是在科技技术日新月异的今天,很轻易就可以了解到其他外来的文化,并受到这些外来文化的影响。时尚更迭发展迅速,多数年轻人追求大众的潮流和与日俱新的时尚,非物质文化遗产在他们眼中被归于古板、陈旧,心底没有对文化产生过多的认可感和归属感,难以要求他们付出更多心血去保护和传承非物质文化遗产。因此,也就引发了旧的传承方式、理念与现代化的传承要求不相适应的矛盾,一旦这些老一辈的传承者相继去世,传统文化传承队伍也必然会缩减,文化断层的局面将不再久远。

三、传承人培养资金不足

文化的传承不是凭借一腔热血就可以实现,更多的是需要花费大量的时间与经历,而传承人的培养作为一项长期性的工作,其艰巨性是不言而喻,培养资金链条更是不能断。从 2011 年开始我国给予国家级的代表性传承人每人每一年 1 万元的补助标准,自治区级的传承人获得自治区给予 2000 元的补助经费,补助

资金较少、难以满足传承人需要，对于整个非物质文化遗产的保护来说支持力度还是显得稍弱，在整个非物质文化遗产专项保护资金中也只占极小的一部分。对于传承人来说这些补助性资金也不能完全解决基本生活问题，传承人自身难以提升工作积极性。在很多时候，尽管《非物质文化遗产法》中有明文规定要求县级以上政府部门结合本地区开展非物质文化遗产工作的保护和传承工作给予必要的支持和帮助，但法律中规定的要求多为原则性的，没有进一步具体细化。对于传承者来说，没有必要的资金支持、缺乏相应的倾斜机制，那么自发性的传承保护工作就难以落实。

四、传承人在培养方式单一

传统文化中非物质文化遗产内在活力极大，由于无形性、活态性等特点在传承方式上存在局限，一般是根据其经验亲身口授，在民间主要是表现为招收徒弟传授技巧方式实现非物质文化有效传承。这种单一的培养、传承方式在以往可能效果明显，但是在科技迅猛发展的今天就显得有些落伍了，没有融合现代的传播理念与方式，也容易被时代所淘汰。此外，这种口口相传的培养方式在实际经验上可能较为突出，但是对于必要的理论学习就不见得很彻底，整体的培养质量堪忧。现阶段，必须加大拓宽人才培养的途径，通过结合现代的培养理念与工具，保证人才培养质量，确保培养效果得到质的提升，方能在广西少数民族非物质文化遗产保护和传承上超车抢道，实现繁荣发展。

第五节　广西民族文化保护的利益分享

广西作为少数民族自治区，具有丰富的少数民族文化资源，为整个民族文化多样性提供了重要的保证。本辖区内少数民族文化知识产权的保护，在少数民族自治地区乃至全国范围内均具有一定的代表性。但是随着经济社会的日益发展，少数民族文化知识正在面临着恶劣的生存环境和诸多保护上的难题。从少数民族文化知识产权利益分享机制的构建出发，提出更为科学、合理的少数民族文化知识产权保护机制。

一、权利化的少数民族文化利用和管理

少数民族文化的利用和管理是少数民族文化知识产权保护的重要环节，将少数民族文化的利用和管理进行权利化才能更为有效地对已形成知识产权的民族文化进行保护和开发。文化的权利化可以理解为：一是文化权利享有者的主体资格必须得到确认，在少数民族文化保护和开发的过程中，文化权利主体确认将极大地丰富现有的利益分配方式，进而保护传统文化的传承者；二是文化权利保护的对象是少数民族文化，这将进一步使得少数民族文化权利的保护成为整个社会的共同认识；三是少数民族文化的权利化其本身是由国家法律法规来规制的，即"由法律所承认的意志或由法律所赋予的权力"，有国家强制力作为后盾，任何社会组织、单位和个人都不能对少数民族文化权利进行破坏和随意使用，四是文化权利本身必须要加以使用才能得到有效保护，必须建立与之相应的机制以确保权利的最终实现，即建立相关的管理制度及合理的利益分配机制，同时明确有关于少数民族文化的相关概念。

二、广西少数民族文化的利益相关者

(一)广西少数民族文化的开创者

广西少数民族文化的开创者是指生活在广西壮族自治区辖区范围内的少数民族在漫长的历史进程中，基于对本民族生存、生产、生活的思考进行智力性劳动创造的少数民族群体或个人。进一步而言，这些族群或个人所进行的智力性创造成果，被本民族同胞所接受和认可，在经过了自然环境、社会环境的考验之后，最终实现了少数民族文化从无到有的艰难历程。这些少数民族文化开创者在民族历史的长河中，由于时代久远或资料的缺失通常是难以确定其个人身份的，但其所开创少数民族文化的显著"民族特性"仍然有助于今天的学者对其文化创造主体的识别。

(二)广西少数民族文化的传承者

广西少数民族文化是在域内各少数民族文化传统的长期保持下，所传承并形

成的具有明显少数民族习俗的文化，其本身具有很强的集体属性。任何少数民族文化在其形成以后，并不能确保文化的传承与延续，而是需要集体或个人通过口头、表演等方式加以传承，才能得到有效的延续。在此期间，个体"在少数民族文化的传承和创造作用被集体所融合吸收，其结果是文化本身中的个体个性被覆盖，表现为群体共同作用的结果"。

(三)广西少数民族文化的传播者

广西少数民族文化的传播是指以社会交往及精神满足的需要为基础，不同的社会群体通过语言、文字等不同符号相互交流，使得民族文化得以继承与发展的过程。少数民族文化的传播者有时与少数民族文化的开创者、传承者等本民族成员重合，也可能与本民族以外的其他主体重合。少数民族文化被传播者以各种符号、形式加以传播和扩散，并在此过程中不断与社会发展变迁需要相融合，从某种意义上讲，少数民族文化的传播者承载了少数民族文化不断更新、延续和发展的功能。

(四)广西少数民族文化的使用者和持有者

少数民族文化的使用者与持有者是少数民族文化保护问题中的两个重要内容。少数民族文化使用者是指以少数民族文化的实用效益或经济效益为价值基础，基于不同目的对少数民族文化加以使用的组织或个人。不同的社会主体，基于不同的使用目的，对少数民族文化有不同的价值需求，这就促使少数民族文化的使用者形成了经济使用型与非经济性使用型的类型划分。而少数民族文化的持有者与其开创者、传承者并不完全一致，因为其持有者有可能是基于文化权利所有权人的授权在一定范围内合法使用少数民族文化知识产权的组织或者个人。

三、广西少数民族文化的统一管理模式

(一)广西少数民族文化的集体管理组织

我们认为，有必要在立法层面规定与少数民族文化知识产权保护相关法律制度，并通过行政机构审批设立相应的少数民族文化管理组织，并赋予其帮助少数

民族文化知识产权权利人主张权利的权能；在权利授权范围内代为行使许可权、收益权的权能；当有关少数民族文化权受到侵害时代民族文化知识产权权利人进行诉讼、仲裁和提出赔偿请求权的相关权能。

具体而言，可以依据不同情形采取以下措施建立少数民族文化知识产权集体管理组织：(1)对于易于识别、较为集中的少数民族文化，其权利可由少数民族社区或群落自行成立管理组织并行使相关职权，并由政府相关部门进行指导和监管；(2)对于零星的、跨地域的少数民族文化，如果不能自行组建管理机构，可以由法律、法规规定设立代表机构以进行公益性管理，与此同时，赋予少数民族群体代表选举、参与监督与管理的相关政治权利；(3)国家层面设立全国性或地区性的综合管理机构，以有效推动少数民族文化知识产权组织的建立与运转。

(二)广西少数民族文化的行使许可权

依照法定形式获取知识产权加以保护的少数民族文化，其使用范围具有排他性。少数民族文化的行使许可权要求权利人以外的其他组织或个人在行使该项权利时，应当获取权利所有组织和个人的允许。此外，少数民族文化知识产权权利人还享有禁止他人非法使用该知识产权的权利。根据我国《专利法》第十二条的相关规定，专利的实施必须征得专利权人的许可，并签订书面的实施许可合同，在支付相应的使用费后才能具体实施，反之则构成对他人专利的违法使用行为。

(三)广西少数民族文化的行使收益权

少数民族文化知识产权本质上是一种综合性权利，即同时具有财产属性和人身属性。根据相关法律规定，依照法定流程取得知识产权后，权利人即可享有排他性权，权利人可以依法享有处分权、使用权和收益权。此外，权利人不但可以基于生活和生产需要对少数民族文化知识产权加以利用，还有权将权利客体许可、转让给其他权利主体供其使用，并在此过程中收取或得到相应的许可转让费用。

(四)广西少数民族文化的赔偿请求权

少数民族文化知识产权与知识产权法所保护的客体在本质上并无区别，均是智力创造的产物，其凝聚和体现着劳动者的脑力劳动和时间，乃至知识储备等智力成果。除权利人以外的任何主体，未经合法权利人的许可使用或擅自实施其文化产权成果的，权利人均有权要求侵权者承担停止侵害、赔偿损失的民事侵权责任。此外，权利人也有权选择"依法享有请求该侵权行为人以合理的条件与其签订知识产权许可使用合同；只有当该侵权行为人无正当理由拒绝以合理条件与知识产权所有人签订知识产权许可使用合同时，知识产权所有人才有权请求其停止侵害行为；但法律另有规定的情形除外"。①

四、广西少数民族文化的利益分享机制

少数民族文化知识产权的保护和开发，要做到实现权利人的身份权利和财产权利相统一，并在此基础更进一步推动少数民族文化的繁荣与发展。需要指出的是，少数民族文化知识产权与普通知识产权并不完全相同，其具有明显的集体属性，其取得条件与背景都比较特殊，所以其在设计利益分享机制时也应充分体现其特性，从而更好地保护少数民族文化以符合社会发展的实际需要。

(一)利益分享与衡平视角下的少数民族文化知识产权制度设计

当下，知识产权保护在各国得以确立的主要目的在于一方面鼓励人们进行智力创造，另一方面促进新兴知识产权的使用，进而推动社会整体的进步。具体而言，如果不赋予知识产权权利人相应的专属权利，会导致相关权利人无法对抗非法使用其智力成果的行为，进而极大地损害了权利人进行智力创造的积极性。与此同时，如果过于强调权利人对知识产权的专属权利，也会导致社会大众难以接近知识产权产品，影响社会的总体进步。

我国对少数民族特色文化知识产权的保护还存在不足的地方。现有少数民族文化知识产权保护法律体系中，为少数民族特色文化提供保护的主要是传统知识产权部门法即《著作权法》《专利法》《商标法》等法律规范性文件及其实施条例中的相关规定。在当前立法模式下，少数民族特色文化成果通常以专利、作品、商标的形式作为法律保护的权利客体。但是，不足的地方在于，现有知识产权法的

---

① 曹新明、梅术文：《民族民间传统文化保护的法哲学考察——以知识产权基本理论为研究范式》，载《法制与社会发展》2005 年第 2 期。

立法模式难以完全涵盖少数民族特色文化成果的类型，同时也无法有效兼顾少数民族特色文化在权利归属、权利取得、保护期限等方面的调整细节，这就使得部分少数民族特色文化在现有知识产权保护中时常处于捉襟见肘的尴尬地位，从而无法实现真正到位的保护。

对少数民族特色文化而言，能够实现文化成果的合法权利人与其他社会公众的合法利用是知识产权保护的主要意义所在。也就是说，少数民族特色文化知识产权的保护目的不是为了控制与隔离文化成果，纯粹静态地占用或消极的限制他人使用并不是少数民族特色文化权利人的真实意图。从权利人的角度上看，其最希望的不是将文化或者文化产品冷冻起来，而是希望能够通过积极的实施许可或处分以获取相应收益。由此可见，少数民族特色文化知识产权保护立法进行保护，不是刻意去强调权利的垄断，更重要的是能够合理配置权利人所享有的权利范围和内容，从而真正实现对少数民族特色文化价值的开发与利用，除此之外，少数民族特色文化知识产权保护的立法也要基于社会发展的现实需要，法律的制定也需要兼顾公众利益与社会发展。如何合法、合理地对少数民族特色文化的知识产权预留空间与渠道而不影响社会公众对民族文化的有效使用是当前面临的重要课题。

(二) 合理保护知识产权传播者的相关利益

如前所述，少数民族知识产权的权利人对其文化成果享有特殊的垄断权。但是反过来说，知识产权的利益价值也需要通过文化产品的传播与扩散才能充分实现。如果仅仅垄断和控制，文化成果不能流通与传播，文化权利人的权益也难以真正获得。同时，如果过分扩大权利人的利益，强调权利的垄断性，反过来也会阻碍社会的文化传承与文化共享，不利于整个社会的文化发展。因此，如何保障权利的平衡与限制，合理保护知识产权传播者的相关利益是建立分配机制过程中的重要环节。

综上所述，我们认为可以通过知识产权的强制许可制度来限制相关的权利人，以实现合理保护传播利益的目的。通过少数民族特色文化知识产权强制许可制度，可以在很大程度上平衡权利人与社会公众之间的利益，一方面保护民族文化的传承与发展，另一方面，又能促进民族文化成果的共享与增益。

(三)知识产权制度中个人利益与公众利益分享机制的合理构建

少数民族文化知识产权利益分享机制是对少数民族文化开发利用过程中产生的收益在各主体之间进行的合理分配。少数民族特色文化在开发利用过程中的主体包括其所有权人、使用者、持有者及其他利害关系人。如何通过合法与合理的方式在上述主体之间实现利益平衡对于少数民族文化的传承保护与开发利用而言至关重要。明确的利益分配制度才能合理规范少数民族文化的建设与开发。现阶段，一方面，对少数民族特色文化进行不规范的商业利用的现象时有发生，其往往以较低的成本付出获得巨大的商业利润，而这些少数民族文化的实际权利人却很少能得到相应的补偿；另一方面，如果在少数民族特色文化开发利用过程中，对于传播者或者开发者不给予任何利益也是不现实的。因此，构建利益分享机制目的就在于实现不同权利主体之间的利益平衡，具体而言应当从少数民族知识产权保护的两个层面得以实现：分配机制和市场机制。

1. 利益平衡分配机制在于对权利的合理限制

少数民族文化知识产权权利人的经济权利是指权利人对其智力成果使用、处分并获得收益的权利。知识产权对权利人的激励很大程度上依赖于经济权利的实现，但其保护的权利客体并不如知识产权所保护的客体那么全面。以使用权保护为例，如果权利人对文化知识产权的控制权过大，将极不利于少数民族文化的广泛传播和发展；在转让权方面，一些少数民族文化知识产权通常具有传承性和延续性，其权利人对该知识产权的处分更多地依赖于使用权的转让；在报酬取得权方面，少数民族文化知识产权许可使用的报酬通常被用于传承、发展等公共利益，个体成员获取报酬被严格排除。

少数民族文化知识产权的限制如下所述，(1)合理使用。少数民族知识产权合理使用的目的主要在于平衡知识产权权利人与社会公共利益之间的关系。对知识产权的保护不应妨碍到社会大众的正常使用，尤其是少数民族集体成员依据传统或习惯对本民族文化知识产权的使用。(2)法定许可。在知识产权保护制度中，法定许可的价值在于通过法定形式对知识产权权利垄断者进行必要限制，知识产权利用人可以依据法律法规的直接规定，可以在不经权利人同意的情况下使用该知识产权，但是应当支付合理报酬。当然，法定许可本质上不能侵害权利人的人身与财产权利。

2. 利益平衡的市场机制在于公众可以通过授权许可进行有效利用

立法者理应为少数民族知识产权保护提供可以合理运转市场机制，即授权许可制度，确保不同的社会主体可以基于该市场机制公开、合法持有和利用知识产权。授权许可制度的内涵在于：使用人基于商业目的使用少数民族知识产权前应事前通过申请获得知识产权权利人或者集体管理组织的授权；或者是权利人或集体管理组织发现侵权者后，双方达成和解，由侵权人补偿权利人经济损失后，授权其在一定范围内使用其知识产权。授权许可制度的建立，其目的主要是保护少数民族文化知识产权权利人的经济权利，是其对知识产权享有排他性垄断权利的市场化调整，以达到权利人与使用人之间的合作与共赢。授权许可制度的建立，一方面保护了少数民族智力劳动者对智力劳动产物的权利；另一方面又在一定程度上削弱了其权利的垄断性，促使权利人的利益、知识产权使用者的利益与社会的整体利益得到进一步的提升，从而在最大限度上利用了知识产权的经济价值，增进了整个社会文化知识资源的交流与发展。

少数民族特色文化的保护和发展意义重大，其制度体系的构建至关重要。在保护少数民族特色文化的过程中，一方面需要合理利用现有的知识产权保护体系，在现有的法律框架下探索有效的保护机制；另一方面，少数民族特色文化的传承与保护也要从实际出发，需要认真思考开发利用过程中知识产权的利益分享，平衡少数民族特色文化开发利用过程中不同主体之间的利益。通过建立少数民族特色文化知识产权利益分享机制，明确少数民族特色文化产权权利人与少数民族文化的实际利用者之间的权利义务，将能更加有效地实现少数民族特色文化的可持续发展，这不仅能对少数民族特色文化的保护起到指引的作用，还能促进对少数民族特色文化资源的合理运用，更能将少数民族文化的开发利益反馈给整个社会。

参 考 文 献

[1]郑成思. 知识产权论[M]. 北京：法律出版社，2007.

[2]吴汉东. 论传统文化的法律保护[J]. 中国法学，2010(1).

[3]刘春田. 知识产权法(第二版)[M]. 北京：高等教育出版社，2003.

[4]吴汉东，胡开忠. 无形财产权制度研究[M]. 北京：法律出版社，2001.

[5]刘春田. 中国知识产权评论：第一卷[M]. 北京：商务印书馆，2002.

[6]郑成思. 反不正当竞争——知识产权的附件保护[J]. 知识产权，2003(5).

[7]吴汉东. 科技、经济、法律协调机制中的知识产权法[J]. 法学研究，2001
    (6).

[8]吴汉东. 试论知识产权的私权与人权属性[J]. 法学研究，2003(3).

[9]吴汉东. 知识产权法(第三版)[M]. 北京：法律出版社，2009.

[10]何秋. 民族自治地方少数民族非物质文化遗产的法律保护——以广西壮族自
    治区非遗保护为例[J]. 文化遗产，2014(1).

[11]严永和. 论我国少数民族非物质文化遗产知识产权保护之制度构建[J]. 文化
    遗产，2013(4).

[12]余澜，朱祥贵，杨春娥. 少数民族非物质文化遗产特别知识产权保护模式的
    比较法评析[J]. 中南民族大学学报(人文社会科学版)，2012(5).

[13]崔艳峰. 论非物质文化遗产知识产权法律保护的正当性——以知识产权的保
    护原理为视角[J]. 学术交流，2012(10).

[14]刘振宇. 论少数民族非物质文化遗产知识产权保护[J]. 衡水学院学报，
    2011(5).

[15]李俊. 传统文化的可知识产权性分析[J]. 法制博览，2016(1).

［16］托乎尼牙孜・艾麦提．非物质文化遗产的知识产权保护探讨——以新疆少数
民族非物质文化遗产保护为例［J］．中国商界（下半月），2009（7）．

［17］高永久，朱军．城市化进程中少数民族非物质文化遗产的法律保护研究［J］．
西北民族大学学报（哲学社会科学版），2007（6）．

［18］齐国胜．论西藏非物质文化遗产的立法保护［J］．法制与社会，2017（13）．

［19］赖继，张舫．传承人诉讼与权利入市：推动非物质文化遗产权利保护的私法
基石［J］．社会科学研究，2016（1）．

［20］陈兴贵．少数民族非物质文化遗产产业化探讨［J］．黑龙江民族丛刊，2016
（1）．

［21］王颜颜，钟新．初探我国少数民族非物质文化遗产的法律保护——兼评《非
物质文化遗产法》［J］．法制博览，2016（12）．

［22］吕彩霞．我国藏区非物质文化遗产民事保护机制探析（下）——权利救济制
度的构建［J］．法制博览，2015（5）．

［23］单娇娇，檀畅．论我国非物质文化遗产的法律保护［J］．商，2015（6）．

［24］高轩．“一带一路”战略下非物质文化遗产华侨代表性传承人制度构建［J］．
暨南学报（哲学社会科学版），2015（7）．

［25］董毅芳，史宏蕾．山西民间剪纸艺术产业化发展问题研究［J］．新美域，
2011（5）．

［26］李婷婷．非物质文化遗产产业化经营实证研究［J］．商业经济研究，2011
（16）．

［27］付蓉，张国卿，吴海燕．文化产业对地方经济增长的影响分析［J］．经济问
题，2014（11）．

［28］张中波．论民间艺术产业化的系统要素［J］．河南大学学报（社会科学版），
2015（3）．

［29］叶文辉．文化产业发展中的政府管理创新研究［J］．管理世界，2016（2）．

［30］王滢．贵州民族原生态蜡染文化产业发展研究［J］．贵州民族研究，2016
（3）．

［31］庄妍．文化产业发展管理研究——以青岛市为例［J］．管理世界，2016（4）．

［32］占绍文．新常态下中国文化产业转型发展路径分析——基于海峡两岸文化产

业发展路径比较[J]. 云南社会科学, 2016(5).

[33]吴明娣. 艺术市场专业人才培养的现状与问题[J]. 美术, 2016(11).

[34]郭淑芬, 赵晓丽, 郭金花. 文化产业创新政策协同研究——以山西为例[J].
经济问题, 2017(4).

[35]焦斌龙. 新常态下我国文化产业供给侧结构性改革的思考[J]. 经济问题,
2017(5).

[36]郭华仁, 陈昭华, 陈士章, 周欣宜. 传统知识之保护初探[J]. 清华科技法
律与政策论丛, 2005(1).

[37]唐小冬. 法律视角下民族地区非物质文化遗产知识产权保护[J]. 贵州民族
研究, 2015(10).

[38]毛巧晖. 非物质文化遗产与地域文化符号的重构——兼论山西安泽"荀子文
化节"活动[J]. 西北民族研究, 2015(4).

[39]李秀娜. 非物质文化遗产的知识产权保护[M]. 北京: 法律出版社, 2010.

[40]李墨丝. 非物质文化遗产保护国际法制研究[M]. 北京: 法律出版社, 2010.

[41]黄聪玲. 浅谈我国非物质文化遗产的法律保护[J]. 中国科技博览, 2012
(36).

[42]彭万林. 民法学[M]. 北京: 中国政法大学出版社, 2002.

[43]赵芳. 知识产权制度与非物质文化遗产法律保护的冲突与契合[J]. 西安财
经学院学报, 2010(2).

[44]付弘. 谈非物质文化遗产法律保护中应当界定的几个问题[J]. 青海社会科
学, 2008(4).

[45]王丽丹, 王靖宇. 朱仙镇木版年画知识产权保护策略研究[J]. 艺术品鉴,
2018(24).

[46]徐佳. 浅析山西省太谷县非物质文化遗产的知识产权保护[J]. 科技经济导
刊, 2018(20).

[47]谭东丽, 曹新明. 少数民族非物质文化遗产知识产权保护探究[J]. 贵州民
族研究, 2018(2).

[48]李明文, 柏茹慧. 论新媒体语境下非物质文化遗产的传播[J]. 新闻知识,
2018(2).

[49]余继平，余仙桥．传承人的视角：重庆彭水非物质文化遗产资源保护与发展研究[J]．重庆文理学院学报（社会科学版），2018(1)．

[50]逯悦．国际法视野下民间文学艺术保护主体问题研究[J]．洛阳理工学院学报（社会科学版），2017(5)．

[51]骆俊峰．舟山渔民画的知识产权保护问题研究[J]．浙江海洋大学学报（人文科学版），2017(4)．

[52]张邦铺，王黎黎．非物质文化遗产法律保护模式选择[J]．地方文化研究辑刊，2017(1)．

[53]蒋晨晨，郑兴宇．文化生态保护区整体性规划研究探析——以姜堰清明习俗文化生态保护实验区为例[J]．住宅科技，2017(3)．

[54]袁峥嵘，王小文．丝绸之路经济带建设与中国非物质文化遗产立法保护[J]．长安大学学报（社会科学版），2017(2)．

[55]赵海怡，钱锦宇．非物质文化遗产保护的制度选择——对知识产权保护模式的反思[J]．西北大学学报（哲学社会科学版），2013(2)．

[56]刘甜．非物质文化遗产知识产权保护的地方立法协作问题研究——以武陵山民族地区为例[D]．华中科技大学硕士学位论文，2012．

[57]王瑞龙，李静怡．非物质文化遗产知识产权保护的实证分析——以云南石林彝族自治县为例[J]．中南民族大学学报（人文社会科学版），2012(1)．

[58]朱祥贵．非物质文化遗产知识产权的法律保护模式变迁评析[J]．贵州民族研究，2010(4)．

[59]杨维．非物质文化遗产知识产权法保护探究[D]．武汉理工大学硕士学位论文，2008．

[60]孙志学．论非物质文化遗产的知识产权保护[D]．安徽大学硕士学位论文，2011．

[61]张鹏．论非物质文化遗产的知识产权保护[D]．山西大学硕士学位论文，2011．

[62]甘明．民族民间传统文化的知识产权保护——以侗族大歌为例[J]．图书馆建设，2005(6)．

[63]田圣斌，蓝楠，姜艳丽．知识产权视角下非物质文化遗产保护的法律思考

[J]．湖北社会科学，2008(2)．

[64]王娟．民俗学概论[M]．北京：北京大学出版社，2004.

[65]熊英，袁毅超．知识产权法全攻略[M]．北京：机械工业出版社，2004.

[66]于海广，王巨山．中国文化遗产保护[M]．济南：山东大学出版社，2008.

[67]严永和．我国民间文学艺术法律保护模式的选择[J]．知识产权，2009(5)．

[68]朱兵．非物质文化遗产保护中的政府行为与制度建设建设[EB/OL]，
http：//www.npc.gov.cn/npc/bmzz/jkww/2007-01/11/content＿1384003.htm&gt，
2007-01-11.

[69]李立群．试论民间文学艺术的知识产权保护[EB/OL]，http：//www.
lawtime.cn/article/lll656069661163oo6299&gt，2008-06-02.

[70]周蓓．民间文学艺术表达知识产权保护模式的反思[D]．西南政法大
学，2006.

[71]陈昌柏．王伶俐．民间文学艺术法律保护的理论基础即模式选择[J]．三江
学院学报(综合版)，2005(6)．

[72]顾江．文化产业经济学[M]．南京：南京大学出版社，2007.

[73]熊焰．产权市场：中国版式的制度创新[M]．曹和平．中国产权市场发展报
告(2008—2009)[R]．北京：社会科学文献出版社，2009.

[74]曹和平．中国产权市场发展报告——理论、实绩与政策十年[M]．曹和平．
中国产权市场发展报告(2008—2009)[R]．北京：社会科学文献出版
社，2009.

[75]罗纳德·哈里·科斯．企业、市场与法律[M]．上海：格致出版社，上海三
联书店，上海人民出版社，2009.

[76]哈罗德·德姆塞茨．所有权、控制与企业[M]．北京：经济科学出版
社，1999.

[77]E.G.菲吕博腾，S.配杰威齐．产权与经济理论：近期文献的一个综述
[M]．R.科斯，A.阿尔钦，D.诺斯等．财产权利与制度变迁——产权学派
与新制度学派译文集．上海：上海三联书店，上海人民出版社，1994.

[78]A.A.阿尔钦．产权：一个经典注释[M]//R.科斯，A.阿尔钦，D.诺斯
等．财产权利与制度变迁——产权学派与新制度学派译文集．上海：上海三

联书店，上海人民出版社，1994.

[79] Y. 巴泽尔. 产权的经济分析[M]. 上海：格致出版社，上海三联书店，上海人民出版社，1997.

[80] Michael A. Bengwayan. Intellectual and Cultural Property Rights of Indigenous and Tribal Peoples in Asia[M]. Minority Rights Group International，2003.

[81] Cecile W. Garmon. Intellectual Property Rights：Protecting the Creation of New Knowledge Across Cultural Boundaries[J]. American Behavioral Scientist，2002，45（7）.

[82] Sebastian Lechner, Zulia Gubaydullina, Kilian Bizer. The Allocation of Property Rights to Intangible Cultural Assets［C］. University of Goettingen Discussion Paper Series 136，2008.

[83] 赵书波. 文化产业的发展方向——产权交易[J]. 产权导刊，2010(12).

[84] 卢栎仁. 论文化产权[J]. 产权导刊，2012(9).

[85] 高宏存. 经济全球化中的文化产权问题研究[J]. 福建论坛·人文社会科学版，2010(6).

[86] 皇甫晓涛，赖章德. 关于文化产权交易的理论思考[J]. 中国美术，2011(6).

[87] 何琦，高长春. 我国文化产权交易市场的形成与功能研究[J]. 兰州学刊，2011(8).

[88] 陈嘉莉，伍硕. 文化产权价值规律初步研究[J]. 山西财经大学学报，2011(4).

[89] 陈彦均，尚峰. 文化产权下民族民间传统文化保护问题初探——从"花木兰"的尴尬说起[J]. 文化遗产，2009(4).

[90] 邓建志，袁金平. 传统文化产权的法经济学分析——基于文化资源稀缺性的视角[J]. 湖南财政经济学院学报，2012(136).

[91] Rajat Rana. Indigenous Culture and Intellectual Property Rights[J]. Journal of Intellectual Property Rights，2006，11（3）.

[92] 王顺育，韩冰，王旭超. 文化产权市场发展问题研究[J]. 产权导刊，2012(11).

[93]魏鹏举,曹翼飞.后艺术品份额化的中国文化产权交易发展研究[J].北京联合大学学报(人文社会科学版),2012(3).

[94]高波.文化产权交易所的交易模式创新分析——以泰山文化艺术品交易所为例[J].山东财政学院学报,2012(6).

[95]熊广勤.我国文化产业产权交易定价难点及解决途径研究[J].价格理论与实践,2012(1).

[96]张炳辉,田艳芬.关于文化产权交易若干问题的探讨[J].经济纵横,2013(1).

[97]周正兵.我国文化产权交易市场发展问题研究[J].中国出版,2011(17).

[98]李琛.论"folklore"与"民间文学艺术"的非等同性[J].知识产权,2011(4).

[99][美]保罗·戈斯汀.著作权之道——从谷登堡到数字点播机[M].北京:北大出版社,2008.

[100][澳]彼得·德霍斯.知识财产法哲学[M].北京:商务印书馆,2008.

[101][日]田村善之.日本现代知识产权法理论[M].北京:法律出版社,2010.

[102]张玉敏.民间文学艺术法律保护模式的选择[J].法商研究,2007(4).

[103]张耕.民间文学艺术的知识产权保护研究[M].北京:法律出版社,2007.

[104]Johanna Gibson, Community Resources:Intellectual Property, International Trade and Protection of Traditiona Knowledge, ASHGATE, 2005.

[105]张耕.论民间文学艺术版权主体制度之构建[J].中国法学,2008(3).

[106]肖少启.民间文学艺术著作权保护路径分析[J].河北法学,2010(4).

[107]魏清沂,罗艺.民族民间文学艺术类非物质文化遗产保护模式的法理分析[J].甘肃政法学院学报,2012(7).

[108]黄海峰.知识产权的话语与现实——版权、专利与商标史论[M].武汉:华中科技大学出版社,2011.

[109]华鹰.传统知识的法律保护模式选择及立法建议[J].河北法学,2008(8):143.

[110]谭宏.非物质文化遗产资源旅游开发的选择与控制[J].生态经济,2011(2).

[111]韩小兵.非物质文化遗产权——一种超越知识产权的新型民事权利[J].法

学杂志，2011(1).

[112]赵方．非物质文化遗产的知识产权保护[J]．兰州交通大学学报，2009(4).

[113]齐爱民．论知识产权框架下的非物质文化遗产保护及其模式[J]．贵州师范大学学报：社会科学版，2008(1).

[114]朱自强，张树武．文化创意产业概念及形态辨析[J]．东北师大学报(哲学社会科学版)，2012(1).

[115]安娜．民间文学艺术作品著作权的界定冲突与文化背景分析——以《乌苏里船歌》为例[J]．法制博览，2018(23).

[116]雷丙寅，赵凯．论科技与文化创意产业的关系[J]．求索，2012(3).

[117]王美艳．独语与挑战：大文化观下的法国创意产业发展[J]．艺术百家，2007(6).

[118]何敏．知识产权法总论[M]．上海：上海人民出版社，2011.

[119]徐建华．文化创意产业首次依标准分类[N]．中国质量报，2011年4月25日，第四版。

[120]王宇红，贺瑶．创意产业发展的知识产权保护体系研究[J]．中国科技论坛，2009(5)：44-48.

[121]刘勇，穆向明．河南省文化创意产业知识产权保护与利用问题研究[J]．咸宁学院学报，2011(8).

[122]何星亮．文化多样性与全球化[J]．湖北民族学院学报(哲学社会科学版)，2004(3).

[123]王宇红，张晓玲．陕西文化创意产业知识产权保护现状、问题和对策研究[J]．科技管理研究，2009(8).

[124]王海燕．武汉城市圈文化创意产业知识产权战略分析[J]．科技进步与对策，2011(6).

[125]安学斌．少数民族非物质文化遗产研究——以云南巍山彝族打歌为例[M]．北京：民族出版社，2008.

[126]王晓红．寻求统一性与多样性之间的平衡——全球化视野下的文化选择[J]．山东社会科学，2006(5).

[127]严永和．论传统知识的知识产权保护[M]．北京：法律出版社，2006.

[128]王鹤云，高绍安．中国非物质文化遗产保护法律机制研究[M]．北京：知识产权出版社，2009．

[129]管育鹰．知识产权视野中的民间文艺保护[M]．北京：法律出版社，2006．

[130]吴正彪．苗年[M]．贵阳：贵州民族出版社，2011．

[131]朱谢群．信息共享与知识产权专有[J]．中国社会科学，2003(6)．

[132]胡敏中．论全球文化和民族文化[J]．学习与探索，2003(1)．

[133]赵世林，田婧．民族文化遗产的客位保护与主位传承[J]．云南民族大学学报，2010(5)．

[134]齐爱民．捍卫信息社会中的财产——信息财产法原理[M]．北京：北京大学出版社，2009．

[135]韩虓宇．广西知识产权管理策略[J]．法制与社会，2018(14)．

[136]李昕．可经营性非物质文化遗产保护产业化运作合理性探讨[J]．广西民族研究，2009(1)．

[137]Karjala, Dennis S. and Paterson, Robert Kirkwood, Looking Beyond Intellectual Property in Resolving Protection of Intangible Cultural Heritage of Indigenous Peoples (2003). Cardozo Journal ofInternational and Comparative Law, Vol. 2003.

[138][日]穗积陈重．法律进化论(法源论)[M]．黄尊三，萨孟武，陶汇曾，易家钺，译．北京：中国政法大学出版社，1997．

[139]白慧颖．知识经济与视觉文化视野下的非物质文化遗产保护与开发[M]．北京：北京理工大学出版社，2012．

[140]吾守尔．论全球化时代少数民族传统文化知识的保护[J]．中央民族大学学报(哲学社会科学版)，2015(3)．

[141][美]罗伯特．考特，托马斯．尤伦．法和经济学[M]．张军，等，译．上海：上海人民出版社，1994．

[142]严永和．论传统知识的知识产权保护[M]．北京：法律出版社，2006．

[143]李扬．知识产权法基本原理[M]．北京：中国社会科学出版社，2010．

[144]崔艳峰．民间文学艺术作品的知识产权保护[J]．法制与社会，2008(11)．

[145]兰晓峰．广西少数民族优秀传统文化知识产权保护与对策分析[J]．法制与

社会，2014(11)．

[146]张玉敏．知识产权法[M]．北京：法律出版社，2008．

[147]宋慧献．非物质文化遗产保护：知识产权新课题[J]．科学时报，2007．

[148]黄玉烨．论非物质文化遗产的私权保护[J]．中国法学，2008(5)．